SANNE DE BOER

'NDRANGHETA

aufbau

SANNE DE BOER

'NDRANGHETA

WIE DIE MÄCHTIGSTE MAFIA EUROPAS UNSER LEBEN BESTIMMT

Aus dem Niederländischen
von Christiane Burkhardt und Gerd Busse
Mit einem Vorwort
von Petra Reski

aufbau

Die Originalausgabe erschien 2020 unter dem Titel
Mafiopoli. Een zoektocht naar de 'Ndrangheta, de machtigste maffia van Italië
bei Nieuw Amsterdam, Amsterdam.

Diese Publikation wurde ermöglicht dank der Förderung durch die Dutch Foundation for Literature.

Nederlands letterenfonds
dutch foundation for literature

MIX
Papier | Fördert gute Waldnutzung
FSC® C083411

ISBN 978-3-351-03955-4

Aufbau ist eine Marke der Aufbau Verlage GmbH & Co. KG

1. Auflage 2022

Einbandgestaltung Anzinger und Rasp, München
Satz Greiner & Reichel, Köln
Druck und Binden CPI books GmbH, Leck, Germany
Printed in Germany

www.aufbau-verlage.de

Für meinen Vater

INHALT

KALABRIEN

Mailand
ITALIEN
250 km
Rom
Pollino
Crati
Cosenza
Sila
Neto
Tyrrhenisches
Meer
Crotone
Lamezia Terme
Catanzaro
Isola di
Capo
Rizzuto
Tropea
Vibo
Valentia
Soverato
Rosarno
Gioia Tauro
Palmi
Aspromonte
Riace
Ionisches
Meer
Siderno
Locri
Messina
Polsi
Bovalino
San
Luca
SIZILIEN
Reggio
Calabria
0
20 km

EIN WORT VORAB

Die Aussprache des kompliziert aussehenden Wortes *’Ndrangheta* ist überraschend einfach. Man vergesse den n-Laut am Anfang, er wird nur ganz subtil ausgesprochen. Die Betonung liegt auf »drang« und das g von »gheta« klingt wie das englische g von *get*. *Dráng*-getta.

Der Apostroph ist ein Überbleibsel des a aus dem griechischen Wort *andragathía*, von dem der Name der kalabresischen Mafia abstammt. Der Begriff ’Ndrangheta verweist über dieses Wort (zu Unrecht) auf gute, tapfere Männer.

VORWORT VON PETRA RESKI

Am Anfang steht die Italiensehnsucht: Eine junge Frau verlässt Amsterdam, »um eine Weile auf einem wunderschönen Hügel am Rande eines Dorfes zu leben und zu arbeiten«. Seitdem die Reisenden der *Grand Tour* den Aufenthalt in Italien zum Bestandteil der Persönlichkeitsbildung verklärten, zieht es uns Nordländer in den Süden. Und wer kennt sie nicht, diese Sehnsucht nach dem Meer und dem Duft selbstgepflückter Orangen? Sie war es, die Sanne de Boer dazu trieb, ungeachtet ihrer nur begrenzten Italienischkenntnisse, nach Italien zu ziehen. Allerdings zog Sanne de Boer nicht in die Toskana. Und auch nicht an den Gardasee. Sondern nach Kalabrien. Und das, ohne genau zu wissen, was die *'Ndrangheta* ist.

Wobei sich Sanne de Boer mit dieser Unkenntnis in bester Gesellschaft befand: Bis es im August 2007 zum Mafiamassaker von Duisburg kam, wusste außerhalb von Italien praktisch niemand, dass sich hinter diesem schwer auszusprechenden Wort die reichste und auch beweglichste Mafiaorganisation Italiens verbirgt. Die ihren Aufstieg im Schatten der sizilianischen Cosa Nostra vollzogen hat, auf die sich seit der Attentatswelle 1992–1993 die Aufmerksamkeit der Ermittler und der Medien gerichtet hatte. Die Ermordung einer gewissen Maria Strangio in San Luca, einer Hochburg der kalabrischen Mafia, an Weihnachten 2006 war selbst italienischen Zeitungen nur eine Randnotiz wert: Gott, ja, wieder mal ein Rachefeldzug verfeindeter 'Ndrangheta-Clans, wen sollte das interessieren?

Sanne de Boers anfängliche Unkenntnis und Unbefangenheit ist ein Glücksfall, denn sonst hätte sie vermutlich niemals den Mut gehabt, nach Kalabrien zu ziehen – und offen zu sein für die Menschen und für eine Kultur, in der man nicht in Monaten denkt, sondern in Epochen. In einem Landstrich, in dem jedes Dorf von Homers Helden berührt worden ist.

Dieser Unbefangenheit ist es auch zu verdanken, dass Sanne de Boer genau die richtigen Fragen stellt und begreift, dass die scheinbar romantische Abgeschiedenheit dieses Landstrichs letztlich Ausdruck einer künstlich erzwungenen Unterentwicklung ist, in der die Mafia den Süden Italiens gefangen hält: Ohne diese forcierte Rückständigkeit würden keine europäischen Fördergelder mehr fließen, würde kein Boss mehr um einen Job angebettelt.

Und so ist Sanne de Boers Buch auch ein Entwicklungsroman, der den Erkenntnisprozess der Autorin beschreibt: Er beginnt mit der Italiensehnsucht und endet – dank vieler Gespräche mit Dorfbewohnern, Unternehmern, Staatsanwälten und wichtigen Zeugen – bei dem kriminellen multinationalen Konzern, der nicht nur Kalabrien im Klammergriff hält, sondern sich über den ganzen Erdball zieht. Und der in den Niederlanden und in Deutschland seit Jahrzehnten Fuß gefasst hat, ohne dass sich jemand dafür interessiert hätte.

Die 'Ndrangheta gilt als Erfolgsmodell für organisierte Kriminalität schlechthin: Sie ist nicht hierarchisch geordnet wie die sizilianische Mafia, sondern föderal organisiert – was sie flexibler macht. Wie den Islamisten gelingt es der 'Ndrangheta, das Mittelalter mit der globalisierten Gegenwart zu verbinden: Bosse, die sich in Wandschränken und Erdlöchern verstecken, im Netz mit Kokainbrokern in Kolumbien, Venezuela, Peru, Uruguay verhandeln und gleichzeitig »nur« eine Frau aus dem Dorf heiraten, weil die Familie heilig ist: Blutsverwandte verraten einander nicht.

Am Ende dieses Entwicklungsromans der anderen Art

steht der veränderte Blick der Autorin auf das eigene Heimatland: »Indem ich mich in die Verbindungen der 'Ndrangheta vertiefte, lernte ich von Kalabrien aus die scheinbar so sicheren und vertrauenswürdigen Niederlande von einer ganz anderen Seite kennen«, schreibt Sanne de Boer. Sie wundert sich über einfühlsame Rotterdamer Richter, die milde über einen niederländischen Waffenhändler und Geschäftsfreund der 'Ndrangheta urteilen, der sich bester Beziehungen zur niederländischen Mafia-Bourgeoisie erfreuen konnte. Sie staunt darüber, wie lange die niederländische Polizei einen 'Ndranghetista gewähren lässt, der als Blumenhändler Kokain schmuggelt und mit Briefkastenfirmen im großen Stil Geldwäsche, Insolvenzbetrug und Steuerhinterziehung betreibt.

Sanne de Boer blickt heute anders auf die Niederlande, und ich blicke anders auf Deutschland, seitdem ich weiß, dass der Mafia bei ihrem Aufstieg in Deutschland kein Stein in den Weg gelegt wird. Manch deutscher Politiker hält die Investitionen der Mafia wohl auch heute noch für eine Art Konjunkturankurbelungsprogramm.

Dass mein Buch »Mafia. Von Paten, Pizzerien und falschen Priestern« nur mit richterlich erzwungenen geschwärzten Passagen verbreitet werden darf, hat die Italiener mehr erstaunt als die Deutschen. Weil Erstere sich vom deutschen Rechtsstaat mehr erwartet hätten. Bis heute gibt es in Deutschland keine wirksamen Gesetze gegen Geldwäsche, und die alleinige Zugehörigkeit zur Mafia ist in Deutschland immer noch kein Strafdelikt. All das beweist, dass die Mafia kein ausschließlich italienisches Problem ist, sondern ein europäisches.

Das wird besonders deutlich, wenn deutsche und niederländische Ermittler versuchen, zusammen gegen die 'Ndrangheta vorzugehen, wie 2018, bei der Operation »Pollino«, der größten gemeinsamen europäischen Polizeioperation, die es je gegen die 'Ndrangheta gegeben hat. Da zitiert Sanne de Boer den schönen Satz einer niederländischen Ermittlerin: »Geldwäsche fand man in Deutschland nicht so interessant, Drogen hingegen schon. Darum ging es bei uns eigentlich gar nicht, wir wollten endlich mal an die Finanzen ran.« Weil es keine europäische Antimafia-Gesetzgebung gibt, treten sich die einzelnen Staaten bei der Bekämpfung der Mafia gegenseitig auf die Füße. Kein deutscher Politiker hat jemals das Wort »Mafia« in den Mund genommen: Die Mafia liest aus diesem Schweigen eine frohe Botschaft.

»In den niederländischen Medien fasste man sich kurz, was die ’Ndrangheta anging, man hielt sich da raus«, schreibt Sanne de Boer. In Deutschland ist das nicht anders. Die Bosse wissen die deutschen Gesetze auf ihrer Seite: Jeder Journalist, der über die Mafia in Deutschland geschrieben hat und verklagt wurde, hat den Prozess verloren.

Und das ungeachtet der Tatsache, dass Journalisten, die Verdachtsberichterstattung leisten, sich auf sogenannte »privilegierte Quellen« stützen müssen, also auf Ermittlungsakten und Gerichtsurteile. Wie es auch italienische Journalisten tun. Die auch verklagt werden – aber ihre Prozesse gewinnen, anders als wir Journalisten in Deutschland. Viele Redaktionen scheuen inzwischen davor zurück, über die Mafia in Deutschland zu berichten – weil sie Angst vor Prozessen und den damit verbundenen Rechtskosten haben. Womit die Mafia ihr Ziel erreicht hätte: Einen treffen, Hunderte erziehen.

Wie sehr die Mafiaorganisationen die Medien fürchten, sieht man an den Morden an dem niederländischen Journalisten Peter R. de Vries und dem slowakischen Journalisten Ján Kuciak. Ihrer können wir am besten gedenken, indem wir Journalisten uns nicht durch Klagen einschüchtern lassen, indem wir nicht schweigen, sondern weiter über die Mafia schreiben – genau so, wie es Sanne de Boer in ihrem Buch tut. Auch wenn wir uns damit keine Freunde machen.

Denn die Mafia ist mehr als Drogenhandel, Steuerhinterziehung und Geldwäsche. Es geht um unsere Demokratie, um die Regeln des fairen Wettbewerbs – es geht um Macht. Wir Europäer könnten von der italienischen Antimafia-Gesetzgebung lernen und auch von den schlechten Erfahrungen der Italiener: Seit Jahrzehnten sitzt die Mafia im italienischen Parlament – und dagegen kämpfen die ehrlichen Italiener. An ihrer Seite müssen wir Europäer stehen.

1.

ZUNÄCHST EINMAL

Am ersten Weihnachtstag 2006 trafen Maria, eine junge Mutter, zwei Kugeln in die Brust, die eigentlich für ihren Mann bestimmt waren. Es war halb fünf Uhr nachmittags, als ungeladene Gäste ins Haus ihrer Schwiegereltern eindrangen und die Feierlichkeiten unterbrachen. Mit einer Kalaschnikow, einem Jagdgewehr und Pistolen feuerten sie innerhalb kürzester Zeit vierzig Kugeln auf die Gesellschaft ab. Maria rettete ihre Kinder vor dem Kugelhagel, erlag aber selbst ihren Brustverletzungen. Ihr Mann, Anführer eines 'Ndrangheta-Clans im kalabresischen Dorf San Luca, überlebte.

Als ich vier Tage später in Kalabrien ankam, hörte ich dort nichts von diesem Familiendrama. Ich hatte Amsterdam hinter mir gelassen, um eine Weile auf einem wunderschönen Hügel am Rande eines Dorfes zu leben und zu arbeiten. Ich war mir keiner 'Ndrangheta bewusst und gab mich dem Duft selbstgepflückter Orangen, der Wärme von Holzöfen und dem Ausblick auf tiefgrüne Berge und knallblaues Meer hin.

Maria Strangios Tod schaffte es nicht in die Medien, war jedoch Vorbote eines Ereignisses, das die 'Ndrangheta, die kalabresische Mafia, plötzlich in ein grelles internationales Scheinwerferlicht rückte. Vor diesem Ereignis hatte sich die Weltpresse noch nicht mit den Verbrechen oder der lästigen Schreibweise der 'Ndrangheta auseinandergesetzt. Auch die großen italienischen Zeitungen ignorierten die kalabresische Mafia, die noch mehr oder weniger als ein lokales Häuflein rückständiger Hitzköpfe abgetan wurde. Dennoch war die ’Ndrangheta auch damals schon die mächtigste Mafia Italiens und weltweit am weitesten verbreitet.

Die andere, »klassische«, italienische Mafia, die sizilianische Cosa Nostra, war durch Filme wie *Der Pate* längst weltberühmt geworden. Was sich auf Sizilien in dem Zeitraum, in dem die mitreißende Geschichte über die Familie Corleone gedreht wurde, wirklich abspielte, war vielleicht nicht allen Filmfans bekannt. Während man in einem sichereren Teil von Sizilien den natürlichen Tod des tragischen Filmhelden im Garten einer pittoresken Villa in Szene setzte, erschossen die echten Mafiosi aus dem Dorf Corleone einen Feind nach dem anderen. Dabei war es egal, ob er Mafioso oder Journalist, Richter oder Polizist war. Aus Corleone stammte auch Totò Riina, der Boss der Bosse, der Hunderte von Toten auf dem Gewissen hatte und seine Gegner am liebsten eigenhändig erwürgte. Neben seinem Geburtsdorf hatte Totò Riina mit dem um einiges schickeren fiktiven Paten Don Vito Corleone jedoch wenig gemein – abgesehen von seinen Hängebacken vielleicht. Hängebacken und Freunde in der Politik.

1992, zwei Jahre nachdem der letzte Teil der *Paten*-Trilogie in die Kinos gekommen war, hatten diese Freunde in der Politik Totò Riina enttäuscht, und es zeigte sich, zu welch eiskalt inszenierter Kriegsgewalt die sizilianische Mafia unter seiner Führung imstande war. Zwei außergewöhnlich mutige ermittelnde Staatsanwälte, Giovanni Falcone und Paolo Borsellino, wurden durch Bombenattentate ermordet. Falcone war an einem Samstag im Mai auf dem Flughafen von Palermo gelandet und fuhr gerade mit sieben Leibwächtern in Kolonne Richtung Stadt, als in einem Tunnel unter der Schnellstraße Hunderte Kilos Sprengstoff explodierten. Der erste Wagen mit drei Leibwächtern flog nur so durch die Luft, und der zweite mit Falcone und seiner Frau prallte mit ebenfalls tödlichem Ausgang gegen die riesige Kraterwand, die sich aufgrund der Explosion gebildet hatte. Zwei Monate später drückte Paolo Borsellino an einem Sonntagnachmittag die Türklingel am Haus seiner Mutter, als eine schwere Autobombe explodierte, die ihn und fünf seiner Leibwächter tötete. Die Straße lag in Schutt und Asche, es sah aus wie nach einem starken Erdbeben. Während die Gewalt der Cosa Nostra in allen Zeitungen der Welt zur Sprache kam, baute die ’Ndrangheta, die noch nicht über Filme oder Bombenanschläge bekannt war, in aller Stille weiter ihr Imperium aus.

2.

WER SIND HIER DIE MAFIOSI?

Es war mein erster Sommer in Kalabrien, als die Nachricht um die Welt ging, dass die ’Ndrangheta in Deutschland ein Blutbad angerichtet hatte. Sechs junge Männer waren nachts vor dem Eingang eines beliebten italienischen Restaurants in Duisburg von Kugeln durchsiebt worden. Die Medien schrieben den sechsfachen Mord sofort einer Fehde zwischen ’Ndrangheta-Familien aus dem kalabresischen Dorf San Luca zu.

Ich hatte den Begriff ’Ndrangheta erst ein paarmal gehört und wusste nicht sehr viel mehr, als dass es der Name der kalabresischen Mafia war. Wenn ich meine Nachbarn danach fragte, sagten sie: »Nein, die gibt es nicht bei uns im Dorf. Die Mafia sitzt weiter im Süden.« Ich sah tatsächlich, dass San Luca, das Dorf, aus dem sowohl die Verdächtigen als auch die Opfer des Mordanschlags in Duisburg stammten, ungefähr zwei Autostunden weiter südlich lag. Warum hatten sie diesen Racheakt dann zweitausend Kilometer weiter nördlich verübt?

Die Blutrache schien für meine Nachbarn im Dorf ein vollkommen irrelevantes Thema zu sein. Wenn ich von ihrer Gleichgültigkeit ausging, war San Luca für sie fast ebenso weit entfernt wie Duisburg. Ich hätte gern mehr gewusst, musste aber Geduld aufbringen, denn mit meinen damals noch sehr begrenzten Italienischkenntnissen konnte ich keine lokalen Zeitungen lesen oder tiefschürfende Gespräche führen. Zugleich machte ich mir keine großen Sorgen, denn niemand von den Menschen, die ich kannte, machte einen mafiosen Eindruck auf mich. Sie alle führten ein einfaches, unauffälliges Leben.

Nichts im Dorf fand ich unheimlich, abgesehen vielleicht vom Kühlwagen, der jeden Samstag Eis und tiefgefrorene Lebensmittel brachte und mit einer Art Spieluhrmusik, die mich an Horrorfilme erinnerte, den Hügel hinauffuhr. Im Gegensatz zu vielen meiner betagten Nachbarn, die kein Auto hatten, aber ihr eigenes Obst und Gemüse anbauten, konnte ich selbst den Hügel hinunterfahren, um einzukaufen. In der Umgebung gab es zwar keinerlei Arbeit für mich, aber die suchte ich auch nicht – ich konnte meine Redaktionstätigkeit für niederländische Auftraggeber aus der Ferne erledigen. Ansonsten kümmerte ich mich um meine eigenen Angelegenheiten, so wie es sich hier gehörte. »*Fare i cazzi propri*« nennt man das in derbem Italienisch. Damit tut man allen einen Gefallen.

Kalabresen sind Fremden gegenüber oft etwas misstrauisch. Die Geschichte hat ihnen ausreichend Grund dafür geliefert. Eine Fremdherrschaft nach der anderen hat hier ihre Flagge in den Boden gerammt: Griechen, Römer, Normannen, Spanier, Franzosen, ganz zu schweigen von türkischen und anderen Eroberern aus der Ferne. Die Dörfer baute man nicht direkt am Meer, sondern auf den Hügeln, damit die Kalabresen schon von Weitem sehen konnten, wenn wieder der eine oder andere Feind herannahte.

Glücklicherweise war die ausländische Familie, von der ich ein kleines Haus gemietet hatte, im Dorf beliebt, respektiert und genoss einen guten Ruf. Die Leute sahen uns zusammen und assoziierten mich mit ihnen, also wurde ich schon bald immer herzlicher gegrüßt und von ihnen zu sich nach Hause eingeladen. Vom Arzt und seiner Frau, die in der Schule Englisch unterrichtete. Vom Anwalt und seiner Mutter, die mit ihren verführerischen Kochkünsten zu versuchen schien, einem eventuellen Auszug ihres Sohns aus dem Elternhaus vorzubeugen. Und von den auffallend munteren Rentnern, die auf dem Rückweg von ihrem Gemüsegarten oder dem Hühnerstall an meinem Haus am Rand des Dorfes vorbeikamen und mir manchmal Eier in die Hände legten oder eine Tüte mit knackigem Salat an die Tür hängten.

Ich hatte noch nie so viel herzliche Gastfreundschaft erlebt wie in diesem winzig kleinen kalabresischen Dorf. Erst dachte ich, dass ich mich weitab von jeder größeren Stadt vielleicht langweilen würde, doch das Leben hier war alles andere als öde. Bevor ich mich recht versah, hatte ich eine ganze Familie streunender Hunde in meiner Obhut, machte zusammen mit einem Imker Honig und sah meinen Nachbarn dabei zu, wie sie wie professionelle Metzger Wildschweine zerlegten. Mineralwasser konnte man sich hier selbst aus den Bergen holen, die mit Klee und Blumen in grellen Farben bewachsen waren. Ziegenherden kletterten auf steilen Felsen herum, und Schafe grasten zwischen Bäumen, die das ganze Jahr über ihr Blattwerk behielten. All dieser Romantik war ich nicht gewachsen: 'Ndrangheta hin oder her, ich ging ganz in dieser Idylle auf.

Die Monate vergingen, und ich war schon ein Dreivierteljahr in Kalabrien, als in einer warmen Septembernacht etwas Ernüchterndes geschah. Die gesamte Straße wurde aus dem Schlaf gerissen: Ein Auto stand in Brand. Alle kamen in ihrem Nachtzeug nach draußen, um beim Löschen zu helfen oder zu trösten. Das Auto gehörte einer jungen Frau, die bei der Gemeinde arbeitete. Sie wirkte erschrocken, reagierte aber ruhig und gelassen. Feuerwehr oder Polizei wurden nicht benachrichtigt.

Am nächsten Tag hörte ich an ihrem Küchentisch, dass sie eine starke Vermutung hatte, wer ihr Auto angezündet haben könnte. Sie war es gewohnt, bei jedem, der an ihrem Schalter eine Baugenehmigung beantragte, die gleichen Regeln anzuwenden, doch für eine Reihe von Dorfbewohnern war das offenbar inakzeptabel. Sie forderten bestimmte Freiheiten ein, und wenn sie die nicht bekamen, ließen sie auf diese Weise wissen, dass sie sich diese Freiheiten trotzdem nehmen würden, egal, was andere davon halten mochten. Ich fragte meine Nachbarin, ob sie wegen der Brandstiftung Anzeige bei der Polizei erstatten werde. Nein, sagte sie, das würde es nur noch schlimmer machen. Sie machte sich auf die Suche nach einer anderen Arbeit, denn in dem Wissen, dass sie sich würde fügen müssen, wollte sie ihre Stelle bei der Gemeinde nicht mehr behalten. Ihren Verdacht, wer die Täter gewesen waren, sprach sie nicht laut aus. Ich drängte sie nicht weiter und lieh ihr mein Auto.

Mehr als hundert deutsche und italienische Ermittler waren unterdessen damit beschäftigt, den sechsfachen Mord in Duisburg aufzuklären. Die Italiener hatten ihre deutschen Kollegen schon fünfzehn Jahre zuvor gewarnt, dass das Restaurant – keine einfache Pizzeria, sondern ein Etablissement, in dem man auch Hummer bestellen konnte – von einem kalabresischen Mafia-Clan betrieben wurde. Jetzt lagen die Beweise dafür in Hülle und Fülle vor. Beispielsweise in Form eines angesengten Andachtsbildchens des Erzengels Michael, eines Schutzheiligen der 'Ndrangheta. Es wurde in der Hosentasche eines der Opfer gefunden, eines gewissen Tommaso, der eine Koch-Lehre in diesem Restaurant absolvierte. In der Nacht war Tommaso 18 Jahre alt geworden, und alles deutete darauf hin, dass sein Geburtstag von seinem Arbeitgeber, Chefkoch Sebastiano, dazu genutzt worden war, ihn nach Schließung des Restaurants als neues Clan-Mitglied einzuweihen.

Tommaso hatte Blut aus seinem Finger auf das Bildchen tropfen lassen und es anschließend, den Regeln des Rituals folgend, angezündet. Doch er hatte das Andachtsbild nicht ganz verbrennen lassen, nur das Gesicht des Engels. Auf dem Bild war noch deutlich zu sehen, dass der Engel sein Schwert stoßbereit über ein Wesen hielt, das, halb Mensch, halb Drache, lang ausgestreckt auf ein paar schwelenden Felsbrocken lag. Vom Engel waren auch noch die großen, weißen Flügel und der lange, rote Umhang zu erkennen, die sich vor einem hellblauen Himmel und einer grünen Hügellandschaft abhoben.

Vielleicht hatte Tommaso sich ein Andenken an diesen Abend bewahren wollen und das Andachtsbildchen deshalb nach dem Abkühlen in sein Portemonnaie gelegt und dieses in die Gesäßtasche gesteckt. Um zwei Uhr nachts verließ er das Restaurant mit seinem neununddreißigjährigen Chef Sebastiano, dessen sechzehnjährigem Neffen und drei Männern in den Zwanzigern: zwei weitere kalabresische Kellner und Marco, der gerade erst aus Kalabrien nach Duisburg gekommen war. Die Polizei fand sie kurz danach alle sechs in einem schwarzen VW Golf und einem weißen Transporter, durchsiebt von zahlreichen Kugeln. Tommaso hatte vierzehn Schusswunden, darunter vier in den Kopf.

Eine deutsche Frau hatte den Notruf gewählt. Ihr waren auf der Straße zwei Männer begegnet, die sich in Richtung des Restaurantparkplatzes bewegten. Kurze Zeit später hörte sie etwas, das wie ein Feuerwerk klang, und als sie zurückging, sah sie dieselben zwei Männer in einer Gasse verschwinden. Ihre Zeugenaussage und die Aufnahmen der Überwachungskameras bildeten die Grundlage, auf der die Ermittler ihre Suche nach zwei Mördern aufnahmen. Dass sie dafür beim 'Ndrangheta-Clan der Familien Nirta und Strangio ansetzen mussten, war ihnen ziemlich schnell klar. Dieser Clan lag nämlich in einem heftigen Clinch mit dem der Familien Pelle und Vottari, die das Restaurant Da Bruno betrieben. Sechzehn Jahre lang war die Fehde ausschließlich in und um San Luca ausgetragen worden. Seitdem ein Karnevalsabend in einer ersten tödlichen Schießerei geendet hatte, gingen die Clans in Kalabrien regelmäßig mit Pistolen und Kalaschnikows aufeinander los.

Sebastiano Strangio, der Eigentümer und Chefkoch des Da Bruno, gehörte komplizierterweise trotz seines Nachnamens nicht dem Nirta-Strangio-Clan an. Er mochte in dieser Nacht zwar unbewaffnet mit seinen Leuten nach draußen gegangen sein, war aber durchaus auf ein neues Kapitel der Vendetta vorbereitet. In einem Lagerraum des Restaurants fand die Polizei ein automatisches Gewehr, das mit neunzig Kugeln geladen war, sowie einen beeindruckenden Vorrat an weiterer Munition. Wer hätte das hinter der anständigen Fassade des gut besuchten Restaurants im Silberpalais vermutet, dem größten nahe dem Hauptbahnhof gelegenen Bürogebäude Duisburgs und der eigenen Website zufolge ein idealer Standort, an dem »nationale wie internationale Unternehmen ihre geschäftliche Heimat« finden konnten?

Es stellte sich heraus, dass Da Bruno nicht nur als Waffenlager für den Pelle-Vottari-Clan, sondern auch als dessen feste Versammlungsstätte diente. Dafür war ein spezieller Raum eingerichtet worden: ein Raum ohne Fenster, der sich hinter einer verdeckten Schiebetür verbarg. Ein Raum, von dem nicht alle Kellner und erst recht nicht alle Gäste des Restaurants wussten. In ihm befanden sich eine kleine Statue des Erzengels Michael und ein massiver Holztisch mit zwölf imposanten Stühlen, von denen der am Kopfende des Tisches eine extra hohe Rückenlehne hatte. Der Raum war für wichtige Rituale eingerichtet worden, wie die Einweihung Tommasos.

Auch die beiden Schützen des Nirta-Strangio-Clans legten Wert auf Symbolik. Sie wussten wahrscheinlich nicht, dass Tommaso an dem Abend Geburtstag hatte, geschweige denn, dass er eingeweiht worden war, aber sie hatten das Datum ihrer Blutrache durchaus mit Bedacht gewählt. Es war die Nacht vom 14. auf den 15. August 2007, und bei Sonnenaufgang brach Mariä Himmelfahrt an, ein sommerlicher Feiertag, der für das Gemeinschaftsgefühl italienischer Familien ebenso wichtig ist wie Weihnachten. Die Mörder wollten das Fest für den Pelle-Vottari-Clan durch das Blutbad und den Verlust ihrer Jungen ein für alle Mal verderben. So wie für sie Weihnachten durch den Tod Maria Strangios, die am ersten Weihnachtstag in San Luca die Kugeln für ihren Mann, den Anführer des Clans, abgefangen hatte, nie mehr dasselbe sein würde. Sollten sie geglaubt haben, dass Marias Seele endlich in den Himmel kommen könne, nun, da ihr Tod durch sechs neue Seelen gerächt worden war?

3.

FAMILIENGEFÜHL

Die treueste Freundin, die ich in diesem ersten Jahr in Kalabrien gewann, war in ihren Siebzigern: Peppina, eine Frau aus einem Guss. Sie trank Kaffee aus winzig kleinen Bierkrügen aus Glas, und unter ihrem Kopftuch verbarg sie die Frisur eines Schuljungen. Ihre Kleidung wusch sie zwar nicht mehr im Fluss, wie noch vor vierzig Jahren, dafür aber am öffentlichen Wasserhahn. Da stand sie schön im Halbschatten des ummauerten Springbrunnens unter den frommen Blicken der Marienstatue, die sich über dem Becken in einer kleinen Nische befand.

Ihr Mann Antonio war schon eher Ende siebzig, spazierte aber noch jeden Morgen in aller Frühe mit ein paar leeren Plastiktüten und einer kleinen Hacke über der Schulter die Hügel hinauf zu seinem Gemüseacker. Nach ein paar Stunden kam er mit vollen Tüten wieder zurück.

Mindestens einmal in der Woche rief mich Peppina gegen zwölf Uhr in strengem, alarmierendem Ton zu sich. Nicht, dass etwas Schlimmes passiert wäre. Es hieß nur, dass ich bei ihnen zu Tisch erwartet wurde. »Komm, setz dich«, sagte sie, wenn ich an ihrer Haustür erschien, die direkten Zugang zur Wohnküche bot. »Wir wollen essen.«

Es gab auch Tage, an denen Antonio von ihrem Festnetztelefon auf meinem Handy anrief, und zwar mit der kurzen, aber vielsagenden Mitteilung: »Peppina hat *minestra* gemacht.« Minestra war keine Gemüsesuppe, sondern ein Codewort für wilden Chicorée mit weißen Bohnen, ein einfaches Gericht, das Peppina jedoch göttlich zubereitete. Antonio schenkte uns dazu seinen selbstgemachten Wein ein, orangefarben und ein bisschen trübe. Oft holte er auch eine hausgemachte *Soppressata*-Wurst hervor. Das Mittagessen endete fast immer mit einer typischen Handbewegung und einem stolzen Glanz in seinen Augen: »*Perfetto.*« Nach dem Bierkrüglein Kaffee mit einem Schuss Anislikör ruhte er sich auf der Bank oder am Holzofen aus.

Oft holte Peppina nach dem Essen Fotos von ihren Kindern und Enkeln aus der Vitrine. Wir hatten uns gerade erst kennengelernt, als aus Kanada die tragische Nachricht eintraf, dass ihr Sohn gestorben war. Er war schwerkrank gewesen, sie hatten ihn vor Kurzem noch ein letztes Mal besucht. Mit Nachbarn und Familienangehörigen saßen wir am Abend seines Todestags in ihrer Wohnküche in großem Kreis schweigend da. Von diesem Tag an trug Peppina stets einen schwarzen Rock, einen schwarzen Pulli und ein schwarzes Kopftuch über dem kurzen, schwarzen Haar.

Auch ihre Tochter war bereits als Teenager nach Kanada ausgewandert. In Kalabrien gab es zu wenig Arbeit, und die Berichte von Verwandten auf der anderen Seite des Ozeans hatten sich vielversprechend angehört. Nun flog sie jedes Jahr im August nach Italien zurück, um die Sommerferien zu Hause bei ihren Eltern zu verbringen. Es stimmte mich wehmütig, dass Peppinas Tochter in ihrem eigenen Heimatdorf etwas desorientiert wirkte. Sie war zum Kind einer anderen Welt geworden.

Einer der Söhne Peppinas war zum Glück in Kalabrien geblieben. Wenn er mit Frau und Kindern aus der Provinzhauptstadt Catanzaro zu Besuch kam, dauerte das sonntägliche Mittagessen bei Peppina und Antonio – so, wie es sich gehörte – fast den ganzen Tag.

Antonio hatte vor langer Zeit ebenfalls eine Weile in Kanada gearbeitet, bei einer Eisenbahnlinie. Den monatlichen

Brief mit seiner kanadischen Rente ließ er von mir kontrollieren, denn er hatte nie so recht Lesen und Schreiben gelernt. Italienisch verstand er zwar, doch er sprach lieber im kalabresischen Dialekt. Antonio war kein großer, wohl aber ein sehr ausdrucksstarker Redner und somit ein guter Lehrer. Mit ihm und Peppina unternahm ich meine ersten Schritte ins Kalabresische.

Alle Fremdherrscher Kalabriens, von den Griechen bis zu den Spaniern und von den Franzosen bis zu den Deutschen, haben ihre Spuren im kalabresischen Dialekt hinterlassen. Daher klingt es wie eine Art Esperanto mit lauter Wörtern, die mir eine Führung durch mein Sprachgedächtnis bescheren. Am schönsten finde ich die ungeheuer lautmalerischen Verben. *Scialarsi* zum Beispiel, das mit zwei langen *Aahs* ausgesprochen wird und so viel wie »ausgiebig genießen« bedeutet. Oder *spagnarsi,* sich fürchten. »*Ti spagni?*« bedeutet: »Hast du Angst?« Irgendwie klingt es gleich vertraut und ist leicht zu merken, vor allem, wenn man an die niederländische Redewendung *Het Spaans benauwd krijgen* denkt, man also eine »spanische Beklommenheit« spürt. Furchterregende spanische Fremdherrscher haben wir mit den Kalabresen gemein.

Manchmal war es sogar noch einfacher, den kalabresischen Dialekt zu verstehen. Als Peppina zum ersten Mal fragte, ob ich geriebenen *kasu* auf meiner Pasta haben wolle, konnte ich nicht anders, als mit breitem Lächeln auszurufen: »*Kasu? Formaggio? Käse!*«.

Während der Mahlzeiten wurde ansonsten meist geschwiegen. Peppina mäkelte manchmal ein wenig an ihren Nachbarn herum oder warnte mich generell: Nicht alle seien so vertrauenswürdig wie sie. Wenn sie fluchte, wiederholte ich »*cazzo*?« Mit einem breiten Grinsen griff sie sich dann etwas verschämt an die Stirn. »*È parlare, figghia.*« So rede ich nun mal, Mädel, das musst du nicht ernst nehmen.

Was Peppina allerdings schon ernst nahm, war der Böse Blick. Ihr zufolge konnten neidische Blicke einen Menschen schwächen und krank machen. Wenn jemand müde war oder Kopfschmerzen hatte, blieb nur eine Möglichkeit: den Fluch des Bösen Blicks mit einem geheimen Spruch zu bannen. Während sie mit ihrem Daumen kleine Kreuze auf meine Stirn schrieb, murmelte sie ganz leise ihre magische Formel. Musste sie dann gähnen, sagte sie, das sei ein Zeichen, dass es funktioniere.

Den uralten Spruch durften Frauen einander von einer Generation zur nächsten weitergeben, aber nur an hohen Feiertagen: zu Weihnachten, Ostern oder an Mariä Himmelfahrt. An einem Weihnachtsabend habe ich die Formel von Peppina gelernt. Ich fühlte mich geehrt, mit diesem Ritual unter vielen in den Kreis ihrer Familie aufgenommen zu werden. Ihr esoterisches Erbe habe ich aufgeschrieben und bewahre es, doch ich werde keine Spielverderberin sein: Wenn jemand wissen möchte, wie die Formel lautet, werde ich den Regeln der Tradition gehorchen. Es würde die Magie zerstören, wenn ich mehr über sie erzählen würde, als dass sie von Rhythmus, Reim und katholischen Heiligen nur so strotzte.

Während mein Italienisch mit den Jahren besser wurde und ich mehr über die lokale Mafia erfuhr, wurde mir immer klarer, dass sich die 'Ndrangheta die wertvolle kalabresische Kultur auf eine perverse Art und Weise zunutze gemacht hat. Herzliche Gastfreundschaft kann sich in 'Ndrangheta-Kreisen in eine bedrückende Abhängigkeit verwandeln. Zurückhaltung wird zu *omertà*, zu absoluter Verschwiegenheit. Esoterik zu einem Blutschwur, den man bis an sein Lebensende nicht brechen darf. Und was die 'Ndrangheta aus der großen Bedeutung macht, die in Kalabrien der Familie beigemessen wird, deren Mittelpunkt die Mutter bildet, zeigt sich zum Beispiel an einem Telefonat, das die italienische Polizei am Tag des großen Blutbads in Duisburg abgehört hatte.

»*Pronto*!« Der junge Mann, der den Anruf in San Luca entgegennimmt, klingt fröhlich. Es ist kurz nach zwölf an Ferragosto, Mariä Himmelfahrt, dem Tag der ausgelassensten Familienpicknicks unter freiem Himmel.

»*La mamma è jocu?*«, fragt in kalabresischem Dialekt der ebenfalls junge Mann, der am anderen Ende der Leitung aus Duisburg anruft. »Ist Mama da?« Seine Stimme zittert.

»Nein. Was ist denn passiert?«, fragt die Stimme aus San Luca.

»Geh und erzähle es«, sagt die andere unter Tränen. »Mein Bruder ist tot, mein Neffe, dein Bruder, sie sind alle tot ...«

Auf den ersten Blick ist an dem, was sich die von der Polizei abgehörten jungen Männer sagen, nichts auffällig – von der betrüblichen Nachricht einmal abgesehen. *La mamma* ist die Mutter, sollte man meinen. Doch bei der 'Ndrangheta ist es nicht immer so einfach. »*La mamma*« ist in diesem Fall Antonio Pelle, der Chef der beiden, Anführer des Pelle-Vottari-Clans. Er ist der Allererste, der in San Luca erfahren muss, welche seiner Männer in der letzten Nacht im Krieg gegen den feindlichen Clan der Nirta-Strangios gefallen sind. Noch vor deren eigenen Müttern.

Die Geheimsprache der 'Ndrangheta strotzt vor Metaphern. Vor allem religiöse Begriffe werden als beschönigender Deckmantel für kriminelle Traditionen benutzt. So heißt die Einweihung eines neuen Mitglieds »Taufe«. Für eine solche Taufe mit einigen Tropfen Blut auf einem Heiligenbild muss man mindestens vierzehn Jahre alt sein. Wird man als Junge in eine traditionelle 'Ndrangheta-Familie hineingeboren, kann man das erste Taufritual übrigens überspringen. Mit einem 'Ndranghetisten als Vater ist man nämlich automatisch ein *giovane d'onore*, ein »junger

Ehrenmann«. Es ist ein Geburtsrecht oder besser gesagt, eine Geburtspflicht.

Für Töchter gibt es keinen Geburtstitel, und obwohl Frauen hinter den Kulissen eine wichtige Rolle in den Clans spielen können, dürfen sie nicht als 'Ndrangheta-Mitglied eingeweiht werden. *Sorella d'omertà*, die »schweigende Schwester«, ist der einzige und auch noch ziemlich passiv klingende Ehrentitel, den sie anstreben können. Viele Töchter aus einer 'Ndrangheta-Familie heiraten innerhalb des Clans oder werden, wenn es geschäftlich interessant sein sollte, gezielt mit einem Mann verheiratet, der einem anderen Clan angehört. Indem sie Kinder kriegen und sie nach den Sitten der 'Ndrangheta erziehen, tun Frauen das, was von ihnen erwartet wird.

Jungen, die außerhalb der Organisation geboren worden sind, legen bei ihrer »Taufe« den Eid ab, dass die Interessen des Clans für den Rest ihres Lebens schwerer wiegen werden als die Interessen der eigenen Eltern, Brüder oder Schwestern. »Von nun an seid ihr meine Familie«, schwören sie. »Wenn ich einen Fehler mache, werde ich mit dem Tod bestraft.«

Dieses Familiengefühl, ob genetisch oder kultiviert, ist der Grund für den Erfolg der 'Ndrangheta. Die eigene Familie verpfeift man nicht – und schon gar nicht, wenn man weiß, dass man dafür mit dem Tod bestraft wird.

Das, was Kalabresen mir als Erstes über die Verbrechen der 'Ndrangheta erzählten, handelte von den abscheulichen Entführungen in den Siebziger- und Achtzigerjahren. Vor allem das schwer zugängliche, beeindruckende Aspromonte-Gebirge im Hinterland von San Luca erlangte zweifelhafte Berühmtheit durch die Hütten und ausgehobenen Erdlöcher, in denen ein Entführungsopfer nach dem anderen, manchmal über Jahre hinweg, festgehalten wurde. Regelmäßig brachte man sie von einem Ort zum anderen, und wenn die Polizei kam und nach ihnen suchte, hatte keiner etwas gesehen. In San Luca, einem Dorf mit nur ein paar Tausend Einwohnern, leben seit jeher mehr als zehn traditionelle 'Ndrangheta-Familien. Indem sie mit Gewalt die Verschwiegenheit und Gefügigkeit der anderen Dorfbewohner erzwangen, gelang es diesen Familien, in Zusammenarbeit mit Clans aus anderen Regionen diese Art unvorstellbarer krimineller Machenschaften zu betreiben.

Der achtzehnjährige Cesare Casella, Sohn eines reichen Autohändlers, wurde Ende der Achtzigerjahre aus der norditalienischen Stadt Pavia entführt und mehr als zwei Jahre lang in Kalabrien gefangen gehalten. Für Cesares Freilassung verlangten die Entführer acht Milliarden Lire, ungefähr vier Millionen Euro, einen Betrag, den seine Eltern nicht hatten. Seine Mutter fuhr zweimal persönlich nach San Luca. Beim ersten Mal bat sie den Priester des Dorfes, sich während der Messe für die Freilassung ihres Sohns zu verwenden. Beim zweiten Mal ging sie direkt auf die Frauen von San Luca zu und flehte sie an, ihr zu helfen. Um Empathie für das Schicksal ihres Sohnes zu erzeugen, lief sie mit einer Kette um den Hals herum und schlief in einem Zelt auf dem Dorfplatz. Nach 743 Tagen und der Zahlung von einer Milliarde Lire (einer halben Million Euro) wurde Cesare endlich freigelassen.

Auch der siebzehnjährige Enkel des Ölmagnaten John Paul Getty wurde von den kooperierenden Clans der 'Ndrangheta entführt. Getty, einer der reichsten Männer der Welt, zeigte sich jedoch sehr viel weniger empathisch als Cesares Mutter. Von den geforderten siebzehn Millionen Dollar bekamen die Entführer letztlich nur ein Zehntel. Aufgrund der kühlen Verhandlungstaktik Gettys musste sein Enkelsohn Paul fünf Monate auf seine Freilassung warten und eine zusätzliche Tortur erleiden: Man schnitt ihm ein großes Stück von seinem rechten Ohr ab. Paul war für den Rest seines nicht allzu langen Lebens von Alkohol und Drogen abhängig.

Ironischerweise war es gerade der Drogenhandel, in den die 'Ndrangheta-Clans die mit den Entführungen verdienten Millionen investierten. Sie wurden die größten Kokainimporteure auf dem westlichen Markt. So verlief also die stille Eroberung der Welt durch die 'Ndrangheta: von verschwiegenen Meistern der Entführung zu verschwiegenen Meistern im Handel harter Drogen.

Verschwiegenheit ist nicht nur gegenüber der Außenwelt, sondern auch innerhalb der 'Ndrangheta selbst ein hohes Gut. Bei großangelegten und komplizierten Projekten wie dem internationalen Drogenschmuggel arbeiten mehrere Clans zusammen und müssen bestimmte Informationen miteinander teilen. Doch in der Regel kümmern sich die einzelnen Clans nur um ihr eigenes Territorium. Ein Clan, oder auch *'ndrina,* erhält den Namen einer oder mehrerer Familien, die bereits über einen langen Zeitraum zusammenarbeiten und, wie beim Pelle-Vottari-Clan, durch Heirat miteinander verbunden sind. Sie setzen sich zusammen aus Vätern, Großvätern, Söhnen und Enkelsöhnen, Brüdern, Cousins und Neffen sowie angeheirateten Familienangehörigen: strategisch ausgewählte Schwiegersöhne und Schwäger.

Je länger jemand dabei ist, desto mehr Macht und Verantwortung wird ihm in der Regel mit der Zeit übertragen. Der jeweilige Rang in der Hierarchie heißt *dote,* ein italienisches Wort, das sowohl Mitgift als auch Talent bedeutet. 'Ndranghetisten eines höheren Rangs kennen den Rang der unter ihnen stehenden Clanmitglieder, doch umgekehrt ist das Wissen begrenzt. So bleibt in den unteren Rängen stets im Vagen, wer genau die höchsten Machthaber sind, so dass diese weniger Gefahr laufen, verraten zu werden oder einem Coup zum Opfer zu fallen.

Zu jedem Aufstieg in einen neuen Rang gehört ein Ritual nach einem genauen Drehbuch und mit umfangreichen Formeln. Diese Formeln der 'Ndrangheta dürfen nicht schriftlich festgehalten, sondern müssen auswendig gelernt und von den Ranghöheren nach und nach an die Neulinge weitergegeben werden. Dennoch haben Ermittler in Scheunen, Villen und Bunkern flüchtiger 'Ndranghetisten bereits eine ganze Menge Zettel mit Verhaltenskodizes und Ritualen gefunden. In einigen Büchern über die kalabresische Mafia, mit denen ich in den letzten Jahren ein ganzes Regal gefüllt habe, sind zur Illustration einige dieser Zettel abgebildet. Die Skripte und Formeln, in krakeliger Handschrift niedergeschrieben, wimmeln oft von Rechtschreibfehlern. In Einzelfällen wurden sie jedoch geduldig in Geheimschrift aufgezeichnet und strahlen eine merkwürdige Ruhe und Selbstbeherrschung aus.

Die Grundregeln sind für alle Clans die gleichen. Ein 'Ndrangheta-Mitglied schwört seinem eigenen Clan und der Führungsebene die Treue. In dieser Führungsmannschaft sind die Anführer der mächtigsten Clans aus dem südlichsten Teil der Region Kalabrien, der Provinz Reggio Calabria, vertreten, die daher *la Provincia*, die Provinz, genannt wird. Ein weiterer, überraschend transparenter Name für die Spitze der Organisation lautet *il Crimine*, das Verbrechen. Eine Kommission, die jährlich in der Nähe von San Luca zusammentritt, wählt die Anführer, die ein Jahr lang über alle Angelegenheiten entscheiden dürfen, die die gesamte kriminelle Organisation betreffen. Ohne die Zustimmung der provinzialen Führungsebene ist es einem Clan nicht erlaubt, ein bestimmtes Territorium für sich einzufordern, auch nicht, wenn dieser Clan in einem anderen Teil Kalabriens, Italiens oder der Welt operiert. Kurzum: Alle Clans sind wie durch eine Nabelschnur mit der Provinz Reggio Calabria und der zeremoniellen Wiege

San Luca verbunden. Dort werden sie gewissermaßen geboren. Daher kommt es also, dass das Hauptquartier in San Luca bei 'Ndranghetisten von außen *la mamma* genannt wird und der oberste Chef manchmal den Spitznamen *mammasantissima*, »allerheiligste Mutter«, bekommt.

Kann es sein, dass die 'Ndrangheta mit all diesen metaphorischen Mutterfiguren versucht, ihr Image bei den eigenen Leuten zu beschönigen? Faszinierend sind sie, all diese bewaffneten Männer mit *einer* Mutter, die sie gebiert und nährt, die Strafen erteilt, wenn sie ungehorsam sind, aber die ihre Söhne auch tröstet und zusammenbringt.

Der traditionelle Versammlungsort für 'Ndranghetisti befindet sich selbstverständlich in der Nähe von San Luca, und zwar bei einer der wichtigsten Schutzheiligen der 'Ndrangheta, der Madonna von Polsi, auch Madonna della Montagna, »Madonna vom Berge«, genannt. Diese Marienstatue mit Kind, die für alle Mitglieder konkreteste symbolische Mutter, steht in einer kleinen Kirche in einem abgelegenen Tal mitten im Aspromonte-Gebirge. Die Madonna trägt ein zartrosa Kleid und einen hellblauen Schleier, sie hat eine große, goldene Krone auf dem Kopf, ebenso wie das nackte Jesuskind auf ihrem Schoß, das zudem mit einer goldenen Erdkugel spielt. Überall dort, wo 'Ndranghetisten leben, arbeiten, sich verstecken oder versammeln, finden sich Nachbildungen dieser Statue. Nicht nur in abgelegenen kalabresischen Gehöften oder in unter Villen verborgenen Schutzbunkern, sondern beispielsweise auch im Speisesaal des Restaurants Da Bruno in Duisburg, einer Hafenstadt in einer der größten Industrieregionen Europas.

In Polsi, beim Heiligtum der »Madonna vom Berge«, besprachen die prominentesten 'Ndrangheta-Mitglieder auch die Blutrache von Duisburg, die die bisher so unauffällige kalabresische Mafia plötzlich ins europäische Scheinwerferlicht gerückt hatte. Eine kriminelle Organisation gedeiht jedoch nicht gut in grellem Licht, also mussten die

Gemüter in Polsi rasch besänftigt werden. Kaum zwei Wochen, nachdem die Opfer des sechsfachen Mordes ein Stück weiter beerdigt worden waren, wurde beim Heiligtum der Madonna die zu dem Zeitpunkt mehr als sechzehn Jahre andauernde Fehde zwischen den Familien aus San Luca beigelegt. Es war wie ein Wunder. Die kalabresische Polizei hörte einen der anwesenden 'Ndrangheta-Anführer begeistert davon berichten: »Alle haben vor Zufriedenheit getanzt und sich die Hände geschüttelt. Die Freundschaft ist wiederhergestellt.« Seit der Versöhnung der beiden kriegführenden Clans aus San Luca ist es mit den Geschäften der 'Ndrangheta nur bergauf gegangen.

4.

»SCHREIBST DU IN DER ZEITUNG DARÜBER?«

Über die 'Ndrangheta ist noch sehr wenig bekannt, als eines ihrer am meisten gesuchten flüchtigen Mitglieder in den Niederlanden verhaftet wird: Giovanni Strangio aus San Luca, der im Verdacht steht, verantwortlich für die Blutrache in Duisburg zu sein. Er wohnt zum Zeitpunkt der Festnahme mit seiner Frau und seinem dreijährigen Sohn bereits anderthalb Jahre in einem Reihenhaus in Diemen unweit von Amsterdam. Es stellt sich heraus, dass auch sein ebenfalls flüchtiger Schwager, der Ende der Neunzigerjahre wegen Kokainhandels und 'Ndrangheta-Mitgliedschaft verurteilt wurde, bei ihnen untergekommen ist. Die Polizei findet drei falsche Reisepässe, eine kugelsichere Weste, drei Perücken, elf Mobiltelefone, eine halbe Million Euro Bargeld und eine Geldzählmaschine im Haus. In einem Schuhschrank bei der Eingangstür liegt griffbereit eine geladene Waffe.

Ich selbst lebe zu der Zeit bereits seit zwei Jahren in Kalabrien. Eine feste Adresse in Amsterdam, zu der ich zurückkehren könnte, habe ich nicht mehr, denn meine Mietwohnung ist an Immobilienspekulanten verkauft worden. Die lauerten schon lange auf das Haus, in dem ich im obersten Stockwerk wohnte, um es in Eigentumswohnungen aufzuteilen, zu renovieren und mit hohem Gewinn zu verkaufen. Ich wollte dort nicht weg, denn die Wohnung war wunderbar, und außerdem waren dem erträumten unbefristeten Mietvertrag während meines Studiums schon viel zu viele Übergangs-Wohnmöglichkeiten vorausgegangen. Deshalb hielt ich daran fest, bis ich als einzige Mieterin dieses großen Hauses im Amsterdamer Stadtteil De Pijp übrig blieb und die strategisch geschickten Immobilienhaie immer häufiger auf ihren Motorrollern daran vorbeifuhren. Schließlich boten sie mir eine hübsche Summe an, um die Unannehmlichkeiten des erzwungenen Umzugs abzumildern. Ich betrachtete das als Startschuss für ein Auslandsabenteuer. Meine Expedition hätte im Rückblick ebenso gut in Brasilien oder Japan beginnen können, führte mich jedoch zufälligerweise in den äußersten Süden Italiens, an einen Ort, der mich so faszinierte, dass ich dort nicht mehr wegwollte. Von meiner Umzugsprämie hätte ich in Amsterdam vielleicht, wenn ich sehr lange und sehr intensiv gesucht hätte, noch eine Weile in einer anderen Mietwohnung wohnen können, doch ich beschloss, sie anders anzulegen. In Kalabrien konnte ich mir davon nämlich ein Haus mit unverstelltem Meerblick kaufen.

Das charmante Dorf, in dem ich mein Haus gekauft habe, liegt, über drei Hügel drapiert, auf gut dreihundert Meter Höhe. Mit dem Auto bin ich in wenigen Minuten am Meer. An der Küstenstraße befindet sich der modernere Teil des Dorfes, in dem die meisten der ungefähr zweitausend Einwohner leben. Oben, rund um das alte Zentrum, finden sich ein paar Minisupermärkte und Kneipen. Es gibt auch eine kleine, aber gutgehende Pizzeria mit einem humorvollen Eigentümer, eine Grundschule, ein Kloster und ein Seniorenheim.

Die Stille, die mein Haus umgibt, gefällt mir. Umso größer ist der Kontrast, wenn an hohen Festtagen mit Prozessionen Böller knallen, die Kirchenglocke länger und fröhlicher erklingt als sonst und die Blaskapelle, die durch die engen Gassen zieht, von allen Ecken des Dorfes aus zu hören ist. Oft setzen die Veranstalter eines kalabresischen

Dorffestes alles gleichzeitig ein: Böller, Kirchenglocken und Blaskapelle. All das passiert tagsüber, es geht also eindeutig um den Lärm – von dem Feuerwerk sind am blauen Himmel nur ein paar Rauchwölkchen zu sehen.

An anderen Vormittagen hört man den traurig-getragenen Klang der Totenglocke, denn die meisten Dorfbewohner sind überdurchschnittlich alt. Ich denke nicht zu lange darüber nach, was das für die Zukunft bedeuten mag. Es gibt Internet, und ich stelle mir vor, dass diese Gegend im Laufe der Zeit von jüngeren Generationen und Fremden entdeckt werden wird, die wie ich von zu Hause aus arbeiten können.

Trotz der Entvölkerung macht das Dorf noch einen verhältnismäßig blühenden Eindruck. Natürlich frage ich mich, ob sich unter den Bewohnern meines Dorfes Mafiosi befinden. Niemand wird mir das von sich aus erzählen, so viel steht fest. Was ich allerdings weiß, ist, dass im Dorf noch kein fester 'Ndrangheta-Kern nachgewiesen wurde, es also nicht als Gemeinde bekannt ist, die in der traditionellen Einflusssphäre einer oder mehrerer spezieller Familien steht und darunter zu leiden hat. Ansonsten kann ich nicht sehr viel mehr tun, als mich, wie üblich, auf meine Intuition zu verlassen und mich von Leuten fernzuhalten, die verdächtig oder schlichtweg nach unangenehmen Zeitgenossen aussehen.

Es trifft sich gut, dass es in der lokalen Bevölkerung eine große Zahl an Bauarbeitern und -unternehmern gibt, denn mein Haus hat viele Mängel. Die Fenster müssen aufgearbeitet, Leitungen und Fußböden ausgetauscht und das Dach muss abgedichtet werden. Von den vielen Häusern, die zum Kauf standen, war meines von außen betrachtet nicht das schönste. Doch genau das fand ich sympathisch: Die Außenseite nimmt sich nicht wichtiger, als sie ist, aber von innen bieten alle Fenster eine wunderschöne Aussicht auf die Küste. Es ist ein heimeliges kleines Labyrinth aus aneinandergereihten Zimmern. Die vorherigen Bewohner, ein Schreiner und seine Frau, hatten die Wände in allerlei Farben gestrichen und mit Familienfotos behängt. Sie haben dort gewohnt, bis sie in den Achtzigern waren.

Einst, erzählen mir die Nachbarn, lebte in jedem dieser kleinen Räume eine ganze Familie. Manche hielten sich dort sogar noch ein Schwein. Die Gässchen des Dorfs wimmelten vor vierzig Jahren noch von Kindern und Werkstätten, bevor die Kalabresen massenweise nach Norditalien, Deutschland, Amerika und Australien auswanderten. Heute schwer vorstellbar, aber in meiner *cantina*, dem »Keller« im Erdgeschoss, stoße ich auf ein verstaubtes Erbe all dieser Betriebsamkeit. Ich finde alle möglichen Gerätschaften zur Weinherstellung, Malersachen und natürlich viel Holz und Werkzeug. Nägel in allen Größen und ein paar Eisenkreuze. Es lässt sich nicht leugnen: Hier wurden nicht nur Schränke, Tische und Betten hergestellt, sondern auch Särge zusammengezimmert.

Die Handwerker sind inzwischen nahezu ausnahmslos aus dem Dorf verschwunden. In dieser Region an der ionischen Küste Kalabriens bietet wirtschaftlich gesehen der Tourismus noch die größte Hoffnung. Zwei Monate im Jahr verwandelt sich die Gegend von einem entlegenen und vergessenen Winkel in eine beliebte Urlaubsregion. Strandmuscheln, Sonnenschirme und Liegestühle schießen Ende Juni aus dem Boden und verschwinden dann am ersten Septemberwochenende auch schon wieder, zusammen mit den meisten Feriengästen. Von außerhalb Italiens kommen fast keine Touristen hierher. Am Meer hört man im Juli und August neben dem Kalabresischen vor allem viel Mailänder und römischen Zungenschlag. Es sind die »ausgewanderten« Kalabresen, die jeden Sommer mit ihren Kindern an das sonnenüberflutete Meer ihrer Kindheit und Jugend zurückkehren.

Auf der Straße reagieren die Leute mit Stolz, wenn sie

hören, dass ich nicht nur für den Sommer ganz aus dem fernen Norden hierhergekommen bin und mich für ihr Dorf entschieden habe. Ich grüße die neuen Gesichter und werde meist fröhlich zurückgegrüßt. Kalabrien gehört zu den Regionen mit den höchsten Arbeitslosenzahlen in ganz Europa. Viele Kalabresen in meinem Alter wohnen noch bei ihren Eltern, zumindest, wenn sie ihren Klassenkameraden nicht auf der Suche nach einem Job in den Norden gefolgt sind. Dass ich alleine lebe und mein eigenes Geld verdiene, spricht sich schnell herum, ich muss dafür nicht viel tun. »*Poverina, lavora al computer*« – »die Arme arbeitet am Computer«, höre ich eine Nachbarin der anderen erzählen.

In meinem Dorf bin ich die erste niederländische Bewohnerin, und bei meiner Anmeldung fragt die Frau am Gemeindeschalter nach meinem Beruf. Ich habe kein Wort dafür zur Hand und erzähle, dass ich vor allem freiberuflich mit Texten arbeite, das heißt Bücher und Artikel redigiere oder aus dem Englischen übersetze. Übersetzerin? Nein, nicht wirklich. Ich erwäge *editrice*, aber das ist ein nicht ganz eindeutiges Wort, das eher Verlegerin als Redakteurin bedeutet. Die Schaltermitarbeiterin sagt voller Überzeugung: »*Giornalista*«, Journalistin. Es fühlt sich an wie ein fremdes Etikett, aber es stehen Leute in der Schlange, und mir erscheint es nicht wichtig genug, um sie deshalb noch länger warten zu lassen. Ich stimme zu.

Italiener sind verrückt nach Titeln, gern rufen sie jovial »*maestro!*«, »*dottore!*« oder »*avvocato!*« Damit bestätigen sie den Status des anderen und zeigen Respekt. Es scheint fast so, als hätten sämtliche Bewohner meines Dorfes Zugang zum Meldesystem der Gemeinde, denn ich merke, dass die für mich noch etwas unbehagliche Berufsbezeichnung *giornalista* schon bald jedermann bekannt ist. Glücklicherweise werde ich nicht gleich als *giornalista* angesprochen, aber es gibt durchaus Leute, die von sich aus auf mich zukommen, um mir ihre Geschichte zu erzählen. Manchmal führt das zu außergewöhnlichen Gesprächen, so wie mit Totò, einem Mann Ende vierzig, der nach einem Autounfall lange im Koma lag und seither nur noch von Gott spricht.

Totò predigt gern draußen auf dem Dorfplatz und ist ein sehr viel fröhlicherer Botschafter des Glaubens als der grauhaarige Dorfpriester. Ob es sich nun um eine Beerdigung oder um einen Feiertag handelt – in der Kirche wirkt es stets so, als wäre der Tag des Jüngsten Gerichts angebrochen. Es verwundert mich, wie es dem sehr förmlich auftretenden Priester mit seinen donnernden Predigten Tag für Tag gelingt, unter der weiblichen Bevölkerung über fünfzig ein so treues Publikum bei der Stange zu halten. Vielleicht hilft ihm die Anziehungskraft der vier liebenswerten Nonnen, die von den Philippinen und aus Indien gekommen sind, um das alte Dorfkloster am Leben zu erhalten.

Totò kürzt meinen Namen mit »Sà« ab und kommt schon nach ein paar Begegnungen laut Hymnen singend auf mich zu. Umstehende schmunzeln, aber mich lässt seine Unbefangenheit aufatmen.

»Ich bin wie ein Kind, Sà. Gott hat mich wieder zum Kind gemacht. Als ich im Koma lag, habe ich ihn gesehen. Alle Heiligen waren da und meine Großeltern auch. Siehst du diesen Sonnenstrahl? Das ist Gott. Glaubst du an Gott, Sà?«

Ich wage nicht, ihm die ganze Wahrheit zu sagen, aber sein Sonnenstrahl spricht mich an, und ich nicke. »Du brauchst nur zu beten und die zehn Gebote zu befolgen. Sà, schreibst du in der Zeitung über das, was ich erlebt habe? Die Welt will es nicht erkennen, aber Gott ist das Licht der Welt. Schreibst du in der Zeitung darüber?«

Ich weiß nicht, ob die traurige Nachricht jemals bis in die strahlende Erfahrungswelt Totòs vorgedrungen ist, doch eines Tages lag plötzlich ein Mafia-Toter auf der Straße.

Unten an der Küste, im neueren Teil des Dorfes, war ein vierunddreißigjähriger Mann vor seinem Haus erschossen worden. Er hatte gerade seinen BMW geparkt, als zwei maskierte Männer auf ihn zu schießen begannen. Ich hatte ihn nicht persönlich gekannt, las aber in der Zeitung, dass sein Onkel, der schon ein paar Wochen zuvor von zwei jungen Männern auf einem Motorroller erschossen worden war, Oberhaupt eines ’Ndrangheta-Clans in einem Nachbardorf war. Mehr Informationen wurden über den Boss nicht mitgeteilt, außer, dass er offiziell Bauunternehmer gewesen sei.

5.

WÜRDE

Wenn Bauunternehmer sich als Mafiabosse entpuppten, konnten sie dann auch unter den Bauarbeitern sein, die ich immer wieder in mehr oder weniger rostigen Pick-ups durch mein Dorf fahren sah? Wen sollte ich besser meiden, und wen konnte ich mit ruhigem Gewissen in meinem Haus arbeiten lassen? Nach langem Zweifeln schien es mir am besten, mit einem freischaffenden Maurer, Elektriker und Klempner den Sprung ins kalte Wasser zu wagen.

Viele warnten mich, dass mein Umbau mit freiberuflichen Handwerkern ein ganzes Stück weniger schnell und effizient vonstattengehen würde als mit größeren Bauunternehmen, die alles in einem Abwasch erledigten. Und sie sollten recht behalten. Aber größere Unternehmen schreckten mich ab, und zwar unabhängig von ihren möglichen Verbindungen zu den Clans. Ich stellte mir vor, wie sich mein untypisches, schief gemauertes Haus im Nu in einen geschniegelten Ausstellungraum verwandeln würde, und das wollte ich vermeiden. Nie zuvor hatte ich mich mit dem Umbau eines alten Hauses beschäftigen müssen. Mir war es lieber, das Schritt für Schritt und mit professioneller Unterstützung von Leuten zu tun, die ich selbst mit den Arbeiten beauftragte.

Dabei hatte ich jedoch nicht mit einkalkuliert, dass mein Plan, freischaffende Handwerker unterschiedlicher Gewerke in meinem Haus zusammenarbeiten zu lassen, nicht mit gewissen Erwartungen ihrerseits harmonierte.

Es zeigte sich, dass auch freiberuflich tätige Maurer es gewohnt waren, sich wie eine Art Generalunternehmer zu verhalten und davon ausgingen, einen befreundeten Klempner und Elektriker mitbringen zu dürfen. Das Gleiche galt für den Klempner und den Elektriker, die mich am liebsten persönlich zum Sanitärgeschäft eines Freundes geschleift hätten und auch noch einen Cousin hatten, der Verputzer oder Fliesenleger war. Ich hatte sie jedoch unabhängig voneinander kommen lassen, und das war für alle Parteien, die nicht schon vorher zusammengearbeitet hatten, schwer zu schlucken. Schon bald merkte ich, dass das Berufsleben hier aus einem gegenseitigen Geben und Nehmen bestand. Wenn sich keine Gegenleistungen erbringen lassen, ist die Arbeit offenbar mit weniger Ehre behaftet.

Mein Umbau hätte gutes Material für eine absurde Reality-Soap abgegeben. Jeder wollte den Prozess dominieren, und obwohl es mein Haus war und ich die Rechnungen bezahlen würde, war ich als Frau – und außerdem noch als Ausländerin – für all die Herren so ziemlich die Letzte, die sich als Bauherrin aufspielen durfte. Um als der Kompetenteste dazustehen, kritisierten sie leidenschaftlich die Arbeit des jeweils anderen.

Ich versuchte sie zu verstehen: Ihr Ehrgefühl stand auf dem Spiel. Als typische Holländerin, d. h. in dem Glauben an eine gemeinsame Problemlösung, versuchte ich eine Art Teamgeist zu erzeugen, indem ich den ganzen Trupp zusammen aufs Foto bannte. Aber die Männer schauten widerwillig in die Kamera, und mir war klar, dass mir von diesem Tag an nichts anderes übrig bleiben würde, als sie einen nach dem anderen kommen zu lassen, damit sie sich keine bösen Blicke oder Schlimmeres zuwerfen konnten. So durften sie sich nacheinander als Herr und Meister des Umbaus fühlen. Auch wenn es auf diese Weise länger als nötig gedauert hat, bin ich doch froh über das Ergebnis.

Während der Umbau allmählich voranschritt, wurde ich auch außerhalb des Hauses mit einem Unterschied zwischen der niederländischen und der süditalienischen Mentalität konfrontiert. Als Frau allein in einem kalabresischen Dorf kann man unvermittelt die Frage gestellt bekommen: *A cui appartieni?* Zu wem gehörst du? Die Frage wird nicht immer direkt oder laut ausgesprochen, doch meist liegt sie deutlich spürbar in der Luft. Eine alleinstehende Frau ist eine Anomalie und erregt Mitleid oder Argwohn. In Kalabrien gehört es sich, dass man, solange man noch unverheiratet ist, bei den Eltern wohnen bleibt. Eine Frau gehört zu ihren Eltern, ihrem Ehemann oder ihren Kindern. Die Idee, zu niemandem zu gehören, ist hier nur etwas für Individualisten aus dem Norden, die die Bedeutung der Familie unterschätzen.

Als ich mich in N., einen jungen Kalabresen, verliebte, brauchte ich nicht mehr allein auf die Straße und war von den teilnahmsvollen Blicken erlöst. N. stammte gebürtig aus Soverato, einer kleinen Stadt an derselben Küste, die aber dennoch etwas weltzugewandter und moderner war als mein Dorf. Er hatte in Norditalien und auch im Ausland gearbeitet, war jedoch zurückgekehrt, weil er Kalabrien vermisst hatte. Das Leben in N.s Gesellschaft schenkte mir so viel mehr Geborgenheit, dass ich seinen kalabresischen Stolz, die Sturheit und seinen Machismo in Kauf nahm. Außerdem bekam ich von ihm keine traditionellen Rollenmuster auferlegt, zumindest nicht in der Küche, denn es wurde herrlich für mich gekocht.

Mit N. begann ich, öffentliche Veranstaltungen zur 'Ndrangheta zu besuchen. Dafür mussten wir ein Stück fahren, meist nach Cosenza, der größten kalabresischen Universitätsstadt. Es erleichterte mich, endlich einmal Menschen über ein Thema in ein Mikrofon sprechen zu hören, über das ich in meinem Dorf nicht einmal jemanden flüstern hörte. Ich lernte viel über die Vergangenheit und den aktuellen Zustand der kalabresischen Mafia. Manche Redner waren Opfer von Erpressungen, die unter Gefahr für Leib und Leben zu Whistleblowern geworden waren. Sie strahlten eine unglaubliche Würde aus und bestärkten mich in meinem Entschluss, über die ’Ndrangheta zu schreiben. Es gab einen Mann, dessen Geschichte mich besonders ansprach: Gaetano Saffioti, der eine Firma für Betonfertigprodukte und Aushubarbeiten besaß. Jahre später sollte ich ihn noch einmal aufsuchen.

Gaetano Saffioti ist ein Bär von einem Mann. Er hat ein Bäuchlein, einen dunklen Bart, eine Knubbelnase und sanfte Augen. Er ist in den Fünfzigern, wird aber wieder zum Kind, wenn er über seine Bagger spricht, von denen ein paar auf seinem Betriebsgelände stehen: »Wenn ich sie ansehe, ist es, als würden sie mir zulächeln.«

Saffioti wuchs mit Traktoren auf, denn sein Vater hatte einen landwirtschaftlichen Betrieb. Schon als er acht war, konnte er gar nicht genug von ihnen bekommen. Und als Teenager hatte er eine so innige Beziehung zu den Maschinen, dass Freunde ihn damit aufzogen, sie seien wohl seine »Freundinnen«. »Ich habe mit ihnen gesprochen, sie geputzt und mich liebevoll um sie gekümmert.«

Dass er in einer Gegend lebte, in der extrem brutale Familien das Sagen hatten, entging Gaetano Saffioti nicht. Palmi, eine Stadt an der südlichsten Spitze der Tyrrhenischen Küste, war schon seit mehr als hundert Jahren das Territorium dieser »Ehrenmänner«. Jeder wusste, wer die Familien waren, auch Saffioti. Er wusste nur nicht, dass sein Vater von diesen Familien unter Druck gesetzt wurde. Als beispielsweise ihre Olivenpresse in Flammen aufging, lag die Ursache angeblich in einem Kurzschluss. Und den Grund, weshalb sein erster Schulausflug brutal zunichtegemacht worden war, als sein Vater ihn an seinem Ausflugsort aufgesucht und angefleht hatte, mit nach Hause zu kommen, erfuhr er erst, als der Gute durch Krankheit viel zu früh starb. Er war damals fünfzehn gewesen, sein älterer Bruder neunzehn und das jüngste der vier jüngeren Geschwister noch ein Baby. Ständig klingelte das Telefon, und seine Mutter begann jedes Mal zu weinen. Schließlich fiel der entscheidende Satz: »Es ist die ’Ndrangheta, die Geld von uns haben will.«

Gaetano Saffioti hatte noch nie davon gehört. »’Ndrangheta, was ist das? Eine Firma? Eine Person?« Dass all die Familien, die alle unbedingt respektieren mussten, zusammengenommen »’Ndrangheta« genannt wurden, war in den Siebzigerjahren noch nicht allgemein bekannt. Seine Mutter erzählte, dass sie von seinem Vater jahrelang *pizzo*, »Schutzgeld«, erpresst hätten. Sie hatten Feuer gelegt und gedroht, ihm und seinen Geschwistern etwas anzutun. So wie damals, während seines Schulausflugs. Und noch immer ließen sie seine Mutter, eine Witwe mit sechs Kindern, nicht in Ruhe.

»Warum wir damals keine Anzeige erstattet haben?«, fragt Saffioti. »Die Polizei hielt sich von den ’Ndranghetisten fern, denn es war zu riskant: Hier haben sie sich gegenseitig abgeschlachtet. Jeden Tag wusste man, dass etwas passieren würde, man wusste nur nicht, wer ermordet werden würde oder wo die nächste Bombe hochgeht. Und vor allem: Die Mentalität war so, dass man einfach bezahlen *musste*, es gehörte dazu. Man lebte und arbeitete in ihrem Hoheitsgebiet, und sie hatten das Sagen.«

Saffioti verdiente sich nebenbei etwas mit dem Traktor dazu, bis er mit achtzehn zum Militärdienst eingezogen wurde. Er konnte eine bezahlte Stelle im schwerbewachten Gefängnis seiner Heimatstadt Palmi ergattern. Niemand wollte dort als Aufseher arbeiten, denn hier saßen die gefährlichsten Kriminellen Italiens, darunter eine ganze Menge lokaler ’Ndrangheta-Bosse. Saffioti beschloss, so zu tun, als würde er sie nicht kennen.

Mit neunzehn hatte er seinen Militärdienst beendet und gründete eine eigene Firma. »Mit dem Trecker die Erde umpflügen. Arbeit, mit der man nicht viel verdienen konnte, aber mir hat sie Spaß gemacht. Obwohl ich nicht überall arbeiten konnte, denn schon damals hieß es über den Grund und Boden eines anderen: Hier darfst du arbeiten, aber da nicht.« Trotzdem wuchs seine Firma: Es kamen Bagger, Lastwagen, Bulldozer und Betonmischer hinzu, und auch immer mehr Mitarbeiter. »Wenn man seine Arbeit liebt, kommt der Erfolg ganz von selbst.«

Leider bedeutet in Kalabrien steigender Umsatz auch immer, dass man Steine in den Weg gelegt bekommt. In anonymen Briefen und Telefonanrufen ließ man ihn wissen, wo er wie viel Geld abliefern musste. »Allerbester Gaetano, du wirst uns helfen müssen. Du solltest dich nicht weigern oder die Polizei benachrichtigen, denn dann kriegst du nur noch mehr Probleme. Komm am 29. April um Punkt zwölf Uhr nachts mit dreißig Millionen Lire in kleinen Scheinen zum Brunnen und geh die Treppe runter, die zum Strand führt. Steck das Geld in eine stabile Plastiktüte und halte sie in der rechten Hand. Da wird jemand sein, dem du die Tasche geben kannst, ohne Angst. Wenn du nicht kommst, werden wir dich mitnehmen und an einem Ort festbinden, an dem du kein Licht siehst, und du wirst einsam und ausgehungert sterben. Denk gut darüber nach.«

Bei vielen Aufträgen, auch sehr großen, musste er die Rechnungen zerreißen. Sie sollten nie bezahlt werden, da es sich um Freunde der bekannten Familien handelte, die begünstigt werden mussten. An Schikanen, um ihn unter Druck zu setzen, wie etwa seine Schlösser mit Klebstoff zu verschmieren, hatte er sich fast schon gewöhnt. »Manchmal kam jemand vorbei, der als Freund auftrat, jemand, der die Sache schon für dich regeln werde. Man bezahlte ihn, und er tat so, als hätte er dir einen Gefallen getan, aber er hatte den Schaden selbst verursacht, verstehst du?«

Oft wurde gedroht, ihn oder seinen kleinen Sohn zu ermorden, den ganzen Laden in Brand zu setzen. »Als sie eine meiner Maschinen anzündeten, bin ich zur Polizei gegangen. Die Beamten sagten, dass ich mich lieber still verhalten soll. Sie waren nicht mal unbedingt korrupt, vielleicht haben sie es zu meinem Besten gesagt. Sie wussten: Wenn man darüber redet, kriegt man noch mehr Probleme. Ich habe trotzdem Anzeige erstattet, aber sie haben die Angelegenheit nicht weiterverfolgt.«

Gaetano Saffioti versuchte, andere Unternehmer davon zu überzeugen, gemeinsam Widerstand zu leisten. »Sie sagten: Du bist wohl nicht ganz richtig im Kopf, man wird uns umbringen.« Er arrangierte sich mehr oder weniger mit der Situation, und trotz allem wuchs die Firma. Er erhielt große Aufträge im Straßenbau und bei der Anlage von Häfen, kam mit immer mehr 'Ndrangheta-Familien aus der weiteren Umgebung in Berührung. Die Tyrrhenische Küste war unter verschiedenen Clans aufgeteilt. Manchmal musste er für ein und denselben Auftrag gleich dreimal *pizzo* bezahlen: zuerst an einen Clan aus Palmi, der Stadt, in der sich seine Firma befand, ein zweites Mal an einen Clan des Gebiets, das er durchquerte, und drittens an einen Clan aus der Gemeinde, in der er die Arbeiten ausführte.

Seine große Liebe zu Maschinen verhalf Saffioti in den Neunzigerjahren zu einem Auftritt in einer Fernsehshow, dem italienischen Pendant zum deutschen »Wetten, dass ...?«. Vorne an seiner Baggerschaufel war eine kleine Gabel befestigt, mit der er versuchen sollte, drei Oliven in einem Schälchen aufzuspießen, sie nacheinander zum Mund zu führen und aufzuessen, während er in der offenen Fahrerkabine saß. »Ich habe das an dem Abend zum ersten Mal gemacht!« Es gelang. Innerhalb der vorgegebenen Zeit legte er mit dem mechanischen Arm sogar noch einen

Olivenstein wieder ordentlich in das Schälchen zurück. An diesem Abend genoss er das Scheinwerferlicht, doch am nächsten Tag ging es mit der Arbeit weiter.

Und mit den Erpressungen. Jahr um Jahr um Jahr. Saffioti fiel auf, dass die 'Ndranghetisten im Laufe der Zeit immer arroganter wurden. Meist waren es junge Männer, Laufburschen des Bosses. »Sie zeigten sich offen, kamen einfach ohne langes Gerede vorbei, um abzukassieren. So nach dem Motto: Mir kann keiner was.«

Sogar Feuer legten sie nicht mehr wie Diebe in der Nacht. »Am helllichten Tag zwangen sie einen meiner Mitarbeiter, mit der Pistole am Kopf, einen Lastwagen mit Benzin zu übergießen und ein Feuerzeug dranzuhalten.«

Das geschah im Jahr 2000. Saffioti war fast vierzig und mit seiner Geduld am Ende. Hinzu kam, dass er jetzt auch noch von offizieller Seite beleidigt wurde. Im lokalen Fernsehen bezeichneten Staatsanwälte alle kalabresischen Unternehmer als »Feiglinge«, ja sogar als »mitverantwortlich« für die Mafia. Das konnte einen schon verbittern oder verzweifeln lassen, denn die mafiosen Familien erpressten Betriebe auf immer raffiniertere Weise, und sogar als Opfer bestand für Saffioti ein durchaus reales Risiko, verhaftet zu werden. Etwa als Strohmann. »Sie wollten Eigentum auf meinen Namen registrieren lassen, um zu verhindern, dass die Justiz es beschlagnahmen kann. Weißt du, wie ich mich da herausgewunden habe? Ich habe gesagt: Mein Unternehmen kann bankrottgehen, dann wird der Laden sowieso konfisziert oder versteigert, lassen wir das lieber bleiben. Der Fehler, den sie dann gemacht haben, ist, dass sie so was über die Namen von Leuten haben laufen lassen, die sonst nichts hatten. Eine Lehrerin, die ein Gebäude im Wert von einer Million besaß. Ein Arbeitsloser mit einem Hotel! Die Justiz hat es durchschaut, und sie haben jetzt auch damit aufgehört. Heutzutage übernehmen sie einfach deinen Betrieb.«

Sie wollten in seinen Betrieb investieren und damit eine Monopolstellung erreichen. »Ich war ein perfekter Kandidat, denn ich hatte kein Vorstrafenregister und eine gut gehende Firma. Ich sagte Nein, und sie haben mich für verrückt erklärt. ›Es gibt Leute, die uns darum anflehen.‹ Aus Rache drängten sie mir Mitarbeiter auf, die ich bezahlen musste, obwohl sie nicht zur Arbeit erschienen. Oder Materialien: Ich hatte einen eigenen Steinbruch, wurde aber gezwungen, zu dem eines anderen zu fahren.«

Das Einzige, was Saffioti tun konnte, war, so kaltblütig wie möglich Beweise seines Widerstands sowie zu dem, wogegen er sich einfach nicht wehren *konnte*, zu sammeln. Seine Erpresser hielten sich für unantastbar: Während sie das Geld zählten, schauten sie manchmal direkt in die Überwachungskameras in seinem Büro. Er würde es doch sowieso nie wagen, diese Bilder zu benutzen?

Bittererweise war einer dieser Erpresser sogar ein ehemaliger Mitarbeiter, der bei ihm gekündigt hatte. »Einige Zeit später kam er bei mir vorbei, gerade in dem Moment, als ich wusste, dass ein Clan-Vertreter kommen würde. Ich habe mich gefreut, ihn zu sehen, denn ich hatte ihn immer gemocht. Wir haben ein wenig geplaudert, und ich erzählte ihm, dass gleich jemand kommen würde. Daraufhin hat er gesagt, dass er derjenige ist, der das Geld holt. Ich war fassungslos und habe versucht ihn wachzurütteln. ›Ist dir klar, was du da tust, dass du eine falsche Entscheidung getroffen hast und einer blutigen, traurigen Zukunft entgegengehst?‹ Er meinte, dass das das Leben ist, das er führen will. Weil er jetzt nicht mehr früh aufzustehen oder hart zu arbeiten braucht. In der Bar muss er nicht mehr bezahlen, und die Mädchen würden Schlange stehen … Als ich sagte, dass er wahrscheinlich irgendwann ins Gefängnis kommt, sagte er: ›Erst im Gefängnis wird man zu einem richtigen Mann, denn da lernt man richtige Männer kennen.‹ Er hatte eine Gehirnwäsche hinter sich.«

Andere Konfrontationen waren dagegen lebensgefährlich. »Sie brachten mich ein paarmal zu Bossen, die sich auf der Flucht befanden. Das wäre überhaupt nicht nötig gewesen, denn sie hätten die Anweisungen eines solchen Mannes auch einfach so durchgeben können, aber nein. Sie bringen dich persönlich zu ihm, weil sie dir zeigen wollen, dass du nichts wert bist, dass du nur noch existierst, weil er dich leben lässt. Um diese Gespräche aufnehmen zu können, hatte ich mir extra einen Mikrokassettenrekorder gekauft. Auf dem Band konnte man pro Seite dreißig Minuten bespielen. Das war die diskreteste Möglichkeit, denn digitale Aufnahmegeräte gab es damals noch nicht.«

Bei dieser Art von Besuchen steckte Saffioti den Rekorder in die Brusttasche seines Hemds und zog eine Anglerweste darüber. »Wenn sie den Rekorder jemals entdeckt hätten, gäbe es mich jetzt nicht mehr. Einmal war es sehr riskant. Ich sah auf meiner Armbanduhr, dass die halbe Stunde fast vorbei war und die Kassette gleich zu Ende sein würde. Dann gab es immer so ein lautes Klicken, weißt du noch? Das Geräusch hätten alle gehört. Aber ich konnte den Rekorder nicht ausschalten, das wäre viel zu auffällig gewesen. Der polizeilich gesuchte Chef der mächtigsten Familie Palmis saß direkt vor mir, eine Waffe in den Händen. Auf dem Lauf las ich ›Kalaschnikow‹, so nahe war er mir. Zum Glück waren wir auf dem Land, zwischen Olivenbäumen. Dort lagen vertrocknete Zweige auf dem Boden. Ich überlegte mir, dass ich ein bisschen nervös auf und ab gehen und dabei auf die Zweige treten könnte. Ob das genügen würde, um das Klicken des Rekorders zu übertönen? Und würde ich im richtigen Moment den erlösenden Schritt machen? Es klappte. Ein Gotteswunder.«

Mit einem Karton voller Beweismaterial machte sich Gaetano Saffioti 2001 auf den Weg zum Gericht von Reggio Calabria. »Ich bin kein Feigling«, war das Erste, was er dem

Staatsanwalt sagte. Der staunte über das, was er zu sehen bekam: harte Beweise für systematische Erpressung sowie weitere Verbrechen, verübt von acht verschiedenen 'Ndrangheta-Familien aus zehn verschiedenen Städten – einfach so, wie auf dem Silbertablett.

Saffioti fügte gleich hinzu, dass er wisse, dass das Problem nicht mit ein paar Festnahmen gelöst sein würde. Der eine gehe ins Gefängnis, während der andere einfach weitermache. »Wir beschlossen, es in großem Stil anzupacken. Wir mussten zeigen, dass der Staat hier das Sagen hat, nicht die 'Ndrangheta.« Das Ermittlungsverfahren wurde sofort eröffnet. »Die Ankläger sagten, dass wir uns in Zukunft nicht mehr im Gericht treffen sollten, denn dort hätten die Wände Ohren ... Und das hat sich später auch bestätigt. Die Ermittlungen waren noch in vollem Gange, als sich herausstellte, dass es ein Leck gab, so dass sie die Verhaftungen vorzeitig vorgenommen haben.«

Davor hatte sich Saffioti noch ein Jahr lang an geheimen Orten verabredet, um Details zu erläutern und weitere Beweise vorzulegen. Er musste sich verkleiden, und auch die Staatsanwälte und Ermittler kamen nicht in vollem Ornat, sondern in normaler Kleidung und in unauffälligen Autos. Sie trafen sich an abgelegenen Straßen in den Bergen oder im Winter nachts am Strand. »Ich muss lachen, denn eines Abends stießen wir da am Meer auf ein paar Liebespärchen in ihren Autos. Eines von ihnen machte die Scheinwerfer an, um zu sehen, wer da angefahren kam. Der Polizist sagte zu mir: ›Wenn die dich erkannt haben, werden sie morgen überall herumposaunen, dass du deine Frau betrügst!‹«

Saffiotis Frau wusste von nichts. Er hatte ihr nichts von seinen Aktivitäten erzählt. »Ich wollte sie nicht damit belasten, und außerdem wusste ich, dass sie mich sonst aus Angst gebeten hätte, damit aufzuhören. Ich habe gehofft, dass sie eines Tages versteht, dass ich es auch für sie und für meinen Sohn getan habe.«

Erst am Tag der Verhaftungen, dem 25. Januar 2002, als am frühen Morgen achtundvierzig 'Ndranghetisten aus Palmi und Umgebung festgenommen wurden, sollte sie erfahren, was ihr Mann zuwege gebracht hatte. Saffioti: »Dieser Morgen war schockierend, apokalyptisch. Eine ohrenbetäubende Stille. Meine Leute kamen nicht zur Arbeit. Kein Auto fuhr vorbei. Alle dachten, dass geschossen werden würde. Sogar die Vögel waren still.«

Die einzigen Besucher des Geländes, auf dem Saffioti wohnt und arbeitet, saßen in einem gepanzerten Fahrzeug. Es waren die Leibwächter, die ihn, seine Frau und seinen zwölfjährigen Sohn von diesem Moment an rund um die Uhr beschützen sollten.

Unterdessen erreichten ihn im Büro die ersten Telefonate. Es waren Auftraggeber, die ihm sagten, dass er nicht mehr zu kommen brauche. »Sie wollten das Risiko nicht eingehen, mit mir in Verbindung gebracht zu werden. ›Sonst kriegen wir Probleme‹, sagten sie. Oder sie hatten irgendeine andere Ausrede.«

Um zwölf Uhr stellte Saffioti den Fernseher an, um sich die Nachrichten anzusehen. »Der Nachrichtensprecher berichtete über die Festnahmen. ›Dank des mutigen Unternehmers Gaetano Saffioti ...‹ Die Staatsanwälte hatten versprochen, meinen Namen nicht zu nennen, aber offenbar war es nicht gelungen, ihn vor den Medien geheim zu halten. Meine Frau rief: ›Das gibt es nicht, das muss ein Irrtum sein!‹ Aber ich habe auf der ganzen Welt nicht einen Namensvetter. Sie weinte, denn sie hörte, wie all die Familiennamen der Verhafteten aufgezählt wurden, einer schlimmer als der andere. Ich habe es ihr ganz behutsam erklärt, das Zeugenschutzprogramm, meine Beweggründe. Dass ich eine sehr grundsätzliche Absicht mit meiner Anzeige verfolgt hatte, dass ich zeigen wollte, dass es möglich ist, sich zu wehren.«

Zeugen wie Gaetano Saffioti erhalten die Möglichkeit, eine neue Identität anzunehmen und sich mit finanzieller Unterstützung des Staats woanders niederzulassen. Kein überflüssiger Luxus, wenn man Briefe bekommt, in denen es heißt: »Bevor Du es weißt, werden 45 Kugeln deinen Körper durchlöchern, so dass du verschwinden wirst. Nicht nur aus Palmi, sondern vom Erdboden.« Saffioti holt den Brief hervor. Er lacht über die Worte, die in Krakelschrift auf einem Zettel stehen. »Es ist eine Botschaft: Eine Kugel für jede Verhaftung. Aber es sind drei zu wenig! Mit diesen drei Festgenommenen war er offenbar nicht befreundet.« Obwohl er weiterhin Drohbriefe erhielt, wollte er in Kalabrien bleiben. In Palmi, in seinem Haus und bei seiner Firma. Damit er zeigen konnte, dass es eine Alternative gab, dass es auch möglich war, hier wohnen zu bleiben und zu arbeiten, wenn man sich gegen die Unterdrückung durch die 'Ndrangheta wehrte.

Die Idee erwies sich als zu optimistisch. Sein Umsatz ging um neunzig Prozent zurück. Von sechzig Mitarbeitern blieben ihm fünf. In Kalabrien bekam er keine Aufträge mehr. In Norditalien stieß er ebenfalls auf die 'Ndrangheta, die ihn weiterhin einschüchterte. In der Toskana wurden in einer Nacht sieben seiner Maschinen angezündet. Und als er in anderen europäischen Ländern Zuflucht suchte, erwies es sich dort auch nicht als sicher. »In Frankreich haben wir an einem Trassenabschnitt für den Hochgeschwindigkeitszug und an einer Landebahn auf dem Flughafen Charles de Gaulle gearbeitet. Sie sind auf meine Mitarbeiter zugekommen und haben gesagt: ›Wisst ihr noch, dass euer Kollege einen Lastwagen in Brand setzen musste? Das kann hier auch passieren.‹ Den Firmen, die dort mit mir zusammengearbeitet haben, wurde empfohlen, dass sie lieber damit aufhören sollten.« Auch in Spanien und Deutschland erhielt er ständig Drohungen der 'Ndrangheta.

Um wachsen zu können, musste sich Saffioti auf die Suche nach Ländern begeben, in denen die 'Ndrangheta noch nicht Fuß gefasst hatte. »In Tunesien habe ich sie nicht gesehen. In den Arabischen Emiraten auch nicht. Vielleicht machen sie ihre Geschäfte da auf anderen Ebenen, um ihr Schwarzgeld zu waschen. Aber sie stören die Leute, die dort arbeiten, nicht. Und das ist schon eine ganze Menge.«

Inzwischen hat er weltweit Hunderte von Beschäftigten, und darauf ist er stolz. Doch an Saffiotis Blick sieht man, dass er die soziale und wirtschaftliche Isolation zu Hause in Kalabrien nicht einfach so von sich abschütteln kann. »Die Sicherheitskräfte hier draußen sind teuer. Für den Staat bin ich ein lebender Vorwurf: Wie beschämend für sie, dass der Bürger eines demokratischen europäischen Landes so leben muss. Es zeigt, dass der Staat schwächer ist als die 'Ndrangheta. Körperlich hat die 'Ndrangheta mir nichts angetan, das würde zu viel Staub aufwirbeln. Aber was sie mit dir macht, ist vielleicht noch schlimmer: Sie marginalisiert dich. Die Botschaft, die sie verbreiten will, lautet, dass man sich falsch verhalten hat. Leute besuchen mich nicht mehr, laden mich nicht mehr ein. Bei der Bank hieß es: ›Du hast zu wenig Garantien, wir geben dir keinen Kredit mehr.‹ Sie erweisen der 'Ndrangheta einen Gefallen. Früher kamen immer Leute und haben um eine Spende für die Prozessionen gebeten. Ich habe Sportvereine und Dorffeste gesponsert. Nach meiner Anzeige ist deswegen niemand mehr hier gewesen. Die Gemeinde und die Provinz haben mich als Kontaktbetrieb für Katastropheneinsätze gestrichen. Sogar als ich anbot, die Arbeiten kostenlos auszuführen, haben sie mich nicht angerufen.« Auch nach dem Erdbeben in Amatrice war Saffioti zum Katastrophenort in der Mitte Italiens gefahren, um dort unentgeltlich Trümmer wegzuräumen. Er wurde weggeschickt, stand den Geschäften eines anderen im Wege.

Ein Auftrag, den er allerdings gratis und mit großer Befriedigung ausgeführt hat, war der Abriss der Villa der Familie Pesce, der berüchtigtsten 'Ndrangheta-Familie aus der Nachbarstadt Rosarno. »Die Villa war illegal auf einem Stück Land mit archäologischen Funden gebaut worden, das auch noch jemand anderem gehörte. Niemand wagte es, die Villa abzureißen, nicht einmal die Armee. Oder besser gesagt: Sie forderte von der Gemeinde einen lächerlich hohen Preis dafür, um wissen zu lassen, dass sie es nicht machen wollte.« Saffioti setzte sich selbst hinter das Lenkrad seines Bulldozers, um das 'Ndrangheta-Denkmal zu zerstören.

Nach dem ersten Prozess arbeitete Gaetano Saffioti noch bei vier großen Ermittlungsverfahren mit, und das tut er bis auf den heutigen Tag. Dank seiner Zeugenaussagen wurden nicht nur unzählige 'Ndranghetisten verhaftet, sondern auch sieben mafiose Firmen stillgelegt und hundertfünfzig Millionen Euro beschlagnahmt. Die 2,8 Millionen Euro, die Saffioti in zweiundzwanzig Jahren an die 'Ndrangheta bezahlen musste, hat er nicht zurückbekommen. »Darum ist es mir auch nicht gegangen. Der Staat müsste dafür sorgen, dass ich hier arbeiten und als Vorbild dienen kann. Auch weil ich meine Arbeit gut mache, die Regeln befolge und meine Mitarbeiter das bekommen, was ihnen zusteht.«

Viele der Beschäftigten Saffiotis, die aus Angst gegangen waren, sind inzwischen zurückgekehrt. »Aber nicht, weil sie mutig waren. Sie hatten gesehen, wie es anderswo zuging. Ich hatte nichts Besonderes getan, aber in diesem Kontext war es schon außergewöhnlich genug, dass sie jeden Monat ihren Lohn bekommen haben. Ich habe Überstunden bezahlt und Urlaubsgeld – ganz normale Dinge, die hier unnormal sind. Also haben sie sich gesagt: Gut, er ist zwar ein Ausgestoßener, aber er zahlt wenigstens. Bei anderen Firmen wurden sie überhaupt nicht oder nur schlecht bezahlt oder mussten schwarzarbeiten. Deswegen sind sie zurückgekommen.«

Der Betrieb von Gaetano Saffioti liegt nahe der vierspurigen Schnellstraße an der Tyrrhenischen Küste. Von dort aus hat man eine atemberaubende Aussicht auf das glitzernde Meer und die tiefgrünen Hügel im Landesinneren, aber sie ist auch berüchtigt für ihre ständigen Ausbesserungsarbeiten. Sogar in den Niederlanden machten diese Straßenbauarbeiten gelegentlich Schlagzeilen, weil Milliarden an EU-Fördergeldern in ein mafioses Fass ohne Boden geschüttet worden waren. Es hatte wohlgemerkt neunzehn Jahre gedauert, um die hundert Kilometer lange Trasse zu verbreitern und zu modernisieren.

Die Arbeiten an der Schnellstraße begannen, noch bevor bekannt wurde, dass Saffioti seine Erpresser angezeigt hatte. Ihm zufolge – und das wird durch diverse Gerichtsurteile bestätigt – wurden die Arbeiten von mafiosen Firmen ausgeführt. Er ist auch überzeugt davon, dass in großem Stil betrogen wurde, beispielsweise indem weniger Material oder Material von schlechterer Qualität als vereinbart verarbeitet wurde. Der Generalunternehmer dieses Milliardenauftrags war Impregilo, ein ursprünglich norditalienisches Unternehmen, das weltweit Straßen, Staudämme, Häfen und Flughäfen baut und auch ein Büro in der Amsterdamer Zuidas, dem Sitz vieler Finanzdienstleister, hat. Impregilo hatte in der Kalkulation unter dem Punkt »Sicherheit« beziehungsweise »Regionalsteuer« ausdrücklich drei Prozent Extrakosten aufgeführt. Ein Euphemismus für den *pizzo*, das Schutzgeld, das sie an die 'Ndrangheta würde zahlen müssen. Schwarz auf weiß stand es da.

Saffioti hält das für einen Skandal und glaubt im Übrigen nicht, dass das Unternehmen die drei Prozent hat abführen müssen, da die Arbeiten an Firmen des Clans vergeben worden seien. »Impregilo hat keinen einzigen Arbeiter und kein einziges Sandkorn für den Straßenbau eingesetzt, sondern die Arbeit von Subunternehmern ausführen lassen. Einer von ihnen heuerte mich für einen Auftrag an. Irgendwann fragte er mich, wer hinter mir stehen würde. Ich sagte ihm, dass keiner hinter mir steht, dass ich im Gegenteil gegen diese Leute kämpfe. Er zerriss den Vertrag und sagte: ›Du bietest keine Garantien.‹ Ich sagte, dass es keine Probleme geben und ein eventueller Schaden sowieso auf meine Kappe gehen würde. Er sagte: ›Wir wollen den *amico*, den Freund, denn der schließt die Augen.‹«

In einem Urteil des kalabresischen Gerichts heißt es, dass Impregilo »die mafiose kalabresische Wirklichkeit sehr gut begriffen« und die Unteraufträge von einem Ingenieur habe verteilen lassen, der »Absprachen mit der 'Ndrangheta« traf. Der Ingenieur wurde jedoch vom Gericht freigesprochen, während 'Ndranghetisten, mit denen er sich abgesprochen hatte, verurteilt wurden. Gaetano Saffioti ist entschieden in seinem Urteil: »Impregilo ist ein mafioses Unternehmen, das legalisiert worden ist.«

Im Büro, in dem Saffioti einst seine Erpresser filmte, hängen jetzt Preise an der Wand, eingerahmte Ehrungen seines Widerstands. Vom Balkon aus kann man die Bagger und Bulldozer auf dem Firmengelände sehen. Das Fahrzeug der Sicherheitsleute steht im Innenhof zwischen Wohnhaus und Büro. Das alles ist von einer dicken Mauer umgeben, aus der Eisenstäbe ragen. Das Tor ist tagsüber geöffnet – schließlich gibt es eine Rund-um-die-Uhr-Bewachung durch vier Polizisten und fünf verschiedene Alarmsysteme mit dreiundfünfzig Kameras, die direkt mit der Polizei verbunden sind.

Gaetano Saffioti zeigt noch ein paar Drohbriefe und Umsatzgrafiken aus dem In- und Ausland. Eine Aufnahme seiner Überwachungskamera mit einem jungen 'Ndranghetisten im Trainingsanzug, der bei ihm Geld holte. Fotos von ausgebrannten Lkws und aus der Zeit, als er als Achtzehnjähriger seinen Militärdienst in dem schwerbewachten Gefängnis ableistete. Und wieder lacht er. »Es ist nicht so, wie viele glauben, dass ich hier zwischen diesen Mauern eingesperrt wäre. In Wirklichkeit sind *sie* es, die ausgesperrt sind. *Ich* bin ein freier Mann.«

6.

DIE SCHLIMMSTE FORM DES GESICHTSVERLUSTS

Darüber, wie die ’Ndrangheta organisiert ist, wurde bis vor etwa zehn Jahren noch fast nichts in abschließenden Gerichtsurteilen festgehalten. Die wichtigsten Bosse waren jahrzehntelang in höherer Instanz oder in Berufungsverfahren freigesprochen worden, womit gerichtsfeste Beweise über die Hierarchie der kalabresischen Mafiosi stets wie Kartenhäuser in sich zusammengefallen waren. Wie die einzelnen Clans miteinander verflochten waren, blieb mehr oder weniger ein Rätsel. Das solle sich so rasch wie möglich ändern, beschloss eine Gruppe von Mafia-Anklägern in Reggio Calabria.

Ihr Ziel war es, ein für alle Mal zu beweisen, dass die ’Ndrangheta-Clans keine lose voneinander operierenden kriminellen Familien waren, sondern allesamt zu ein und derselben Mafiaorganisation gehörten. Die Ankläger mussten das Geheimnis lüften, wie die kalabresische Mafia geführt wurde, welche Gesetze dort intern galten und wer genau die Befehlshaber waren. Um das herauszufinden, drangen Ermittler mithilfe von Überwachungstechnik zu den Orten vor, an denen die Anführer der Clans ihre meist gut gehüteten Geheimnisse besprachen. 2009 gelang ihnen auf diese Weise eine absolute Premiere: Videobilder der Ernennung des neuen Bosses der Bosse der ’Ndrangheta beim Heiligtum der Madonna von Polsi.

Der neue Chef hieß Domenico Oppedisano, und wer

wissen möchte, wie die Einsetzung dieses achtzigjährigen pensionierten Bauern als oberster Anführer der 'Ndrangheta vor sich ging, wird bei YouTube fündig. Was die Privatsphäre von Verdächtigen betrifft, ist das italienische Gesetz ziemlich respektlos, und nach der Festnahme wurden die Bilder umgehend ohne schwarze Balken vor den Augen veröffentlicht. Auf dem Video sieht man eine Gruppe vornehmlich älterer, aber auch ein paar jüngerer Männer, die sich am helllichten Tag an einer kleinen weißen Säule mit der Madonna vom Berg versammeln. Es wird nicht viel geredet. Die Männer begrüßen sich mit zwei Küssen oder einem Händedruck und bilden anschließend einen Kreis. Damit ist genug gesagt: Sie sind mit den neuen Machtverhältnissen und ihrem neuen *Capocrimine* Domenico Oppedisano einverstanden.

Ein paar der gefilmten 'Ndranghetisten blicken scheu über ihre Schulter, vielleicht um zu checken, ob es ungebetene Zuschauer oder Zuhörer gibt. Andere dagegen lehnen sich lässig zurück und lassen die verschränkten Arme auf ihren dicken Bäuchen ruhen. Alle sind unauffällig in Baumwollhosen und schlichte Hemden oder in Jeans mit verwaschenen Blousons gekleidet. Domenico Oppedisano trägt eine braune Hose und ein kurzärmeliges braunweißes Hemd. Nichts an seiner Haltung oder Ausstrahlung lässt vermuten, dass er der Herrscher über eine weltweite kriminelle Organisation ist.

Der erfolgreiche Strafprozess gegen Oppedisano sowie dreihundert weitere 'Ndranghetisten wurde *Crimine*, »Verbrechen«, genannt, trug also denselben Namen, den die 'Ndrangheta ihrer provinzialen Führungsebene gibt. Die kalabresischen Ankläger hatten nicht nur festgehalten, wie 'Ndranghetisten symbolisch die Wahl ihres obersten Bosses bestätigten, indem sie sich im Kreis unter ihrer Schutzheiligen aufstellten, sondern sie hatten auch die Verhandlungen verfolgt, die zur Berufung Oppedisanos führten.

Der alte Capocrimine, der siebenundsiebzigjährige Antonio Pelle mit dem Spitznamen »Gambazza« aus San Luca, war im Juni 2009 verhaftet worden – im Übrigen, als er, auf der Flucht, im Krankenhaus lag und auf eine Operation wartete. Er hatte noch eine gut zwanzigjährige Gefängnisstrafe abzusitzen, und selbst wenn er erneut geflohen wäre, hätte er wegen seiner sehr schlechten Gesundheit nicht mehr als Capocrimine fungieren können. Es musste schnell jemand bestimmt werden, der ihm als Kopf der ’Ndrangheta nachfolgen konnte.

Bei der Wahl mussten sich die Vertreter der stärksten Clans aus der Provinz Reggio Calabria einig werden. Diese Provinz wird von der ’Ndrangheta in drei Distrikte unterteilt: in den ionischen Distrikt im Osten der Provinz, den tyrrhenischen Distrikt im Westen und in das Gebiet rund um die Provinzhauptstadt Reggio Calabria an der äußersten Spitze des italienischen Stiefels. Giuseppe Pelle, der Sohn des obersten Bosses, wollte, dass diese wichtigste Funktion in seinem Distrikt blieb, in dem der Ionischen Küste. Das sei schließlich die Gegend um San Luca, aus der der »’Ndrangheta-Adel«, also die ältesten kriminellen Familien stammten. Die tyrrhenischen Clans waren mit diesem Argument nicht einverstanden, sie hätten einen mindestens ebenso wichtigen Anteil an der Organisation. Vincenzo Pesce, der Clan-Chef aus der Stadt Rosarno an der Tyrrhenischen Küste, drohte sogar, sich mit allen Clans, die auf seiner Seite standen, abzuspalten.

Die obersten ’Ndrangheta-Vertreter aus Reggio Calabria wollten diesen riskanten Verlust an Kapital und Arbeitskräften verhindern und versuchten, die ionischen und tyrrhenischen Clans zu überreden, einen Kompromiss zu finden. Und während Polizei und Justiz mithörten, wurde noch ein paar Monate lang an allerlei Orten, an denen sich die Clan-Führer unbeobachtet glaubten, verhandelt – von Orangenhainen bis hin zu Waschsalons. Auf der pompösen Hochzeitsfeier der Enkeltochter des formal noch amtierenden Capocrimine aus San Luca, die einen ’Ndrangheta-Prinzen aus dem Nachbardorf Platì heiratete, wurde die Entscheidung gefällt. Letztendlich gewann Rosarno, also die tyrrhenische Zone, mit Domenico Oppedisano: Er wurde der neue Capocrimine, der Kopf des Crimine, der provinzialen Führungsebene. »Don Mico« Oppedisano war eine Figur, die innerhalb der ’Ndrangheta bisher kaum bekannt, aber mit seinen achtzig Jahren eines der ältesten und erfahrensten Mitglieder war. Daher konnte niemand etwas dagegen haben, dass er dazu bestimmt wurde, auch der Weiseste zu sein.

Mit einem Ausspruch wie »Der Crimine gehört uns allen« hört sich Oppedisano auf den Tonaufnahmen der Ermittler wie ein demokratischer Politiker an. Ansonsten ist der pensionierte Landwirt kein großer Redner, schwelgt aber gern in Erinnerungen an angesehene ’Ndrangheta-Männer, mit denen er wichtige Momente in seinem Leben geteilt hat. »Wir versammelten uns in der Nacht zusammen mit mehr als tausend Mann in den Bergen. Ich weiß noch, dass Peppe und Antonio Nirta dabei waren. Sie ließen mich zwischen sich sitzen.«

Oppedisano war als Erster in den sehr hohen Rang eines *Vangelo* aufgestiegen, was so viel wie »Evangelium« bedeutet. Sein Lebenslauf war damit für die offene Stelle als Capocrimine mehr als in Ordnung, denn als solcher hatte er die Aufgabe, die Befolgung des ’Ndrangheta-Evangeliums zu überwachen: des Dogmas, der Verhaltensregeln und der Rituale. Zusammen mit der Führungsebene bestand die wichtigste Aufgabe des obersten Bosses Oppedisano darin, die Einheit der Organisation zu bewahren und neue Berufungen auf hohe Ränge zu genehmigen. Es war sein ausdrücklicher Wunsch, dass wichtige Beförderungen nur dreimal im Jahr stattfinden sollten: zu Ostern, zu Weihnachten und zu Mariä Himmelfahrt. Die praktische kriminelle Unternehmensführung überließ Oppedisano ebenso wie seine Vorgänger den Clans selbst.

Wenn ein oder mehrere kooperierende Clans ein neues Hauptquartier errichten wollen, ist die Zustimmung der Spitze erforderlich. Für die Gründung einer solchen neuen Operationsbasis, die bei der 'Ndrangheta *locale* genannt wird, muss diese aus mindestens neunundvierzig Männern bestehen. Um keinen Unfrieden zu stiften, lässt ein Capocrimine wie Oppedisano vor der Zustimmung zu einem neuen *locale* zunächst überprüfen, ob die 'Ndrangheta-Clans in der Umgebung damit einverstanden sind. Ist dies der Fall, erhält der *locale* sein Existenzrecht, und der Anführer, der *capo locale* genannt wird, darf mit seiner Gruppe die kriminelle Macht über ein bestimmtes Gebiet, ein Dorf oder einen Stadtteil ausüben.

In den letzten Jahrzehnten sind vor allem im Norden Italiens viele neue *locali* hinzugekommen. Es sind sogar so viele, dass unter anderem in der Lombardei, der Gegend um Mailand, und in Ligurien, der Region um Genua, »Kontrollkammern« geschaffen wurden, die vergleichbare Aufgaben wie der kalabresische Crimine haben und über die Harmonie zwischen den Clans wachen. Aber auch in der kanadischen Stadt Toronto gibt es beispielsweise eine solche Kontrollkammer. Dennoch stellten die 'Ndrangheta-Ankläger fest, dass 'Ndranghetisten auf der ganzen Welt bei schweren Konflikten noch immer dem abschließenden Urteil des Crimine in Kalabrien zu gehorchen haben. Jedes Jahr kommen nationale und internationale Abgesandte der mächtigsten Clans auch deshalb in der Nähe des Heiligtums von Polsi zusammen.

Die Nabelschnur, die alle 'Ndranghetisten mit *la mamma* beziehungsweise mit San Luca und der »Madonna vom Berg« verbindet, wird, wenn es nach dem Crimine geht, niemals durchtrennt. Es endet denn auch schlecht mit denjenigen, die zu wenig Respekt vor der Autorität der kalabresischen Führung zeigen. Das entdeckten die kalabresischen Mafia-Ankläger, die 2009 mit Kollegen in Mailand zusammenarbeiteten, um sich auch einen Überblick über die dortigen Clans zu verschaffen und zugleich den jüngsten Mord an *capo locale* Carmelo Novella aufzuklären. Die Erkenntnisse, die sie im Zuge der Ermittlungen gesammelt hatten, legten nahe, dass ihm seine separatistischen Ambitionen zum Verhängnis geworden waren. Abgehörte Telefonate belegen, dass Novella sich mit insgesamt sechzehn anderen ’Ndrangheta-Clans aus der Lombardei abspalten und von der Oberaufsicht in Kalabrien unabhängig machen wollte. Es war Don Mico Oppedisano schon vorher aufgefallen, dass Novella seine Kompetenzen überschritten hatte, als er von den neuen Rängen und Einweihungsritualen erfuhr, die dieser in der Lombardei einführen wollte. In seinem maßlosen Ehrgeiz hatte Novella beispielsweise den Rang eines *Infinito,* eines »Unendlichen«, erfunden. Das konnte die oberste Führung nicht tolerieren, und Novella wurde an einem Plastiktisch auf der Terrasse eines Cafés in einem Dorf unweit von Mailand erschossen. Am nächsten Tag waren seine Mörder schon wieder in Kalabrien, wo sie mit Champagner und Torte empfangen wurden.

Im Jahr 2011, ein Jahr nach der Verhaftung Oppedisanos, wird klar, dass auch das Dorf, in dem ich mich niedergelassen habe, zur Einflusssphäre eines ’Ndrangheta-*locale* gehört. Genau derjenige, dem ich von all den Dorfbewohnern intuitiv am wenigsten vertraute, einem Mann mit stechendem Blick, einer dominanten Körperhaltung und einem glänzenden SUV, stellt sich als ’Ndranghetist heraus. Mit seiner Frau und seinen drei Töchtern lebt er ungefähr hundertfünfzig Meter von meinem Haus entfernt, doch die Polizei legte ihm die Handschellen an, als er gerade mit seiner Familie am Tisch eines Restaurants in einer Ferienanlage am Meer saß. Hier war er es gewohnt, kostenlos zu essen und zu bestimmen, wer aus seinem Familien- und Freundeskreis auf der Lohnliste stand – auch wenn sie nie zur Arbeit erschienen. Gemeinsam mit anderen Clan-Mitgliedern erzwang er außerdem die Lieferung von Obst und Gemüse an die Betreiber der Ferienanlage und die Zahlung von Schutzgeld. »Ihr seid hier alle bei mir zu Gast«, schärfte er ihnen ein.

In der Zeitung heißt es, dass er zu seiner geladenen Pistole gegriffen habe, als er das Sonderkommando der Polizei kommen sah, dass aber keine Schüsse gefallen seien. Der Mann werde unter dem Vorwurf der mafiosen Erpressung vor Gericht erscheinen müssen. Vier weitere Personen würden ebenfalls der Beteiligung an dieser Erpressung verdächtigt, darunter seine Frau und seine achtzehnjährige Tochter, die unter Hausarrest gestellt werden.

Ich erinnere mich, dass mich einer der Festgenommenen bei einem fröhlichen Tarantella-Fest auf dem Dorfplatz einmal bedrängt hat, mit ihm zu tanzen. Nachdem ich widerwillig eine Pirouette unter seinem Arm gedreht hatte, befreite ich mich so neutral wie möglich aus seinem Griff. Dieser Mann duldete keinen offenen Widerstand.

Die Verhaftungen sind im Dorf kein Gesprächsthema, doch eine gewisse Erleichterung ist durchaus spürbar. Es beruhigt mich auch, dass die vermeintlichen 'Ndranghetisten in Untersuchungshaft sitzen, obwohl ich mir keine Illusionen mache, dass wir damit von mafiosem Revierstreben befreit wären.

Der Hausarrest der Frau und der Tochter des lokalen Bosses bringen mich dazu, über die Rolle der Frauen in der 'Ndrangheta nachzudenken. Ich bitte im Justizpalast in Reggio Calabria um ein Interview mit der Mafia-Anklägerin Alessandra Cerreti, einer attraktiven Sizilianerin Anfang vierzig mit kurzen Haaren und einem unerschütterlichen Blick. Sie hat gerade mit großem Erfolg einen Prozess gegen einen der mächtigsten 'Ndrangheta-Clans abgeschlossen, dem der Familie Pesce aus Rosarno, derselben Familie, die Oppedisano als Capocrimine ins Gespräch gebracht hatte. »All Inside« heißt der Prozess gegen den Pesce-Clan. Dass das richterliche Urteil diesem Namen – »alle drin«, nämlich im Gefängnis – alle Ehre machte, ist vor allem der Tatsache zu verdanken, dass Cerreti das Vertrauen einer Kronzeugin gewann. Sie heißt Giusy Pesce und ist eine der ersten weiblichen *pentiti* – so nennt man reuige Mitglieder der Mafia, die ausgestiegen sind und sich zur Zusammenarbeit mit Polizei und Justiz bereit erklären.

Mafia-Anklägerin Alessandra Cerreti erklärt mir, dass man lange geglaubt habe, Frauen würden keine wirklich wichtige Rolle in der 'Ndrangheta spielen, obwohl sie in Wahrheit häufig hinter den Kulissen unsichtbar in der kriminellen Clan-Szene aktiv seien. Um für die Justiz interessant zu sein, bräuchten sie jedoch nicht immer schwere Straftaten zu begehen, denn auch auf eher bescheidenen Positionen schnappten sie wichtige Informationen auf: beispielsweise als Kurierin für 'Ndranghetisten, die im Gefängnis sitzen oder sich auf der Flucht befinden, als Verbindungsfrau bei Geldwäschepraktiken oder als diejenige, die den Schlüssel zum Safe aufbewahrt.

Giusy Pesce war als junge Frau unter dem Verdacht verhaftet worden, in Geldwäscheaktivitäten involviert gewesen zu sein, ihren Namen als Strohfrau für Scheinbeteiligungen an Firmen und Immobilien hergegeben und im Auftrag des Clans Nachrichten übermittelt zu haben. Zu behaupten, dass die Chemie zwischen der Verdächtigen und der Staatsanwältin von Anfang an gestimmt hätte, wäre stark übertrieben. »Giusy misstraute mir enorm. Für sie war ich der Feind: Ich hatte sie verhaften lassen und ihren drei Kindern weggenommen.« Dennoch habe Giusy sie selbst um ein Gespräch ersucht, erzählt Cerreti. »Sie vermisste ihre Kinder sehr. Ich habe ihr erklärt, dass sie gerade aus dieser Position sehr viel für sie tun könne. Wenn sie wolle, dass ihre Kinder ein anderes Leben führen sollten als sie selbst, könne sie jetzt etwas dafür tun.«

Giusy wusste, dass sie, wenn sie mit der Justiz zusammenarbeiten würde, den Regeln ihrer Familie zufolge sterben müsste. Und wohlgemerkt, nach diesen Regeln hätten ihr eigener Vater, Bruder oder Sohn den Ehrenmord zu vollstrecken. Allmählich wurde ihr klar, dass es auch eine Welt außerhalb der Mafia gab, in der andere Regeln galten, und Giusy Pesce beschloss, alles zu erzählen, was sie wusste. Ihre Informationen führten zu den Schutzbunkern, in denen sich Männer des Pesce-Clans versteckt hielten, und trugen dazu bei, dass mehr als zweihundert Millionen Euro beschlagnahmt werden konnten.

Wenn Frauen die Schweigepflicht brechen, so Alessandra Cerreti, bedeutet das für männliche Mafiosi die schlimmste Form des Gesichtsverlusts. »Für sie ist es eine furchtbare Blamage, eine Frau nicht unter Kontrolle zu haben. Sie fürchten nicht so sehr, ins Gefängnis gesteckt zu werden – das gehört gewissermaßen zum Berufsrisiko und kann sogar ihr Prestige steigern –, aber wenn eine Frau die Familiengeheimnisse in die Öffentlichkeit trägt, sinkt ihr soziales Ansehen dramatisch. Es ist ein massiver Angriff auf ihre Macht.«

Unter anderem dank Giusys Zeugenaussagen wurden zweiundvierzig Mitglieder des Pesce-Clans für schuldig befunden und zu Gefängnisstrafen von insgesamt gut fünfhundert Jahren verurteilt. Giusys Mutter erhielt dreizehn Jahre, ihr Vater siebenundzwanzig, ihre Schwester zwölf und ihr Ehemann einundzwanzig Jahre Haft.

Giusy Pesce selbst wurde zu vier Jahren Hausarrest verurteilt, den sie nun an einem geheimen Ort und mit einer neuen Identität verbüßt. Ihr Sohn und ihre beiden Töchter leben bei ihr. Durch ihren tapferen Bruch mit der kriminellen Familienvergangenheit ist sie zu einer Nationalheldin geworden. Würden andere ’Ndrangheta-Frauen es wagen, ihrem Beispiel zu folgen?

7.

DER DUFT VON MIMOSEN

Wenn ich an Rosarno denke, die Stadt, in der der Bauer und oberste Chef der ’Ndrangheta mit seinem dreirädrigen Pritschenwagen Gemüse zum Markt fuhr, tauchen in meinem Kopf manchmal die Bilder der Polizeiaufnahmen auf, die ich von den Gastmählern in seinem Obstgarten gesehen habe und bei denen vielleicht auch Morde geplant worden sind. Sofort beschleicht mich dann das beklemmende Gefühl, das ich auch während der paar Male hatte, als ich über die holprigen Straßen der Stadt fuhr, durch den Kontrollbereich der Clans, der dort fast körperlich spürbar ist. Aber bei Rosarno denke ich zunächst und vor allem immer an Maria Concetta Cacciola.

»Ich bin bei meiner Freundin Giusy«, schreibt Maria Concetta auf einen Zettel für ihren Vater und ihren Bruder. Sie würden die kryptische Nachricht schon zu deuten wissen. Ihrer Mutter hinterlässt sie einen sehr viel längeren, flehentlichen Bittbrief.

»Schenke meinen Kindern ein besseres Leben, als ich es gehabt habe. Ich, die mit dreizehn geheiratet hat, weil ich dachte, dass ich dann mehr Freiheit haben würde. Ich dachte, dass alles möglich wäre, aber ich habe mein Leben verdorben, denn er hat mich nicht geliebt, und ich liebe ihn nicht, das weißt Du. Ich flehe Dich an, bei den Kindern nicht denselben Fehler zu machen … Gib ihnen den Freiraum, den sie brauchen. Wenn du sie einsperrst, werden sie auf die schiefe Bahn geraten, denn sie werden sich gefangen fühlen. Gib ihnen, was Du mir nicht gegeben hast.«

Maria Concetta bittet ihre Mutter um Vergebung für das, was sie tun wird, für die Scham, die sie verursachen wird. »Ich habe allmählich begriffen, dass ich allein war, allein mit jedem und allem. Ich wollte keinen Luxus, kein Geld. Ich sehnte mich nach der Ruhe und der Liebe, die man empfindet, wenn man ein Opfer bringt, das einem Befriedigung verschafft. Mein Leben ist voller Leid gewesen. Meine Kinder sind das Schönste, was ich habe, und ich nehme sie in meinem Herzen mit. Dass ich sie verlassen muss, tut mir schrecklich weh. Diesen Schmerz wird niemand lindern können.«

Sie muss den Brief rasch beenden, denn draußen wartet ein Polizeiauto auf sie. »Drück meine Kinder, so wie Du es immer getan hast, und erzähle ihnen von mir. Überlasse sie nicht ihnen, denn sie sind meiner Kinder nicht wert. Leb wohl, Mama, vergib mir, wenn Du kannst. Ich weiß, dass ich Dich nicht mehr wiedersehen werde, denn das ist nach den Gesetzen der Ehre, die in unserer Familie gelten, nicht möglich. Deshalb habt Ihr eine Tochter verloren. Leb wohl, ich werde Dich immer lieben. Vergib mir bitte. Leb wohl.«

Zwei Wochen zuvor war Maria Concetta Cacciola auf der Polizeiwache von Rosarno gewesen, um für ihren fünfzehnjährigen Sohn, dem man seinen Motorroller abgenommen hatte, ein Bußgeld zu bezahlen. Sie ergriff die Chance, sie wollte das tun, was ihre Jugendfreundin Giusy Pesce auch getan hatte und teilte den Carabinieri mit, dass sie über ihre Familie reden wolle.

Zu Hause wurde sie verrückt. Seitdem ihr Mann vor acht Jahren wegen Mafiaverbrechen verhaftet worden war, lebte Maria Concetta im Haus ihrer Eltern wie eine Gefangene. Große Freiheiten hatte sie ohnehin nie gehabt. Mit dreizehn hatte sie sich mit Salvatore verlobt, den sie bald danach heiratete und von dem sie mit fünfzehn ein Kind bekam. Als Salvatore ins Gefängnis musste, waren ihr Sohn sieben und ihre älteste Tochter vier Jahre alt. Mit ihrer jüngsten Tochter war Maria Concetta schwanger geworden, als sie ihren Mann im Gefängnis besucht hatte.

Cetta, wie sie in Rosarno genannt wurde, war eine hübsche, gepflegte Frau im Alter von dreißig Jahren mit sanften Augen und pechschwarzem, glatt geföhntem Haar, das ihr bis kurz über die Schultern reichte. Sie wohnte im oberen Stockwerk ihres Elternhauses, und weil sie auch draußen streng überwacht wurde, suchte sie Ablenkung im Internet. In den zurückliegenden Jahren hatte sie über Chatseiten ein paar Männer kennengelernt. Als ihr Bruder dahinterkam, schlug er sie zusammen. Zusammengekauert vor Schmerzen lag sie in einer Zimmerecke, und er hörte gar nicht mehr auf, sie zu treten. Er brach ihr eine Rippe, aber sie durfte nicht ins Krankenhaus. Solche Dinge wurden in der Familie Cacciola in den eigenen vier Wänden geregelt, mithilfe eines Arztes, der 'Ndrangheta-Familien in Rosarno öfter mal besondere Dienste erwies.

Von ihrem dreizehnten bis zu ihrem zweiundzwanzigsten Lebensjahr, als ihr Mann noch nicht im Gefängnis saß, war es Salvatore gewesen, der Maria Concetta verprügelte. Einmal hatte er eine Pistole auf ihr Gesicht gerichtet. Als sie es ihrem Vater erzählte, sagte der: »Das ist deine Ehe. Damit wirst du leben müssen.«

Nun, da Salvatore im Knast saß, sahen es ihr Vater und ihr Bruder als ihre Aufgabe an, dafür zu sorgen, dass sie ihren Mann nicht betrog. Sie durfte fast nie mehr allein aus dem Haus, nicht einmal zu einer Freundin. Einkäufe oder Ausflüge waren ohne die Begleitung ihrer oder der Familie ihres Mannes, die in derselben Straße wohnte, nicht möglich. Meist kamen ihre Mutter oder ihre Schwägerin mit. Wenn sie die Kinder zur Schule gebracht hatte, musste sie gleich wieder zurück nach Hause. Regelmäßig merkte sie, dass ihr Bruder Giuseppe, der ganz in der Nähe wohnte, oder einer ihrer Cousins ihr folgte.

Sie wollte nichts lieber, als sich von ihrem Mann zu trennen und ihre neueste virtuelle Liebe zu treffen, aber ihre Eltern würden einer Scheidung nie zustimmen. Wenn sie davonliefe, musste sie davon ausgehen, dass ihr Bruder sie früher oder später finden würde. Er würde sie und auch ihren Liebhaber ermorden, davon war sie fest überzeugt. Sollte er herausfinden, dass sie sich der Polizei anvertraut hatte, würde sie das übrigens auch nicht überleben. Wollte sie also tatsächlich gegen ihre Familie aussagen und der Polizei alles erzählen, was sie über die Geschäfte des Clans in Rosarno wusste, musste sie jetzt schnellstens flüchten.

Die Carabinieri planen ihre Flucht für eine Nacht an einem Sonntag Ende Mai 2011. Während alle schlafen, schreibt sie den Brief an ihre Mutter, lässt ihn in ihrem Schlafzimmer zurück, schleicht sich aus dem Haus und steigt in das Polizeifahrzeug. Sie verlassen Rosarno, den einzigen Ort, den sie in ihrem ganzen Leben gekannt hat, und fahren in den äußersten Norden Kalabriens. Die Carabinieri durchqueren das Landesinnere und bringen Maria Concetta zu einem *agriturismo* in den Ausläufern des wunderschönen Pollino-Gebirges. An diesem Ort, der nur wenige Stunden von ihrer bedrückenden Vergangenheit entfernt ist, kann sie zum ersten Mal seit einer Ewigkeit tun, wozu sie Lust hat.

Schon bald trifft sie hier zum ersten Mal ihren Internet-Freund Pasquale, der in Neapel wohnt. Was für ein Erlebnis, ein Mann, der sie auf Händen trägt! Er bleibt ein paar Nächte bei ihr. Cetta plaudert gern mit den Gästen und dem Hotelpersonal. Sie genießt das großzügige Außenschwimmbecken und den Garten mit den Palmen und violetten Bougainvilleen.

Im Hause Cacciola ist derweil die Hölle los. Dort ist man wütend auf Maria Concetta, die, indem sie zur Polizei gegangen ist, dem Ruf der Familie einen nicht wiedergutzumachenden Schaden zugefügt hat. Ihre Mutter kleidet sich ganz in Schwarz, als wäre die Tochter tot. Ihr Bruder lässt sich einen langen Bart wachsen und geht nicht mehr aus dem Haus. In Rosarno, der Stadt des Capocrimine Oppedisano, entgeht niemandem, wenn es Schwankungen in der Machtbalance zwischen den verschiedenen 'Ndrangheta-Clans gibt. Als die Pesces kurz zuvor die Schande hatten hinnehmen müssen, dass ihr eigen Fleisch und Blut Giusy aus dem Nähkästchen geplaudert hatte, war bei der rivalisierenden Familie Bellocco neben dem Schrecken vielleicht auch so etwas wie Schadenfreude spürbar gewesen. Doch die Familie von Maria Concetta Cacciola arbeitet mit den Belloccos zusammen, Vater Michele Cacciola ist ein Schwager des Bosses Gregorio Bellocco. Jetzt, wo Maria Concetta die Geschäfte der Cacciolas und ihres Onkels Bellocco in Gefahr bringt, fürchtet ihre Familie nicht nur Gefängnisstrafen, sondern auch Gegenmaßnahmen der mit ihnen verschwägerten Familie und Clan-Genossen. Umso wichtiger ist es nun für die Familie – und für jeden, der in Rosarno die Regeln der 'Ndrangheta respektiert –, Cettas Entscheidung öffentlich zu verurteilen.

Zwischen den Touristen im *agriturismo* ist Cetta sicher. Ihre Leibwächter bleiben in der Nähe, und sie hat kaum mehr zu tun, als hin und wieder mit den Staatsanwälten zu reden. Sie kommen mit ihren Leibwächtern in gepanzerten Fahrzeugen aus Reggio Calabria, um ihre Zeugenaussage aufzunehmen. Zu ihnen gehört auch Alessandra Cerreti, dieselbe Frau, die auch Cettas Jugendfreundin Giusy Pesce verhört hat.

Giusy Pesce hatte ihnen einiges mehr als Cetta über die 'Ndrangheta-Praktiken in und um Rosarno erzählen können. Giusy war nicht nur aktiv am Waschen von Geldern aus Drogengeschäften und Erpressungen beteiligt gewesen und hatte als Kurierin für gefangene und polizeilich gesuchte 'Ndrangheta-Mitglieder fungiert, sondern wusste beispielsweise auch, wie die Clans an der Tyrrhenischen Küste die verschiedenen Schnellstraßenabschnitte unter sich aufgeteilt hatten, von Rosarno und Gioia Tauro bis nach Palmi und Reggio Calabria. Sie wusste, wer vom Pesce-Clan Kontakte zu lokalen Politikern unterhielt und auch, auf welchen Richter ihre Familie bis dahin hatte zählen können, wenn es um Freisprüche in Revisionsverfahren ging.

Im Gegensatz zu Giusy hat Cetta keine aktive kriminelle Rolle in ihrer Familie gespielt. Manche Dinge weiß sie nicht, beispielsweise, dass ihre Familie über die Niederlande Kokain importiert. Doch ihre Informationen führen die Polizei immerhin zu einem Waffenlager der Cacciolas und einem Bunker der Belloccos. Cetta erzählt ansonsten vor allem, was sie zu Hause und auf der Straße in Rosarno über die Erpressungen und Wucherpraktiken ihrer Familie und den vermutlichen Täter bei einem Mordanschlag aufgeschnappt hat. Doch auch wenn Cetta der Staatsanwaltschaft weniger Informationen liefert als Giusy, ist ihre Aussage äußerst hilfreich. Und ihre mutige Aktion ist von mindestens ebenso großem symbolischem Wert wie Giusys, da sie ein weiteres Mal zeigt, dass es eine Alternative für Frauen gibt, die in das emotionale Gefängnis einer 'Ndrangheta-Familie hineingeboren werden.

Ob Cetta ihre Zeugenaussage zu einem guten und sicheren Abschluss bringen wird, muss sich erst noch zeigen, insbesondere, wenn man sich vor Augen hält, was zwei Jahre zuvor einer anderen Zeugin, Lea Garofalo, widerfahren ist. Lea, ebenfalls Tochter eines bedeutenden 'Ndranghetisten, gehörte wie Cetta und Giusy zu den wenigen starken 'Ndrangheta-Frauen, die sich gegen das Gesetz der Omertà stellen. Leas Vater war ermordet worden, als sie noch ein Baby war. Sie wuchs mit Blutrache und Verrat zwischen den Familien im Landesinneren der kalabresischen Provinz Crotone auf, verliebte sich und zog nach Mailand, in der festen Überzeugung, dass dort ein neues Leben auf sie wartete, weitab vom 'Ndrangheta-Milieu, in dem sie aufgewachsen war. Schon bald wurde ihr allerdings klar, dass sie in Mailand, dem Drogenverteilzentrum der kalabresischen Clans, erneut mitten im Geschehen gelandet war. Ihr Freund Carlo hatte sie belogen, ihr nur den Hof gemacht, weil er sich dadurch eine hohe Funktion innerhalb des Clans erhoffte. Lea lief mit ihrer kleinen Tochter weg und sagte bei der Polizei aus. Nach sieben Jahren verließ sie jedoch das Zeugenschutzprogramm und nahm wieder Kontakt zu ihrem Ex-Freund Carlo auf, weil sie ihrer Tochter einen Vater bieten wollte. Eines Tages verschwand Lea, sie blieb lange unauffindbar. Schließlich stellte sich heraus, dass Carlo sie ermordet und ihre Leiche zu einem Häufchen Asche verbrannt hatte.

Alessandra Cerreti fragt Maria Concetta, ob sie ihre drei Kinder bei sich im Zeugenschutz haben möchte. Noch nicht, sagt sie. Sie findet, dass sie noch zu jung seien, um sie so plötzlich für immer vom Rest ihrer Familie und den Freunden zu trennen. Vorläufig seien die Kinder bei ihrer Mutter in Sicherheit, glaubt Cetta. Zuerst müsse sie selbst die Kraft aufbringen, ihre Zeugenaussage abzuschließen. Nach einer Weile werde sie ihre Kinder dann selbst entscheiden lassen, ob sie bei ihrer Großmutter bleiben oder unter neuer Identität bei ihr leben wollen.

Zwei Monate verbringt Cetta als besonderer Gast im sonnenüberfluteten *agriturismo*, doch leider kann sie dort nicht bleiben. Es ist sicherer, Kalabrien zu verlassen und weiter in den Norden Italiens zu ziehen. Ende Juli packt sie ihre Sachen und wird nach Bozen gebracht, eine Stadt in den Südtiroler Alpen. Danach muss sie noch einmal umziehen, nach Genua.

Heizen die aufeinanderfolgenden Umzüge und die völlig andere Atmosphäre im Norden Italiens Cettas Sehnsucht nach ihren Kindern an? Obwohl sie im Zeugenschutzprogramm keinen Kontakt zu Familienmitgliedern haben darf, schickt sie ihrer ältesten Tochter eine SMS. Sie, die zwölfjährige Tania, die ihrer Mutter aufs Haar gleicht, zeigt die Nachricht ihrer Oma, und plötzlich klafft ein Loch in Maria Concettas Verteidigungswall. Zuvor hat sie mit ihrer neuen SIM-Karte lediglich mit ihrem Freund Pasquale und ihrer besten Freundin Emanuela telefoniert, ansonsten aber während der ganzen Zeit mit niemandem in Rosarno gesprochen. Doch Tania fleht ihre Mutter nun an, sie zu Hause anzurufen.

Es ist Anfang August, als Maria Concetta die Telefonnummer ihrer Mutter Rosalba wählt. Sie vermisst sie, vertraut ihr und erzählt, wo sie ist. Sofort machen sich ihre Eltern auf den Weg nach Genua, und Cetta steigt zu ihnen ins Auto, um nach Kalabrien zurückzufahren, zu ihren drei Kindern.

Dank der Mikrofone, die die Polizei ein paar Wochen zuvor im Mercedes der Cacciolas angebracht hat, kann sie das Gespräch zwischen Cetta und ihren Eltern mithören. Als Cetta zugibt, dass sie auch zu einem Mord ausgesagt hat, werden ihr Vater Michele und ihre Mutter Rosalba zuerst wütend. Doch dann schlägt der Ton plötzlich um. Ihr Vater sagt, dass sie sich keine Sorgen um eventuelle Vergeltungsmaßnahmen machen müsse und dass alles wieder so werden würde wie früher. »Du kannst deine Kinder wieder zusammen mit deiner Mutter zur Schule bringen. Es hat sich nichts geändert.« Es brauche sie nicht zu kümmern, was alle über sie dächten. »Habe ich dir jemals etwas Böses getan?«, fragt er. »Habe ich dich je im Stich gelassen? Ich will meine Tochter bei mir haben, ich kann dich nicht bei diesen dreckigen Hunden lassen. Du weißt doch, dass niemand besser ist als dein Vater, deine Mutter und deine Brüder?«

»Ich weiß«, murmelt Cetta auf dem Rücksitz.

Ihre Mutter wiederholt es noch einmal. »Es gibt niemand Besseren als deine Mutter und deinen Vater, merk dir das gut. Wenn ich für meine Tochter Opfer bringen muss, tu ich das. Denn du bist mein Fleisch und Blut, verstehst du? Das Wichtigste ist, dass du bei deiner Mutter bist, bei deinen Kindern und bei deinem Mann. Denn sie wissen ohnehin, was wir treiben! Es ist nicht so, dass sie dich brauchten, um mich zu verhaften, verstehst du?«

Wenn Cetta ihre Aussagen widerrufe, sei alles wieder gut, versprechen die Eltern. Doch sie vertraut ihnen nicht, und ihre Eltern vertrauen ihr nicht. Als sie an einer Tankstelle zur Toilette geht, schickt der Vater ihr die Mutter hinterher, um zu verhindern, dass sie dort heimlich die Polizei anruft. Auf halber Strecke müssen sie irgendwo übernachten, und Cetta nimmt dort doch noch Kontakt zu den Carabinieri auf, die sie um fünf Uhr morgens abholen und wieder nach Genua bringen.

»*Mannaia la Madonna della Montagna!*« Als Michele Cacciola an dem Morgen feststellt, dass Cetta verschwunden ist, verflucht er die Schutzheilige der ’Ndrangheta, die Madonna vom Berg. Er schreit seine Frau an, während sie weiter Richtung Rosarno fahren. »Ich habe sie doch nicht zur Schule geschickt, damit sie dieser Hure ihre Polizeiberichte füllt. Was für eine Tragödie! Kapiert diese Frau denn nicht, dass das Mädchen nichts weiß? Was kann eine Frau in meinem Haus schon wissen?«

Als »Hure« und »diese Frau« bezeichnet Michele Cacciola Anklägerin Cerreti. »Siehst du, wie diese Hure, diese *puttana*, lacht, während sie dir und deiner Tochter das Herz bricht? Denn sie will, dass wir ermordet werden. Kapierst du? *Sie* sind die Mörder! Sie wollen uns auf die Weise loswerden. Und dann sagen sie, dass *wir* die Dreckskerle sind! Wenn man uns demnächst umlegt, werden sie bei der Justiz lachen.«

Cetta und ihre Mutter trennen altersmäßig nur fünfzehn Jahre. Beide haben sie in diesem Alter ihr erstes Kind bekommen, und beide haben sie als junge Mädchen einen 'Ndranghetisten geheiratet. Ihre Mutter ist eine Schicksalsgefährtin für Cetta, eine Art Schwester. In Genua ruft Cetta sie an, um zu fragen, ob sie gut in Rosarno angekommen sei. Ihr Vater flüstert Mutter Rosalba zu, was sie sagen soll: »Der Polizei und den Richtern geht es nur darum, uns übel mitzuspielen. Cetta, du wirst missbraucht. Komm zurück.« Ein Anwalt sei unterwegs, um sie dorthin zu bringen, wohin sie wolle, so ihre Mutter. Sie brauche nicht zurück nach Rosarno zu kommen, sie könne auch zu einer Tante ziehen, wenn sie nur ihre Zeugenaussage widerrufe. Dann dürfe sie auch ihre Kinder wiedersehen. »Du musst einen Termin mit dem Anwalt machen und eine Erklärung abgeben, dass du nichts weißt.« Cetta sollte dafür sogar belohnt werden. Sie würden ihr Geld schicken, damit sie irgendwo selbstständig wohnen könne, weit weg von Rosarno, zusammen mit ihren Kindern.

Cetta müsse allerdings klar sein, dass sie ihre Kinder tief enttäuscht habe, als sie nicht mit nach Hause gekommen sei. »Tania hat gar nicht mehr aufgehört zu weinen, weißt du das?«, fragt Rosalba vorwurfsvoll. »Und die Jüngste wollte nicht mal mehr reden. Ohne dich gehen sie ein. Du musst dich entscheiden.«

Wenn Cetta ihre Familie zerstören wolle, solle sie nur so weitermachen, lautet die Botschaft. Es sei an der Zeit für eine klare Entscheidung, sagt ihre Mutter. »*O cu nui o cu iddi.*« Entweder wir oder die.

Bevor sie auflegt, muss Cetta schwören, dass sie den Anwalt anruft. »Sonst kannst du mich vergessen«, fügt ihre Mutter hinzu. »Ich bin am Boden, Cetta, ich werde sterben.«

»Lass mich in Ruhe, Mama. Ich habe doch gesagt, dass ich ihn anrufen werde.«

Cetta hat nur noch zwei Menschen, denen sie ihr Herz ausschütten kann: ihren Freund Pasquale und ihre Freundin Emanuela. Letztere lebt in Rosarno und kennt ihre Eltern und Brüder. Cetta führt ein langes Telefonat mit Emanuela und schildert ihr ihr Dilemma. »Ich will nach Hause, um meine Kinder zu sehen, denn meine Eltern werden sie niemals zu mir schicken. Sie wissen, dass es dann vorbei ist, dass sie mich dann für immer los sind.« Cetta erzählt, dass sie keine andere Möglichkeit sehe, als nach Hause zu gehen, aber auch große Angst vor ihrem Vater und vor allem vor ihrem aggressiven Bruder Giuseppe habe, der in ganz Rosarno berüchtigt sei. Sie bedauere es, zu Hause angerufen zu haben. Seither schaffe sie es nicht mehr, ihre Familie zu ignorieren. »Ich vertraue ihnen nicht.« Sie wisse nur allzu gut, wozu sie imstande seien. »Was würdest du an meiner Stelle tun, Emanuela? Würdest du dich ermorden lassen?«

»Ich kann dir nicht sagen, ob du dableiben oder zurückkommen sollst«, antwortet Emanuela. »Du kennst sie besser als ich, du weißt, was dich erwartet.«

»Meine Mutter behauptet, dass sie mich nicht anrühren werden, jedenfalls nicht, solange sie noch lebt.«

Emanuela erzählt Cetta, dass ihre Mutter schlecht aussehe, nur noch Haut und Knochen sei. Und dass es schon sehr auffällig wäre, wenn sie ihr gleich etwas antun würden.

»Hat es Sinn zurückzukehren, um dann noch ein oder anderthalb Jahre zu leben?«, fragt sich Cetta laut. »Wenn es um die Ehre geht, kennen sie kein Verzeihen«, betont sie nachdrücklich.

Das nächste Telefonat führt Cetta mit Pasquale. Sie gibt zu, dass sie noch immer mit ihrer Familie telefoniert. »Du bist zu gut für sie«, sagt er. Er erinnert Concetta daran, dass ihr Bruder ihr einst die Rippen gebrochen hat. Pasquale glaubt jedoch, dass sie ihrer Mutter vertrauen könne, da auch sie ein Opfer der Männer in ihrer Familie sei.

Cetta entgegnet, dass sie Zeit zum Nachdenken brauche. Von ihrer Tochter Tania habe sie gehört, dass ihr Vater und ihr Bruder derzeit nicht einmal mehr miteinander redeten, wenn die Mutter dabei sei. Das verspricht nichts Gutes. »Ich habe Bauchschmerzen«, sagt sie. »Ich habe Angst, nach Hause zu gehen.«

Pasquale erwidert, dass er sie aus Rosarno herausholen werde, sollte sie sich dort nicht sicher fühlen. »In der ganzen Straße wohnen Familien wie die unsere«, warnt Cetta. Pasquale versucht nochmals, sie zu beruhigen: Auf ihn könne sie zählen.

Zwei Tage später, am 8. August, ist Mutter Rosalba wieder unterwegs nach Genua, zusammen mit Cettas Bruder und ihrer Tochter Tania. Cetta will zunächst nicht sagen, wo sie ist, doch nachdem ihre Mutter sie hören lässt, wie sehr Tania weint, vereinbart sie mit ihr einen Treffpunkt in Genua, wo sie sie abholen können. Da sie mit einem Auto fahren, das nicht abgehört wird, verliert die Polizei Maria Concettas Spur.

Ein paar Tage später bekommt Pasquale SMS-Nachrichten von Cetta aus Rosarno. »Sie haben Anwälte zusammengetrommelt und zwingen mich, meine Aussage zurückzuziehen. Sie sagen, dass ich starke Medikamente nehme und es nur getan habe, weil ich wütend auf meinen Vater und meinen Bruder war.« Ihr Handy hat Cetta verstecken müssen, sie macht es nur hin und wieder an, um eine Nachricht zu verschicken, und stellt es dann gleich wieder aus.

Am 14. August gelingt es ihr, die Polizei anzurufen. Es ist der Tag vor Mariä Himmelfahrt, und ihre feste Vertrauensperson, ein Polizist namens Gennaro, hat ein paar Tage frei. Am 17. August kann sie ihn endlich erreichen. Sie sagt, dass es ihr schlecht gehe, dass es ein Fehler gewesen sei, wieder nach Hause zu kommen. Sie habe eine Erklärung verlesen müssen, die von Anwälten verfasst worden sei und in der sie ihre Aussage widerrufe, doch sie versichert ihm, die Zusammenarbeit mit der Justiz fortsetzen zu wollen.

Diesmal ist es jedoch noch schwieriger zu fliehen als beim letzten Mal, vor zweieinhalb Monaten. Sie wird nicht mehr allein gelassen und verlässt das Haus nur noch ganz selten und dann zusammen mit ihrer Mutter. In einem solchen Moment will sie jedoch nicht fliehen, weil sie befürchtet, ihre Mutter könnte dafür bestraft werden. Wäre es nicht möglich, dass die Polizei so tue, als wolle man sie verhaften? Das sei ein Problem, erklärt ihr Gennaro. Könne sie sich nicht doch, wie beim ersten Mal, aus dem Haus schleichen? Cetta spricht mit ihm einen Zeitpunkt ab, sagt die Verabredung aber anschließend wieder ab.

Am 18. August sitzt sie mit ihrer Mutter in dem verwanzten Mercedes. Immer wieder fängt Cetta verächtliche Blicke von den Leuten auf der Straße auf. Sie sagt, dass sie es nicht mehr aushalte. »Ich hau ab, Mama!«, ruft sie verzweifelt.

Das nächste Signal, das die Polizei zwei Tage später auffängt, macht deutlich, dass die bewusstlose Cetta von ihren Eltern auf den Rücksitz des Mercedes gehievt und ins Krankenhaus gebracht wird – zusammen mit einer Literflasche Salzsäure, die sie neben ihr vorgefunden hätten. Im Krankenhaus wird Cetta für tot erklärt.

Die Autopsie ergibt, dass Maria Concetta die Salzsäure nicht selbst getrunken haben kann. In dem Fall hätte sie sich schon nach dem ersten Schluck übergeben müssen. Doch die Menge, die sie zu sich genommen hat, hat ihre Eingeweide zerfressen. Blaue Flecken und andere Spuren an ihrem Körper lassen vermuten, dass sie von mindestens zwei Personen zum Trinken der Salzsäure gezwungen wurde.

Jahre nach ihrem Tod stehe ich vor Maria Concettas Grab und schaue direkt in ihr lachendes Gesicht. Ich bin verblüfft. Das hier ist ein völlig anderes Foto als dieses eine blasse Passbild, das in den Medien von ihr erschienen ist und auf dem sie, mit einem melancholischen Ausdruck in den Augen, eine hellviolette Kapuzenjacke trägt. Auf dem Foto, das hinter Plexiglas an ihrem Grabstein angebracht ist, zeigt sie ein strahlendes Lachen. Ihre großen Brillantohrringe und das Abendkleid mit den Goldpailletten glänzen in der Sonne. Ihr Haar ist hochgesteckt, sie ist perfekt geschminkt, und ihre roten Lippen legen zwei perfekte Reihen weißer Zähne frei. Ihre Augen lachen mit, sie sieht einfach nur glücklich aus.

Auf einer Messingplakette neben dem Foto steht ihr Name. Maria Concetta Cacciola, geboren am 30. September 1980, gestorben am 20. August 2011. Wäre ich in Rosarno geboren, hätte sie, ebenso wie Giusy Pesce, meine Klassenkameradin gewesen sein können. Wir liegen altersmäßig nicht einmal ein Jahr auseinander.

Das Auffallendste an dem Grab – neben dem Foto mit ihrem strahlenden Lächeln – ist eine vergoldete herzförmige Plakette oben auf dem Marmorgrabstein mit einem eingravierten Text, unter dem der Name ihrer Mutter steht. »Herr, du hast sie uns gegeben, um uns große Freude zu bringen. Nun geben wir sie dir ohne ein Wort des Grolls, aber mit gebrochenem Herzen wieder zurück. Sie hinterlässt eine Welt des Schmerzes für ein Königreich des Friedens.«

Die Worte verwirren mich und wecken Ekel in mir. Die Frau, von der sie stammen, ist inzwischen letztinstanzlich für ihre Beteiligung an der seelischen und körperlichen Misshandlung, die zum Tod ihrer Tochter führte, verurteilt worden. Die Richter schrieben in ihrem Urteil, dass technisch gesehen ein Mord stattgefunden habe, auch wenn es für eine Verurteilung leider noch keine schlüssigen Beweise gebe. Für die Misshandlung, die zum Tod von Maria Concetta führte, gab es aber wohl genügend Beweise: Vater und Bruder wurden zu einer Haftstrafe von gut sieben beziehungsweise acht Jahren verurteilt, die Mutter erhielt sieben Jahre Hausarrest. Die beiden Anwälte der Familie Cacciola mussten ebenfalls für ein paar Jahre ins Gefängnis, weil sie Maria Concetta im Auftrag des Clans zu einer Falschaussage gezwungen hatten.

In der Strafakte habe ich das alles nachlesen können, von den abgehörten Gesprächen über Briefe bis hin zu den Zeugenaussagen. Auch Giusy Pesce wurde im Prozess gegen Cettas Familie als Zeugin aufgerufen. Sie weinte, als sie erzählte, wie sehr sich Cetta schon als kleines Mädchen vor ihrem Bruder gefürchtet habe. Aber Cetta sei nicht schwach gewesen, sagte sie. »Sie war stark und optimistisch. Sie hatte ein sonniges Gemüt, hat stets gelacht. Und sie war immer sehr gepflegt.«

Giusy und Cetta waren als junge Mädchen auf derselben Schule gewesen und waren enge Freundinnen, bis sie sich beide mit dreizehn verlobten. Von diesem Moment an mussten sie sich um einen Haushalt kümmern, hatten einen Mann und bald auch Kinder. Sie sahen sich eigentlich nur noch, wenn die Schule aus war und im Supermarkt der Familie Pesce, in dem Giusy arbeitete. »Wir konnten uns nicht mehr verabreden, wie wir wollten. Wir waren nicht frei zu sagen: Lass uns mal eine Pizza essen gehen oder ein Eis.« Der einzige Tag des Jahres, an dem sie manchmal mit einer Mädchen-Clique ausgehen durften, war der 8. März, der Weltfrauentag, *la festa delle donne.*

Der tragische Tod von Maria Concetta Cacciola fand große Aufmerksamkeit in den italienischen Medien, ebenso wie der von Lea Garofalo, der Zeugin, die zwei Jahre vorher in Mailand zu Asche verbrannt worden war. Die unvorstellbar grausame Blutrache in ’Ndrangheta-Familien mag andere abgeschreckt haben, dem erfolgreichen Beispiel Giusy Pesces zu folgen, doch der Mut der drei Frauen wird noch immer in Ehren gehalten.

»Drei Fotos und eine Mimose« hieß eine Initiative des Chefredakteurs des *Il Quotidiano della Calabria*, in der er alle Kalabresen dazu aufrief, am 8. März 2012, dem internationalen Frauentag, der Stärke Maria Concettas, Leas und Giusys zu gedenken. In Italien ist es Tradition, den Frauen am 8. März einen Mimosenzweig zu schenken. Die empfindlichen gelben Blüten der Mimose, die zum Ende des Winters als eines der ersten Gewächse den Frühlingsbeginn ankündigen, gelten am Frauentag als ein Symbol der Solidarität. »Lasst in diesem Jahr jeden Mimosenzweig von ihren Gesichtern begleitet werden«, schrieb der Chefredakteur der kalabresischen Zeitung. »So können wir der militärischen 'Ndrangheta und der 'Ndrangheta im Nadelstreifenanzug (die leider auch in unserer Mitte ist) zeigen, auf wessen Seite wir stehen.«

Mimose. Mit meiner Nase an den zarten, knallgelben, kugelförmigen Blüten denke ich an Kiefern, Babypuder und Honig. Und seit jenem Jahr auch an Salzsäure, Asche und Mut.

8.

MAFIA-BOURGEOISIE

Es ist August, und der Strand ist voller Sonnenschirme in allen Farben des Regenbogens. Seit Ende Juli sind jeden Tag mehr Urlauber dazugekommen, und ich denke wehmütig an die zurückliegenden Monate, als N. und ich dieses wilde Stück Strand noch nahezu für uns allein hatten. Wir tauften eine Ecke am Rand der Dünen »unsere Sommerküche«, statteten sie mit Sitzgelegenheiten aus Treibholz aus und ließen, möglicherweise auch zur Freude anderer, einen Minigrill zurück. Letzterer ist inzwischen verschwunden. Mitten auf dem Strand liegen nun allerdings Reste eines gigantischen Lagerfeuers herum, mit angesengtem Plastikabfall und einem halb verbrannten Sonnenschirm.

Ein Blick hinauf zum knallblauen Himmel und ein Sprung in das kristallklare, warme Meer lenken zum Glück von dem Ärger über die Gedankenlosigkeit all der anderen ab, die einen der schönsten Strände Kalabriens mit uns teilen. Im Wasser glitzern hypnotisierende, goldglänzende Sandkörner und ein paar kleine, silbrige Fische. N. geht los, um am nahe gelegenen Strandkiosk etwas zu trinken zu holen. Ich liege noch unter unserem Sonnenschirm, um mich von der Wärme trocknen zu lassen, als plötzlich ein Mann neben mir steht.

»*Salve.* Sie sind doch *giornalista*?«

»Guten Tag. Warum fragen Sie?«

»Könnten Sie nicht mal was über die skandalöse Abwasserreinigung an dieser Küste schreiben? Alles Mafia. Die

Kläranlagen funktionieren nicht, und die Abwässer all der Touristen werden ungefiltert ins Meer geleitet. Heute Morgen lag Schaum auf dem Meerwasser. Er ist durch die Strömung schon abgetrieben, aber unser Strandtag ist verdorben, wir fahren nach Hause.«

Ich sehe in einiger Entfernung eine Frau mit einem Mädchen und einem kleinen Jungen in Richtung der Eukalyptusbäume gehen, hinter denen der improvisierte Parkplatz liegt.

Obwohl ich mich frage, wie realistisch und sinnvoll es wäre, aus dieser Information etwas für niederländische Medien zu machen, möchte ich die Bitte des Mannes auch nicht einfach ablehnen. Das Problem der Abwasserreinigung ist allgemein bekannt und kommt in der Hochsaison ab und zu hoch, und zwar buchstäblich: in Form einer dünnen Schicht weißlichen Schaums auf der Meeresoberfläche. Ich kann den Unmut des Mannes sehr gut verstehen.

»Es ist so eine schöne Küste, aber sie wird von der Mafia vergiftet. Denken Sie nur an all die kleinen Kinder, die von dem Dreck im Meer krank werden. Keiner traut sich, was darüber zu sagen. Immer diese verdammte Omertà hier.«

Ich zücke mein Notizbuch und einen Stift, um mitzuschreiben, was er darüber zu sagen hat.

»Ich muss jetzt eigentlich gehen«, sagt der Mann.

»Wenn Sie mir Ihre Kontaktdaten geben, kann ich Ihnen später eventuell noch ein paar Fragen stellen. Wie ist denn Ihr Name?«

Er sagt ihn mir und erzählt, dass er in Mailand lebe, aber die Sommerferien immer hier in seinem Heimatdorf verbringe. Nachdem er mir kurz erklärt hat, wo er ungefähr in dem Dorf wohnt, läuft er rasch seiner Frau und den Kindern hinterher, die auf dem Weg zum Auto sind.

Es ist das erste Mal, dass mich jemand aus dem Dorf bittet, etwas über die Mafia zu schreiben. Normalerweise weckt mein »Titel« andere Erwartungen, beispielsweise beim Bürgermeister und bei denen, die Ferienhäuser an der Küste bauen und hoffen, ich könnte die Beliebtheit der Gegend bei meinen Landsleuten steigern.

Inzwischen sind wieder neue Badegäste eingetroffen, die sich neben mir niederlassen. Nachdem sie es sich mit Kühlbox und allem Drum und Dran bequem gemacht haben, unternehmen sie einen Tauchgang im Meer. Während ich die Wasseroberfläche nach verdächtigem Schaum absuche, streckt einer der Badenden spontan beide Daumen in die Höhe. Ich sitze noch da und denke über die unsichtbaren Gesundheitsrisiken schlecht funktionierender Kläranlagen nach, als ich zu meiner Überraschung den Mann an den Strand zurückkehren sehe, er kommt direkt auf mich zu.

»*Scusi*«, sagt er. »Wenn Sie den Artikel schreiben, dann erwähnen Sie bitte nicht meinen Namen.«

Ich bin verblüfft. Es sind kaum zehn Minuten vergangen. Er muss es sich auf dem Weg nach Hause anders überlegt haben, oder er wurde von seiner Frau gerügt und hat deshalb kehrtgemacht.

»Machen Sie sich keine Sorgen«, beruhige ich ihn. Offenbar möchte er, dass ich eine Anklage, die er selbst nicht offen zu äußern wagt, unter meinem Namen vorbringe.

»Ich bitte Sie nicht meinetwegen darum, wissen Sie, sondern wegen meiner Familie«, sagt er. Ich nicke höflich, und der Mann trollt sich wieder.

Während wir es in diesem Sommer bei uns am Meer mit relativen Luxusproblemen zu tun haben, spielt sich nicht allzu weit von uns entfernt eine sehr viel größere Umweltkatastrophe ab, bei der die Menschen über das Stadium des Schweigens längst hinaus sind. Bei Neapel, in der Region Kampanien, werden bereits seit Jahrzehnten unter aktiver Beteiligung der Mafia-Clans der lokalen Camorra riesige Mengen Abfall entsorgt. Die Verschmutzung landwirtschaftlicher Flächen ist hier so gravierend, dass kleine Kinder an Krebs sterben und ihre Mütter begonnen haben, dagegen zu rebellieren. Ich mache für das niederländische Nachrichtenmagazin *Nieuwsuur* eine Fernsehreportage zu dem Thema.

Bis zu diesem Zeitpunkt haben beim breiten niederländischen Publikum vor allem Bilder von stinkenden Bergen an Müllsäcken, die an Neapels Straßen liegen und nicht abgeholt werden, für Aufmerksamkeit gesorgt. Doch auch in Italien lenkten die Müllsäcke die Öffentlichkeit von dem ab, was zwanzig Kilometer weiter geschah, nämlich die illegale Entsorgung giftiger Industrieabfälle und radioaktiv verseuchten Materials – und das nicht nur im Verborgenen, sondern ebenfalls einfach entlang der Straße.

Man kann kilometerweit an den Müllbergen entlangspazieren: Haushalts- und Sperrmüll, Elektroschrott, Autoteile, Asbest, Reste gefärbter Lederstücke, Blei und Chemikalien, alles am Straßenrand aufgetürmt. Wie es dazu kommen konnte? Die Betriebe standen vor der Wahl: Entweder sie bezahlten den vollen Preis für die Entsorgung und Aufbereitung ihres Sondermülls, oder aber sie ließen sich dazu verleiten, es für zwanzig oder gar nur zehn Prozent des Preises von der Camorra erledigen zu lassen, die alles für sie regelte, einschließlich des Transports und der richtigen Papiere.

Zu allem Überfluss werden die illegalen Müllhalden anschließend nicht von den Behörden geräumt, sondern von Kriminellen in Brand gesetzt. Die schwelenden Abfallberge grenzen an landwirtschaftlich genutzte Flächen, auf denen Tomaten und Obst angebaut werden und Gewächshäuser mit Erdbeeren stehen. Allmählich sind das Grundwasser, die Luft und die Nahrung derart vergiftet, dass die Krebsrate bei den Bewohnern in dem Gebiet auffällig gestiegen ist.

Bitter ist dabei, dass ein Großteil des illegal entsorgten Industriemülls nicht einmal von lokalen Betrieben stammt, sondern aus dem Norden Italiens und oft sogar aus dem Ausland. Genauso wenig wie die Ursache in der Region liegt, sind auch die giftigen Folgen der Verschmutzung nicht auf sie begrenzt. Die Tomaten sowie andere Lebensmittel aus dem Gebiet werden nicht nur lokal verkauft, sondern gehen auch an Lebensmittelgiganten, die ihre Tomatensaucen und das tiefgefrorene Gemüse in den Supermärkten im Rest Italiens sowie im Ausland vertreiben.

In Neapel, wo ich mir am Tag nach den Aufnahmen für *Nieuwsuur* die Zeit vertreibe, ist an den Straßen fast kein Abfall zu sehen. Dafür gibt es dort charmante und ausgelassene Neapolitanerinnen und Neapolitaner, himmlische Pizzen für nur ein paar Euro und imposante Gebäude entlang der wunderschönen Uferpromenade.

In Gemüseläden achte ich noch Jahre später stets darauf, woher die Ware stammt. Meistens steht auf den handgeschriebenen Schildchen »*origine locale*« oder »*Italia*«, fast nie sieht man auf den Kisten das Wort »*Campania*«. Ein beruhigendes Gefühl, wenn auch nur ein hauchzartes, denn es ist natürlich unsinnig zu glauben, dass es in anderen Regionen Italiens keine verseuchte Landwirtschaft gibt – genauso unsinnig ist es zu meinen, dass in der Gegend rund um Neapel kein gesundes Gemüse wachsen könnte.

»Ökomafia« wird in Italien der Typ Mafia genannt, der die Umweltverschmutzung zu seinem Kerngeschäft gemacht hat. Ob die illegale Abfallentsorgung nun durch Abladen von Sondermüll an der Straße, ungefiltertes Einleiten giftiger Flüssigkeiten ins Abwassernetz oder durch das Verschwindenlassen von Giftfässern in einem Steinbruch oder Acker beziehungsweise in Seen, Flüssen oder im Meer geschieht – für italienische Mafia-Organisationen hat es sich zu einem gefragten und sehr lukrativen Geschäftsfeld entwickelt. Schon seit Langem ist es eine ihrer wichtigsten Einnahmequellen.

Als ich begann, mich in dieses übelkeiterregende Thema zu vertiefen, entdeckte ich schon bald, dass die 'Ndrangheta in den Achtziger- und Neunzigerjahren eine bevorzugte Methode für das Entsorgen lebensgefährlicher Stoffe praktizierte. Entlang der italienischen Küste und in internationalen Gewässern brachte sie ganze Frachter mitsamt ihrer Ladung, bestehend aus Industrie-, Gift- und radioaktiven Abfällen, zum Sinken. Der Gewinn war gigantisch: keine Kosten für Abfallentsorgung, dafür ein satter Verdienst am Verschwindenlassen des Mülls zuzüglich der Entschädigung der Versicherungsgesellschaft für den Verlust des Schiffs, die bis zu einer Million Euro betragen konnte.

Das war laut Aussagen von 'Ndrangheta-*pentiti* auch das Schicksal eines Schiffes mit dem Namen Rigel, das auf seiner letzten Fahrt 1987 den offiziellen Papieren zufolge Hunderte von Tonnen Marmorstaub transportierte. Marmorstaub hat die Eigenschaft, radioaktives Material abzuschirmen, damit es bei einer Hafenkontrolle nicht von den Scannern aufgespürt werden kann. Die Rigel soll irgendwo zwischen Italien und Griechenland auf den Meeresgrund gesunken sein, doch das Wrack ist merkwürdigerweise nie gefunden worden.

Die Ermittlungen zum Untergang der Rigel sowie zu mehr als zwanzig weiteren »Giftschiffen« sind systematisch sabotiert worden. Mitte der Neunzigerjahre war ein junger Marinekapitän, Natale De Grazia, fest entschlossen, endlich die Stellen zu lokalisieren, an denen die Schiffe gesunken waren. Er wurde während einer Suchexpedition vergiftet und überlebte den Anschlag nicht. Die Wahrheit durfte nicht ans Licht kommen.

Auch Ilaria Alpi, eine zweiunddreißigjährige Journalistin, die für Rai, den öffentlich-rechtlichen Rundfunk in Italien, arbeitete, folgte der Spur der mysteriösen Gifttransporte und landete schließlich in Somalia. Sie entdeckte 1994, dass die vom Bürgerkrieg heimgesuchte ehemalige italienische Kolonie nicht nur humanitäre Hilfe in Form von Lebensmitteln, sondern auch illegale Waffenlieferungen sowie Giftmüll und radioaktiven Abfall bekam. Wurden die Waffen im Tausch gegen die Entsorgung gefährlichen Abfalls geliefert? Der Müll wurde manchmal im Meer verklappt, dann wieder an Stellen vergraben, an denen Schnellstraßen gebaut wurden. Ilaria Alpi war seit Jahren immer wieder in Somalia gewesen und schlug Warnungen in den Wind, vor bestimmten internationalen Deals besser die Augen zu verschließen. Zusammen mit einem Kameramann wurde sie in ihrem Pick-up ganz in der Nähe eines Polizeireviers in Mogadischu gestoppt und erschossen. Ilarias Notizbücher und die Videobänder mit den Aufnahmen, die die beiden gemacht hatten, waren aus ihrem Hotelzimmer gestohlen worden.

Die italienischen Behörden behaupteten hartnäckig, dass es sich beim Tod der beiden Investigativjournalisten um einen Raubmord gehandelt haben müsse. Ein Mann aus Somalia, Hashi Omar Hassan, wurde nach einem dubiosen Prozess voller verschwundener Beweismittel als Mörder verurteilt. Er saß bereits siebzehn Jahre in einem italienischen Gefängnis, als die Redaktion eines Fernsehsenders einem Somalier auf die Spur kam, der seinerzeit gegen Hassan ausgesagt hatte und nun mit schlechtem Gewissen zugab, dass er von den italienischen Behörden dafür bezahlt worden sei, eine Falschaussage zu machen und Hassan als Sündenbock zu belasten. Der wurde freigelassen, doch wer die eigentlichen Täter und Auftraggeber des Mordes an Ilaria Alpi und ihrem Kameramann waren, ist bis heute ungeklärt.

Zwanzig Jahre lang wurden die kritischsten investigativjournalistischen Produktionen für das italienische Fernsehen mit dem Ilaria-Alpi-Preis ausgezeichnet. Nach der zwanzigsten Preisverleihung bat Ilarias Mutter jedoch darum, den Preis mit einem anderen Namen zu versehen: Es schmerze sie zu sehr, dass es nach all den Jahren noch immer keine Gerechtigkeit gebe.

Die verschwundenen Giftschiffe und die Tatsache, dass dafür bisher niemand bestraft wurde, beschäftigen Italien bis heute. Wo liegen die Schiffswracks? Wie viele giftige Stoffe und radioaktiv verseuchtes Material ticken als Zeitbomben in rostigen Fässern auf dem Meeresboden oder haben sich bereits im Wasser verteilt? Welche Gefahr stellen sie für das Leben im Meer und für den Menschen dar? Umweltorganisationen bleiben in dieser Sache am Ball, und ständig werden neue parlamentarische Untersuchungsausschüsse ins Leben gerufen, um herauszufinden, was passiert ist.

Emilio Di Giovine, vormals Kopf eines mächtigen 'Ndrangheta-Clans aus Mailand und wiederholt wegen Drogen- und Waffenhandels verurteilt, ist seit 2003 ein *pentito*, ein Mitarbeiter der Justiz. Nachdem er sich bereiterklärt hatte, zu den Giftschiffen auszusagen, hatte er einen merkwürdigen Unfall. »Ein Meter weiter, und ich wäre tot gewesen. Man hat mich mitten auf der Straße gefunden, fast auf der Gegenfahrbahn, denn ich war mehrere Meter durch die Luft geflogen. Die Leute haben geschrien, weil sie dachten, ich wäre ermordet worden.«

Woher Emilio Di Giovine etwas über die Schiffe wusste? Die Sache lief über einen Niederländer, Theodor Cranendonk. »Ich habe eine Weile mit seiner Tochter zusammengelebt, einem Model für Chanel, *una bellissima donna*. Cranendonk hatte eine Investmentfirma in Klosters, in der Nähe von Davos in der Schweiz. Er war außerordentlich intelligent, hatte Kontakte in der ganzen Welt. Vor allem in Russland und zum Geheimdienst im ehemaligen Jugoslawien. Er war ein Freund von Ex-Präsident Milošević.«

Emilio Di Giovine schildert vor dem Parlamentsausschuss wehmütig, wie er 1990 Cranendonks Tochter Marie

Louise kennenlernte: »Auf einem Flug von Barcelona nach Zürich. Sie war viel größer als ich, aber ich habe trotzdem den Mut gehabt, zuzuschlagen und ihr zu sagen, dass ich sie heiraten will. Zwei Wochen später waren wir ein Paar, und sie stellte mich ihren Eltern vor.«

Für Di Giovine waren es herrliche Zeiten. Er war Millionär und hatte einen Privatchauffeur, der ihn später übrigens bei der Polizei hereinlegen sollte, ihn damals aber noch dienstbeflissen durch die Schweizer Berge fuhr. Der wohlhabende Cranendonk beeindruckte Di Giovine. »Er wirkte auf mich wie ein Bankdirektor, so einer, wie man ihn in den Zeitungen sieht. Die ganze Familie war hübsch, angefangen von seiner Frau bis hin zu den Kindern. Schöne Menschen.« Sie hatten eine professionelle Reitbahn mit einem Parcours zum Springreiten, und Cranendonks Tochter war eine erstklassige Reiterin.

Auch über sein kompliziertes Liebesleben lässt sich Di Giovine vor dem Parlamentsausschuss umfassend aus. Marie Louise habe ihn gern heiraten wollen, aber er hatte ihr verschwiegen, dass er schon verheiratet war. Schließlich beschloss er, ihr dann doch reinen Wein einzuschenken. Als sie von seinen kriminellen Geschäften erfuhr, reagierte sie jedoch anders, als er es erwartet hatte. Sie sagte, dass es kein Problem sei und er dann erst recht mit ihrem Vater reden solle.

Und so kam es, dass Di Giovine Cranendonk erzählte, dass er auf der Suche nach Bazookas für einen Einsatz in Kalabrien sei: Raketenwerfer, die etwas gegen gepanzerte Autos ausrichten könnten. Cranendonk hatte als Soldat in einer Kommandoeinheit in Birma gedient und wusste, wie ihm zu helfen war. Er bestellte in Kroatien dreißig Bazookas, die schließlich über die slowenische Grenze nach Italien geschmuggelt wurden. Zu diesem Zweck ließ er für fünfzigtausend Euro ein offizielles Dokument fälschen, auf dem stand, dass die Waffen in Kenia bestellt worden seien und über den Hafen von Genua dorthin geliefert werden sollten. Die Bazookas blieben jedoch in Italien und wurden in einem 'Ndrangheta-Krieg in Kalabrien eingesetzt, der in einem Zeitraum von sechs Jahren mehr als siebenhundert Menschenleben kosten sollte.

Nach dem gelungenen Waffendeal fragte Theodor Cranendonk, ob Emilio Di Giovine nicht Interesse habe, in das Giftmüll-Geschäft zu investieren. »Zu dem Zeitpunkt handelte ich mit Haschisch: An eintausend Kilo Haschisch verdiente ich anderthalb Milliarden Lire, und das fand ich ziemlich einfach.« Er war nicht interessiert, mit irgendetwas anderem zu experimentieren. »Aber Cranendonk meinte, dass man mit Müll sehr viel mehr verdienen kann als mit Drogen. Er erklärte mir haarklein, wie das lief: Der Giftmüll wurde auf Schiffe verladen, die offiziell nach Mosambik fuhren, aber unterwegs zum Sinken gebracht wurden.«

Cranendonk zufolge war alles schon vorbereitet, sowohl die Schiffe als auch die Kontakte zu Ingenieuren und Italienern, die mit der Verarbeitung von Sondermüll befasst waren. Wie auch immer, es sei eine schon seit Jahren erprobte Methode. »Eine Goldmine, sagte er. Viel besser als Hasch.«

Theodor Cranendonk taucht auch in den Memoiren auf, die Emilio Di Giovine veröffentlicht hat. Der Geschäftsmann tanzte laut dem *pentito* auf allen Hochzeiten, von der Geldwäsche bis hin zum Ölhandel. Manchmal, so Di Giovine, kombinierte der Niederländer äußerst geschickt mehrere Geschäfte, beispielsweise indem er Waffen im Tausch gegen Öl lieferte, das er dann wieder über seine Rotterdamer Ölfirma verkaufen konnte.

Di Giovine bekam also die Chance, mit den Giftschiffen ordentlich Geld zu verdienen, erklärt jedoch gegenüber dem Parlamentsausschuss, dass er nicht auf den Vorschlag Cranendonks eingegangen sei. Mehr kann er über die Giftschiffe nicht erzählen. Die Beziehung zu Cranendonks Tochter endete übrigens, doch die beiden Männer hielten weiterhin regelmäßig Kontakt. Um das zu illustrieren, erzählt Emilio Di Giovine seinem Publikum, wie Theodor Cranendonk auf seine Bitte hin versuchte, ihn mit einer Geheimoperation aus einem Gefängnis in Portugal zu befreien. Der Versuch misslang, war aber alles andere als naiv. »Er hatte für mich einen Hubschrauber gekauft – ich habe anderthalb Millionen Dollar dafür bezahlt – und ihn in einem Laster zusammen mit Maschinengewehren nach Portugal transportiert. Das Gericht weiß davon.«

In der Tat, das Gericht wusste davon. Denn Cranendonk war 1998 in Italien wegen Zusammenarbeit mit der 'Ndrangheta, der Vorbereitung des Fluchtversuchs von Di Giovine und des Verkaufs von dreißig Bazookas zu elf Jahren Gefängnis verurteilt worden. Auf Ersuchen der italienischen Behörden war er in der Schweiz verhaftet worden. Der italienischen Presse zufolge hatte man in seinem Haus Dokumente gefunden, die den Transport von Giftmüll und radioaktiven Abfällen auf dem Seeweg betrafen.

Als Di Giovine im Februar 2010 von Theodor Cranendonk erzählt, ist dieser ein freier Mann, aber nicht etwa, weil er seine elfjährige Gefängnisstrafe abgesessen hätte. Ende der Neunzigerjahre war er nämlich gerade erst in einem schwerbewachten Gefängnis in Mailand gelandet, als er wegen psychischer Beschwerden auch schon in eine Privatklinik verlegt wurde, ins Pflegeheim Le Betulle im norditalienischen Como, um genau zu sein. Dabei handelte es sich um eine luxuriöse Einrichtung mitten im Grünen. Jahre später sollte Cranendonk dem niederländischen *Algemeen Dagblad* erzählen, dass er bei seiner Ankunft als Allererstes eine Flasche Rotwein bestellt habe. Seinen Reisepass hatte man ihm mitgegeben, und bei der Klinik handelte es sich um alles andere als um eine geschlossene Einrichtung. Nichts und niemand hielt ihn davon ab, seine Siebensachen zu packen und zu seiner Frau nach Rotterdam zu fahren.

Zum Schluss der Befragung Emilio Di Giovines kommt der Parlamentsausschuss noch einmal auf den Verkehrsunfall zu sprechen, den er kurz zuvor erlitten hatte. »Es war ein ziemlich unnormaler Unfall, denn ich wurde angefahren, als ich die Straße schon fast überquert hatte. Ich bin trotzdem in die Luft geschleudert worden und auf der anderen Straßenseite gelandet. Das Auto hatte freie Sicht, und man kann nicht behaupten, der Fahrer hätte mich nicht gesehen, weil ich plötzlich auf die Straße gelaufen wäre oder so. Ich war schon fast auf der anderen Seite. Die Wahrheit ist, dass ich mit meiner Zeugenaussage zu diesem Thema vielen Leuten in die Quere komme, und ich bin auch auf andere Weise unter Druck gesetzt worden. Vielleicht glauben sie, dass ich mehr weiß, und machen sich deshalb Sorgen. Aber es ist wirklich alles, was ich darüber weiß.« Ob das nun wahr ist oder nicht, mehr wird er nicht erzählen.

Im März 2010, einen Monat nach der Befragung Emilio Di Giovines durch den Ausschuss, wird Theodor Cranendonk auf Bitten Italiens in Rotterdam verhaftet. Italien verlangt von den Niederlanden seine Auslieferung. Den niederländischen Behörden zufolge kann Cranendonk seine Strafe jetzt allerdings nicht mehr in Italien absitzen, eventuell aber in den Niederlanden. Um das zu entscheiden, kommt es zu einem neuerlichen Prozess. Für den achtzigjährigen Cranendonk wird keine Fluchtgefahr angenommen, deshalb kann er das Urteil in Freiheit abwarten.

Das Radioprogramm *Argos* verfolgt das Gerichtsverfahren, enthüllt, dass Cranendonk, kurz nachdem er Ende der Neunzigerjahre die italienische Privatklinik verlassen hatte, in Rotterdam von einem niederländischen Diplomaten aus Mailand besucht worden war. Eine merkwürdige Begegnung, denn für die italienischen Behörden war Cranendonk seinerzeit ein flüchtiger Straftäter. Der Diplomat, Charles O., der zur Zeit seines Besuchs bei Cranendonk Vizekonsul am niederländischen Konsulat in Mailand war, erzählt in der *Argos*-Sendung, dass das alles wenig zu bedeuten hatte. Während Cranendonks Haftzeit in Italien habe er ihn betreut, und sie hätten eine freundschaftliche Beziehung zueinander entwickelt. »Irgendwann war ich damals in Rotterdam und bin mit einem Strauß Blumen zu ihm gegangen.« Der Vizekonsul sagt, dass er schlicht nicht daran gedacht habe, seinen Kollegen in den Niederlanden oder Italien den Privatbesuch zu melden. Die Antworten auf die Anfragen des Parlaments zum Besuch des Diplomaten bei dem polizeilich gesuchten Cranendonk werden geheim gehalten.

Nach zwei Jahren spricht der Richter sein Urteil über die Anpassung der noch zu verbüßenden italienischen Haftstrafe an niederländische Verhältnisse. Obwohl der Staatsanwalt acht Jahre gefordert hatte, verhängt der Richter nur eine Haftstrafe von fünf Jahren. In der Praxis bedeutet dies, dass Theodor Cranendonk auf Bewährung freikommt. »Die Haft würde eine große emotionale Belastung für Herrn Cranendonk darstellen«, so der einfühlsame Rotterdamer Richter.

Hatten die Niederlande einen blinden Fleck hinsichtlich der 'Ndrangheta, oder genoss Cranendonk einen schon sehr besonderen Schutz? Womöglich beides. Das Korps der nationalen Polizei der Niederlande ließ in diesen Jahren untersuchen, was in den Niederlanden über die kalabresische Mafia bekannt war. In einem einhundert Seiten starken Bericht kam die Polizei zu dem Schluss, dass sie eigentlich keinen wirklichen Einblick in die Interessen, die Präsenz und die Kontakte der 'Ndrangheta in den Niederlanden habe.

Der Name Theodor Cranendonk wird in der Veröffentlichung nicht erwähnt und die Angelegenheit mit den Giftschiffen nur am Rande gestreift. Dafür macht der Text deutlich, dass die mächtige 'Ndrangheta-Familie Di Giovine in den Niederlanden noch eine weitere sonderbare Beziehung unterhielt. Diesmal geht es um das Liebesleben des jüngeren Bruders von Emilio Di Giovine. Als Emilio Di Giovine 1992 in Portugal im Gefängnis landete – demselben, aus dem Cranendonk ihn zu befreien versuchte –, war er zuvor zusammen mit der Freundin seines Bruders verhaftet worden. Diese zwanzigjährige Niederländerin hieß Barbara F. und sollte später eine Polizeiausbildung in Den Haag absolvieren.

In Portugal wurde Barbara F. verdächtigt, für die Familie Di Giovine aktiv am Schmuggel und dem Handel großer Ladungen Haschisch aus Marokko beteiligt gewesen zu sein. Ihr Freund Filippo Di Giovine stand in dieser Sache ebenfalls unter Verdacht, konnte der portugiesischen Polizei jedoch entwischen. Barbara musste in Portugal anderthalb Jahre in Untersuchungshaft sitzen, wurde aber unter der Auflage, das Land nicht zu verlassen, aus der Haft entlassen. Ihr Reisepass wurde, solange das Verfahren gegen sie lief, einbehalten, aber bei einem Besuch der niederländischen Botschaft in Lissabon bekam sie ein Ersatzdokument, mit dem sie die Grenze dann doch überqueren konnte. Barbara ließ sich anschließend in Diemen nieder, wo sie mit ihrem steckbrieflich gesuchten Freund Filippo Di Giovine zusammenlebte und von ihm ein Kind bekam. Filippo wurde bald darauf in Marokko verhaftet, an Italien ausgeliefert und dort zu vierzehn Jahren Haft verurteilt.

Das alles verhinderte nicht, dass Barbara im Jahr 2008 als Polizeischülerin angenommen wurde. In den Datenbanken der niederländischen Polizei und Justiz war die Information über ihre Verhaftung in Portugal gelöscht worden. In Italien stand sie allerdings noch immer auf der internationalen Fahndungsliste. Das wurde ihr zum Verhängnis, als sie im zweiten Jahr ihrer Polizeiausbildung mit einer Freundin Urlaub in Genua machte. Nachdem sie in einem Hotel eingecheckt hatte, trat die örtliche Polizei in Aktion.

Sie wurde verhaftet und in das nächstgelegene Frauengefängnis gebracht. So erfuhr die niederländische Polizei, dass Barbara bei der Bewerbung ihre kriminelle Vergangenheit verschwiegen hatte. Sie wurde fristlos aus dem Polizeidienst entlassen.

Die anonymen Autoren des Untersuchungsberichts des Polizei-Korps mit dem Titel *De 'Ndrangheta in Nederland* (*Die 'Ndrangheta in den Niederlanden*), in dem diese sonderbare Geschichte auftaucht, bleiben diplomatisch. Sie zitieren einen Analysten von Europol, der es als »sehr merkwürdig« bezeichnet habe, »dass Barbara F. sich mit diesem Hintergrund bei der Polizei beworben hat«. »Er vermutet«, schreiben die Autoren, »dass sie vorab wusste, dass die Informationen über ihre kriminelle Vergangenheit nicht mehr in den Systemen der Polizei gespeichert seien. Er weist in diesem Zusammenhang auf das Phänomen der ›Mafia-Bourgeoisie‹ hin, einen Kreis von Personen in der legalen Welt, die Handlangerdienste für die Mafia leisten, ohne deren Mitglied zu sein. Das können Beamte bei Kommunen und Provinzen sein, aber auch Beschäftigte etwa im Bankensektor, bei Wohnungsbaugesellschaften und in Energieunternehmen. Sie beeinflussen Personen in ihren Systemen, passen Daten an oder leisten andere Gefälligkeiten.«

Die Mafia-Bourgeoisie existiert also nicht nur in Italien. Indem ich mich in die Verbindungen der 'Ndrangheta vertiefte, lernte ich von Kalabrien aus die scheinbar so sicheren und vertrauenswürdigen Niederlande von einer ganz anderen Seite kennen.

9.

PEPPINOS MAFIOPOLI

In der ganzen Welt kennt und bejubelt man die alten Großmeister der Kunst und Musik, die Italien hervorgebracht hat. Sehr viel Schönes von zeitgenössischen italienischen Regisseuren und Schriftstellern erreicht ebenfalls ein internationales Publikum. Doch mit journalistischen Helden verhält es sich anders. Bis auf wenige Ausnahmen bleibt ihr Ruhm auf Italien beschränkt, selbst wenn sie, wie Ilaria Alpi, die Rai-Journalistin aus Rom, die in Somalia die Geheimnisse der internationalen Öko-Mafia und des Waffenhandels aufgedeckt hat, für ihre grenzenlose Hingabe an die Verbreitung der Wahrheit ihr Leben gelassen haben. Ihr Engagement und das der vielen anderen unerschrockenen Journalistinnen und Journalisten, die es in der Geschichte Italiens gegeben hat, lässt einen traurig verstummen.

Oder es bringt einen im Gegenteil dazu, es laut von den Dächern zu rufen. Beispielsweise mit den geflügelten Worten »Die Mafia ist ein Haufen Scheiße!« Auf Italienisch hört sich das besser an: »*La mafia è una montagna di merda!*« Der legendäre Peppino Impastato soll es in den Siebzigerjahren auf Sizilien geschrieben und dürfte es wahrscheinlich auch geschrien haben, als Anführer des Widerstands gegen die Mafia in seinem Dorf. Seine außergewöhnliche Geschichte stellt einen wichtigen Bezugspunkt in der Geschichte des italienischen Aktivismus gegen die Mafia dar.

Peppino wächst in Cinisi auf, einem kleinen Ort mit ungefähr achttausend Einwohnern in der Gegend um Palermo. Sein Vater ist ein Mafioso, und als Peppino fünfzehn Jahre alt ist, wird sein Onkel mit einer Autobombe ermordet. Peppino sieht sich mit seinem jüngeren Bruder den Ort der Explosion an. »Ist das hier die Mafia?«, sagt er, die Verwüstung überblickend. »Wenn das die Mafia ist, werde ich mein Leben lang dagegen kämpfen.«

Bei Peppino zu Hause wird nicht über die Mafia oder die Cosa Nostra gesprochen, sondern über die *onorata società*, die »ehrenwerte Gesellschaft«. Er hält sein Wort und tut das Gegenteil dessen, was seine Familie von ihm erwartet. Als er siebzehn ist, gründet er mit einer Gruppe von Freundinnen und Freunden eine Zeitung, die sie selbst drucken, und schreibt darin über die Verbindungen zwischen Mafiosi und korrupten Behördenleitern in seinem Dorf. Sein Vater ist wütend und wirft ihn aus dem Haus.

Peppino sucht sich eine eigene Wohnung und gründet ein Kulturzentrum. Mit seinen Freunden organisiert er Ausstellungen über all das Hässliche in der Umgebung, für das die Mafia verantwortlich ist, mit Fotos und Beschreibungen illegal errichteter Villen am Meer und nie vollendeter Bauprojekte, in denen viel staatliches Geld versickert ist. Die Ausstellungstafeln hängen sie jedoch nicht an irgendwelche Wände, sondern tragen sie persönlich zu den am stärksten besuchten Plätzen im Dorf. Leuten, die die Terrassen der Cafés bevölkern oder auf einer Bank auf dem Dorfplatz sitzen und versuchen, ihnen den Rücken zuzukehren, stellen sie die Tafeln direkt vor die Nase.

Der Boss des Dorfes Cinisi, Don Tano Badalamenti, ist unter anderem dank Freunden und Familienangehörigen in Mailand und den USA zu einer zentralen Figur im internationalen Handel mit Heroin und Kokain aufgerückt. Er hat kurze Zeit in Palermo im Gefängnis gesessen, doch das konnte seinem Prestige nichts anhaben, weder bei den

Bürgern noch bei der Polizei von Cinisi. Don Tano flaniert seelenruhig über die Hauptstraße und knüpft gelegentlich, umgeben von seinen Bewachern, ein vertrauliches Gespräch mit einem Polizisten an. Er mag zwar ein Mann von Welt sein, doch seine Interessen in und um Cinisi behält er ebenfalls fest im Blick.

Zusammen mit Freunden gründet Peppino 1977 einen eigenen Radiosender, der mit einem Satireprogramm startet: *Onda Pazza*, Verrückte Welle. Dabei handelt es sich um ein überdrehtes, aber sehr scharfsinniges Hörspiel über mafiosen und behördlichen Machtmissbrauch in und um Cinisi. In dieser Satiresendung hat alles und jeder einen Spitznamen: Peppino tauft Cinisi um in »Mafiopoli«, und Don Tano Badalamenti wird zu »Tano Seduto« beziehungsweise »Sitzender Tano«, ein Name wie der eines Stammesoberhaupts.

In der Verrückten Welle lassen ihre Macher öffentliche Ausschreibungen und andere Dinge, die im Gemeinderat besprochen werden, Revue passieren, das Ganze vor einer Geräuschkulisse aus Gewehrsalven, Geschrei und Westernfilmmusik. Wenn die Gemeinde beispielsweise Freunden von Don Tano ein Stück Strand verkauft, um ihn mit sehr viel Fördergeld wirtschaftlich aufzuwerten, kommentiert Peppino das Vorhaben in theatralischem Ton: »Das sind die Worte von Sitzendem Tano, dem *grande capo* von Mafiopoli: Es wird einen herrlichen Hafen geben, von dem aus unsere heroische Handelsware ungehindert das Land verlassen kann und sich all unsere Geschäfte bis ins Unendliche hinein entwickeln werden können.«

Peppino wusste, dass die beste Methode, die Mafia anzugreifen, darin bestand, die Mafia lächerlich zu machen. Und für Verrückte Welle liegen die Inspirationsquellen gleich vor der Haustür. Eine Ehrerweisung an den Boss auf einem Dorffest, die Kirche, die eine korrupte Rolle spielt, kokainschnupfende mafiose Unternehmer – alles wird im

Radio freimütig verspottet. Das Programm hat viele Zuhörer, lange vor allem zu Hause hinter geschlossenen Türen. Doch nach einer Weile wagen es auch ein paar Baristas, im Radio ihres Cafés den Sender einzustellen, und die Kinder rufen »Sitzendem Tano« auf der Straße hinterher.

Der Boss wird bös. Das kann er nicht zulassen. Ganz Cinisi hat ihn immer gefürchtet, ihn mit Respekt behandelt und um des lieben Friedens willen über seine kriminellen Taten hinweggesehen. Und jetzt wird er von einem Haufen Hippies im Radio rundweg schlechtgemacht. Er zitiert Peppino Impastatos Vater zu sich und lässt ihn unmissverständlich wissen: »Dein Sohn muss aufhören, sonst bringen wir ihn um.«

Peppinos Vater fleht Don Tano an, es nicht zu tun. Er weiß, dass er seinen Sohn nicht aufhalten kann. Das Einzige, was er tun kann, ist, ihn zu verstoßen, doch das hat er bereits getan.

Vater Impastato wird direkt danach aus dem Weg geräumt. Auf der Beerdigung weigert sich Peppino, Don Tano und den Seinen die Hand zu geben. Seine Mutter und sein Bruder stellen sich hinter Peppino. Er macht weiter mit der Radiosatire und kandidiert nun auch für die Gemeinderatswahlen.

»Es war einmal, vor sehr langer Zeit, ein Dorf weit, weit, weit von hier«, beginnt Verrückte Welle ihr Programm Ende April 1978. »Mafiopoli. Ein ruhiges Dorf, in dem es viele Freunde gab, *amici*, *amici*, Freunde, Freunde, Freunde hier, Freunde da. Und in diesem Dorf also gab es einen Gemeinderat, der, nachdem er sehr viele Freunde glücklich gemacht hatte, aufhören musste, weil die Zeit der Wahlen gekommen war. Und was geschah nun in diesem Dorf Mafiopoli, das so ruhig war, so *tranquillo*? Wer stand auf den Kandidatenlisten für den neuen Gemeinderat? Die Freunde, die Freunde der Freunde, die Freunde der Freunde der Freunde, die Freunde der Freunde der Freunde der Freunde und außerdem die Freunde der Freunde der Freunde der Freunde der Freunde.«

Peppino beschreibt ironisch die Kandidatenlisten von Rechts bis Links. Faschisten, Republikaner und Kommunisten. »Und dann gibt es noch ein paar Quertreiber, eingebildete, ehrgeizige Jüngelchen, die Probleme lösen wollen. Aber welche Probleme sollten schon zu lösen sein? Es sind einfach nur Streithammel, die sich in Dinge einmischen, die sie nichts angehen.«

Schließlich gibt es die Democrazia Cristiana, die Partei der Christdemokraten, die schon seit Jahren die größte ist. »Ehrliche Katholiken, die für uns beten werden. Und dann gibt es noch die Freunde, die auch für den Sieg der Christdemokraten beten werden. So wie Don Tano, ebenfalls ein sehr religiöser Mann, ein Mann von immensem Glauben, ein Mann, der voll und ganz an das Göttliche glaubt, an die Heiligen, an den Gottesfrieden, die ewige Ruhe. Don Tano, der zwei Millionen Lire für das Fest des Schutzheiligen gespendet hat, der das ganze Fest bezahlt hat. Don Tano betet.«

Am 8. Mai 1978 verlässt Peppino das Gebäude des Radiosenders, wo er den Nachmittag verbracht hat. Abends ist er mit Freunden zu einer Wahlkampfveranstaltung für die Gemeinderatswahl verabredet, taucht dort aber nicht auf. Besorgt leiten sie sofort eine Suchaktion ein.

Am nächsten Morgen findet man auf den Eisenbahnschienen zwischen Cinisi und Trapani seine Leiche, oder zumindest Teile seiner Leiche, die durch eine Sprengstoffexplosion zerfetzt wurde. Nur seine Hände und ein Fuß sind noch von ihm übrig geblieben.

Seine Mutter, sein Bruder und seine Freunde glauben zu wissen, wer dahintersteckt, doch die Polizei schenkt ihnen kein Gehör. Die Ermittler kommen zu dem Schluss, dass Peppino versucht habe, einen Terroranschlag auf den Zug zu verüben und sich dabei selbst in die Luft gesprengt hat.

Die einzige andere Möglichkeit, die sie bereit sind anzuerkennen, ist ein Selbstmord Peppinos.

Während man Don Tano überhaupt nicht befragt, werden die Wohnungen der Freunde Peppinos durchsucht, und sie selbst müssen wegen des Verdachts der Beteiligung an den Vorbereitungen eines terroristischen Anschlags eine Nacht in der Zelle verbringen. Erschwerend kommt für sie hinzu, dass Peppinos Leiche am selben Tag gefunden wird wie die des ehemaligen christdemokratischen Ministerpräsidenten Aldo Moro in Rom, der von den Roten Brigaden, einer von Studenten gegründeten radikalen kommunistischen Untergrundorganisation, entführt worden war. Die Roten Brigaden haben dem linken Aktivismus ein ziemlich negatives Image eingetragen, und das führt nun dazu, dass sich die Theorie, Peppino habe einen Terroranschlag verüben wollen, leichter verteidigen lässt.

Am nächsten Tag sammeln Peppinos Freunde alle Teile seiner Leiche ein, die sie in den Bäumen, den Büschen und auf den Hochspannungsmasten an der Zugstrecke finden können. Im Gras stoßen sie auch auf Steine mit Blutspuren und entdecken Blutspritzer an den Mauern einer verlassenen Scheune in der Umgebung. Ist Peppino in der Scheune zusammengeschlagen, mit Steinen beworfen und von seinen Mördern anschließend mit Sprengstoff an den Schienen festgebunden worden?

Sie bitten die Polizeibeamten, die blutbespritzten Mauern und Steine als Beweismittel zu untersuchen – was nicht geschieht.

Bei den Gemeinderatswahlen wird Peppino Impastato posthum gewählt, doch diese Ehrenbezeigung ändert nichts an der Tatsache, dass die Partei der Christdemokraten wieder die stärkste geworden ist.

Don Tano Badalamenti, der Boss von Cinisi, wird 1987 in New York in der Sache »Pizza Connection« verurteilt. Er bekommt fünfundvierzig Jahre Haft für seine Beteiligung an einem Drogen- und Waffenhandel mit einem Volumen von mindestens 1,65 Milliarden Dollar, bei dem Pizzerien in den USA als Deckmantel benutzt worden waren.

Nachdem die Mutter, der Bruder und einige Mitstreiter Peppinos bei der italienischen Staatsanwaltschaft mehr als zwanzig Jahre darauf gedrängt haben, werden die Ermittlungen zu den Hintergründen seines Todes wiederaufgenommen. *Pentiti* der sizilianischen Mafia erzählen nun, dass Peppino entführt und gefoltert worden war, bevor man ihn bewusstlos auf einem Haufen Sprengstoff an den Schienen festgebunden hatte.

Im Jahr 2002, vierundzwanzig Jahre nach Peppinos Tod, sieht und hört Tano Badalamenti über eine Videoverbindung im amerikanischen Gefängnis, in dem er seine Strafe verbüßt, wie der italienische Richter das Urteil gegen ihn verkündet. Er wird für den Auftrag zur Ermordung Peppino Impastatos zu lebenslanger Haft verurteilt. Das Urteil spielt für das weitere Schicksal Don Tanos kaum noch eine Rolle. Zwei Jahre später stirbt er achtzigjährig in amerikanischer Haft an einem Herzinfarkt. Wie weit Don Tanos Beziehungen zu den Christdemokraten reichten, wurde für diejenigen, die es noch interessierte, in seinem Sterbejahr vom obersten Gericht in Italien festgestellt: Nicht nur der Bürgermeister von Cinisi, sondern auch dessen Parteifreund Giulio Andreotti, der siebenmal Ministerpräsident Italiens wurde, unterhielten »freundschaftliche Beziehungen« zu ihm.

Peppino Impastato war dreißig Jahre alt, als er starb. Nach seinem Tod führte die Presse lang und breit aus, wie er sich als durchgeknallter »Linksextremist« stümperhaft selbst in die Luft gesprengt hätte. Peppino sollte offenbar nicht nur sterben, man wollte auch seinen Ruf zerstören. Jedoch ohne Erfolg, denn heute kennen fast alle Italiener seinen Namen, beispielsweise, weil sie *I cento passi* gesehen haben, einen ergreifenden Spielfilm über Peppinos Leben, dessen Titel, *100 Schritte,* sich auf die kurze Entfernung zwischen dem Haus der Familie Impastato und dem Don Tanos bezieht.

In Italien gibt es schmerzhafterweise noch immer zahllose Mafiopolis, Dörfer und Städte, die von den kriminellen Interessen einer mafiosen Minderheit regiert werden. Viele Menschen haben die Ideale Peppino Impastatos in die Welt hinausgetragen, manche haben geschrien, dass die Mafia ein Berg Scheiße sei, »*una montagna di merda*«, doch keiner hat es mehr gewagt, so frech zu sein wie er. Aber wer sollte nach seinem grausamen Ende auch noch auf die Idee kommen?

10.

»DIESE GEGEND WIRD EINST WUNDERBAR WERDEN«

Juniabende sind in Kalabrien herrlich warm – noch nicht so drückend, wie sie es im Juli und August sein können. Im alten Stadtzentrum von Lamezia Terme segeln Schwalben laut zwitschernd durch die Luft. Sie fliegen über die Bühnen, die dort für ein einzigartiges italienisches Festival aufgebaut worden sind, ein Festival rund um Bücher, Musik und Filme über die Mafia. Seit der ersten Ausgabe im Jahr 2011 wird Ende Juni in Lamezia Terme fünf Tage und Abende lang über die Mafia gesprochen – am liebsten draußen auf der Piazza.

Im Vorfeld eines jeden Auftritts lässt man Polizeihunde an den Bühnen schnüffeln. Sie sind darauf trainiert, Sprengstoff aufzuspüren, und das ist bei diesem Festival kein überflüssiger Luxus, denn viele Redner sind immer wieder Morddrohungen ausgesetzt. Ihre bewaffneten Bewacher bleiben stets in der Nähe. Von den Schriftstellern, Journalisten, Unternehmern, Bürgermeistern und Staatsanwälten auf den Bühnen darf man keine Satire wie bei Peppino Impastato erwarten, aber es sind beileibe auch keine humorlosen Moralapostel. Es wird gelacht, leidenschaftlich erzählt und Mut zugesprochen, vor einem bunten Publikum, das aufmerksam lauscht. Ich sehe sogar ein paar Kinder, die gegen Mitternacht noch bei ihren Eltern auf dem Schoß sitzen und zuhören.

»Trame« heißt das Festival, nach dem italienischen Wort für Erzählstränge, Plots, Intrigen. Das Logo ist eine erhobene rechte Hand, in der die Handlinien kreuz und quer durcheinanderlaufen. Lebensgroß und in grellen Farben stehen die Trame-Hände auf den und um die Bühnen herum sowie hier und da verteilt in einem riesigen Springbrunnen. Sie sind auch auf die T-Shirts der Dutzenden Schüler gedruckt, die als Ehrenamtliche die Organisatoren des Festivals unterstützen. Die Bedeutung der omnipräsenten Abbildung der erhobenen Hand fasziniert mich. Es ist eine Hand, die grüßt, die vielleicht eine freche Frage stellt, aber vor allem eine Hand, die »Stopp« sagt und Grenzen aufzeigt. Und wer möchte, kann darin auch eine Hand sehen, aus der sich lesen lässt.

Ein Festival wie dieses kann in Kalabrien keine Massenveranstaltung sein, daher bleibt es intim. Hin und wieder stört übertrieben laute Musik aus einem Café die Idylle. Natürlich. Es gibt auch Leute in Lamezia Terme, die das Festival nicht tolerieren, die nicht wollen, dass hier öffentlich und offenherzig über die Mafia gesprochen wird. Bedingt durch den Widerstand aus der Umgebung, der manchmal provozierend laut daherkommt und manchmal ganz still und leise ist, nehme ich in den Stimmen der Redner eine zusätzliche emotionale Anspannung wahr. Manche von ihnen habe ich auch schon mal im Fernsehen oder in einem Saal sprechen hören, doch hier draußen auf dem Dorfplatz von Lamezia scheint es, als wäre das Publikum konzentrierter, der Einsatz höher, das Gespräch dringlicher und die Zuhörerschaft kritischer.

Am Eröffnungstag der dritten Ausgabe spreche ich mit dem Initiator der Trame, dem Investigativjournalisten Lirio Abbate. Er erklärt, warum das Festival aus seiner Sicht in einer kalabresischen Stadt stattfinden muss und nicht beispielsweise in einer sizilianischen wie Palermo, der Stadt, aus der er selbst stammt. »An vielen Orten Kalabriens ist die Situation so, wie sie vor dreißig Jahren in Palermo war. Die Menschen wagen das Wort ›Mafia‹ kaum laut auszusprechen. Deshalb wollen wir gerade hier die Stille durchbrechen und Schriftstellern, Journalisten und Staatsanwälten eine Bühne bieten. Wir wollen eine Art Erdbeben in den Köpfen der Kalabresen auslösen und die Solidarität mit all denen steigern, die öffentlich Stellung beziehen.«

Lirio Abbate, ein stämmiger, attraktiver Mann mit blonden Locken, ist der erste Journalist, dem ich begegne, der rund um die Uhr von Leibwächtern beschützt wird. In Palermo hat er mit seiner Arbeit den Zorn aggressiver Mafiosi auf sich gezogen und lebt seither in Rom, wo er noch immer kriminelle Netzwerke aufdeckt.

Wir sitzen in einem leeren, weißen Raum des riesigen Klosters, das als zentrales Festivalgebäude dient. Ich frage ihn nach einem Ausspruch von ihm aus dem Jahr 2007, dem Jahr, in dem er wegen Morddrohungen unter Personenschutz gestellt wurde. »Man versucht, das Richtige zu tun, um im Interesse der Öffentlichkeit, der ›Bürgergesellschaft‹, die dunklen und schmutzigen Ecken des Hinterhofs auszuleuchten. Aber dann merkt man, dass man naiv ist. Niemand will in diese Ecken schauen. Nein, die Leute schauen lieber in die andere Richtung, auch wenn man sie zur Rede stellt.«

Ich frage ihn hoffnungsvoll, ob sich inzwischen etwas geändert hat. Wir befinden uns schließlich auf einem Festival, auf dem es tagelang um die »dunklen und schmutzigen Ecken des Hinterhofs« geht und das doch von ziemlich vielen interessierten Menschen besucht wird. »Nein, nichts hat sich geändert«, sagt der gefeierte Investigativjournalist nüchtern. Er sagt es nicht einmal niedergeschlagen oder verbittert. »Die meisten Menschen wollen es nicht sehen. Und dieselben Dinge wiederholen sich immer wieder.«

Die Geschichte wiederholt sich, und nicht nur an Orten, an denen man es schon fast erwarten würde, sondern auch auf neuem Terrain. Lirio Abbate enthüllte Ende 2012, dass verschiedene Mafia-Organisationen in Rom Teil eines Netzwerks aus korrupten Unternehmern und hohen Amtsträgern, einschließlich des Bürgermeisters von Rom, waren. Rom also ein Mafiopoli. Das Gerichtsverfahren, das auf Abbates journalistische Recherchen zur Hauptstadtmafia hin folgte, sollte in Italien einigen Wirbel verursachen.

Lirio Abbate: »Wenn man über die Mafia schreibt, die schießt und Anschläge verübt, bekommt man Applaus, auch von Politikern. Man kann auch die Verbindungen zwischen Mafiosi und Politikern enthüllen, beispielsweise indem man ein Foto von einem Mafioso macht, der gemeinsam mit einem Bürgermeister an einem Tisch sitzt, oder indem man darüber schreibt. Ein gemeinsames Essen ist natürlich kein Verbrechen, aber wenn ein Staatsanwalt beschließt, Ermittlungen gegen einen solchen Politiker aufzunehmen, stößt er dabei auf allerlei Hindernisse. Neue Gesetze, Drohungen. Dasselbe gilt für einen *pentito*. Solange er über die Mafia spricht, die Morde verübt: prima. Aber wenn er anfängt, über einen Politiker zu reden ... dann bekommt er Probleme, dann darf er nicht mehr gehört werden. Die Politik wird sich immer schützen.«

Mir fällt der Präsident Giorgio Napolitano als Beispiel ein. Der achtundachtzigjährige Napolitano, der 2013 als erstes Staatsoberhaupt in der italienischen Geschichte für eine zweite Amtsperiode wiedergewählt wurde und noch am Tag seiner zweiten Inauguration als Präsident juristisch relevantes Beweismaterial vernichten ließ. In dem Verfahren, in dem dieses Beweismaterial eine Rolle spielte, ging es um Verhandlungen zwischen der sizilianischen Mafia und dem italienischen Staat, die Anfang der Neunzigerjahre stattfanden. Das Verfahren bedeutete eine Revolution für die nationale Anerkennung der historischen Beziehungen zwischen der Mafia und dem italienischen Staat. Umso peinlicher war das Handeln von Präsident Napolitano gewesen.

Lirio Abbate erklärt es in deutlichen Worten: »Man hatte Telefongespräche zwischen Napolitano und einem Angeklagten in diesem Verfahren mitgeschnitten. Der Staatsanwaltschaft zufolge waren sie jedoch für den Prozess nicht relevant. Nach dem Gesetz müssen sie dann vernichtet werden. Aber erst hätten sie von allen Beteiligten an diesem Prozess gehört werden müssen, und das wollte Präsident Napolitano nicht. Darum hat man sie vernichtet, noch bevor die anderen Beteiligten den Inhalt beurteilen durften. Das ist strafrechtlich nicht erlaubt. Napolitano hätte auch ein neues Gesetz erlassen können, in dem gestanden hätte, dass Beweismaterial, wenn der Präsident abgehört wird, automatisch vernichtet werden muss. Aber das hätte im Widerspruch zur Verfassung gestanden. Es ist auf diese Weise gelöst worden, um das Image des Präsidenten zu retten.«

Lirio Abbate sieht meinen Blick, nickt freundlich und sagt: »Wir haben noch einen langen Weg vor uns.«

Auf dem Trame-Festival geht es, ebenso wie in Abbates Werk, meist nicht um die Mafia, die schießt, sondern vor allem um die in der Öffentlichkeit weniger stark wahrgenommene Wirtschafts- und Politikmafia. In Lamezia Terme ist das ein vertrautes Phänomen, denn der Stadtrat dieses Ortes ist schon einmal wegen einer Mafia-Infiltration des Amtes enthoben worden. Dennoch betonen die Autoren, die man zu Trame eingeladen hat, dass die 'Ndrangheta die Politik nicht nur hier, sondern überall in Italien beeinflusst. Ventimiglia, ein wohlhabendes Küstenstädtchen im Norden Italiens nahe der französischen Grenze und ein beliebter Urlaubsort, kommt als Beispiel einer norditalienischen Kommunalverwaltung zur Sprache, die aufgrund einer 'Ndrangheta-Übernahme aufgelöst wurde. Auch in Ventimiglia hatte die 'Ndrangheta die Kommunalwahlen und die Ausschreibungen für Bauvorhaben manipuliert, war im Abfallentsorgungsgeschäft tätig und erpresste Bürger. So krude es auch klingen mag: In Kalabrien ist es fast tröstlich, dies zu hören. Es liegt nicht an den Kalabresen. Die 'Ndrangheta ist wie ein Unkraut, das überall Fuß fassen kann, ein politischer und wirtschaftlicher Dämon, der sich auch an anderen Orten festsetzt – die lokale Bevölkerung muss dafür nicht unbedingt mundtot gemacht worden oder unterprivilegiert sein.

Ein weiteres Beispiel für einen unerwarteten Ort, den die 'Ndrangheta gern frequentierte, ist das Café de Paris in Rom, einst heißgeliebt von dem weltberühmten Regisseur Federico Fellini. Für seinen Film *La Dolce Vita* ließ er dessen Terrasse sogar in einem Studio nachbauen. Die jüngere Geschichte des Grand Café ist weniger schön. Ein 'Ndrangheta-Boss traf sich dort beispielsweise mit dem Landwirtschaftsminister und dem Vizevorsitzenden der Datenschutzbehörde. Der Landwirtschaftsminister wurde anschließend Bürgermeister von Rom und sollte später als zentrale politische Figur der Hauptstadtmafia verurteilt werden.

Noch ein Beispiel. Die Geschäftsführung eines erfolgreichen Mailänder Callcenters kam auf die Idee, die berüchtigte 'Ndrangheta-Familie Bellocco aus Rosarno zu bitten, bei säumigen kalabresischen Kunden Außenstände einzutreiben. Das taten die Belloccos gern, verlangten jedoch im Gegenzug für ihre Dienste eine Beteiligung an der Firma. Über einen Schweizer Strohmann übernahmen sie allmählich den Laden und ruinierten das Unternehmen. Die italienischen Medien sprachen von einer 'Ndrangheta-Infiltration, doch hier auf dem Trame-Festival wird Wert auf eine wichtige Nuance gelegt: Wenn man einen Clan bewusst dazu einlade, sich in die Belange der eigenen Firma einzumischen, könne man diese Einmischung wohl kaum noch als »Infiltration« bezeichnen.

Der größte Publikumsmagnet auf dem Trame-Festival ist Nicola Gratteri. Sein Status als kalabresischer Mafia-Ankläger ist vergleichbar mit dem seiner ikonischen sizilianischen Vorgänger Falcone und Borsellino, die in den Neunzigerjahren zusammen mit ihren Leibwächtern durch schweres Geschütz ermordet wurden. Das ganze Land hängt an Gratteris Lippen. Er publiziert mindestens einen Bestseller pro Jahr über die 'Ndrangheta – etwa *Fratelli di sangue*, »Blutsbrüder«, eine Art Übersichtswerk über die kalabresischen Clans, das er 2006 gemeinsam mit seinem festen Co-Autor Antonio Nicaso schrieb – und erscheint oft im Fernsehen. Auch außerhalb Italiens ist er zum Gesicht des Kampfes gegen die kalabresische Mafia geworden, weil er unermüdlich darauf beharrt, dass diese still und leise nicht nur in ganz Europa, sondern auch von Amerika bis Australien und von Asien bis Afrika Fuß gefasst hat.

Auf Trame erscheint Gratteri wie immer mit seinen festen Leibwächtern. Er wirkt entspannt und trägt zur Abwechslung einmal keinen Anzug, sondern ein hellblau kariertes Hemd und eine khakifarbene Hose. Sein jüngstes Buch handelt von den Bräuchen und Regeln der 'Ndrangheta, mit der Omertà, der Schweigepflicht, als der bekanntesten, aber sicher nicht der einzigen. Gratteri ist kein bescheidener Mann, und das muss er auch nicht sein. Er erzählt, dass 'Ndranghetisten in abgehörten Gesprächen regelmäßig damit aufschneiden, dass ihr Clan in seinem bekanntesten Buch, *Fratelli di sangue*, an prominenter Stelle auftaucht. »Das Buch hat sich gut verkauft, denn jede 'Ndrangheta-Familie und jede Kaserne der Carabinieri hat es im Bücherregal stehen.«

Der Erfolg der 'Ndrangheta beruht Gratteri zufolge auf zwei entscheidenden Merkmalen: Blutsbande und eine

Obsession, was Regeln betrifft. »Übertritt man als 'Ndranghetist eine Regel, gibt es immer Sanktionen. Selbst wenn man bei einer Clanversammlung eine Viertelstunde zu spät kommt, wird sofort darüber entschieden, welche Strafe man bekommt. Die anderen pinkeln dir ans Bein oder halten deinen Kopf ins Klo, während sie die Spülung betätigen. Man soll gedemütigt werden, so bringen sie dir Manieren bei. Ein 'Ndranghetist, der alkohol- oder drogenabhängig ist, wird ausgeschlossen, bis er entwöhnt ist. Wegen ihrer Strenge ist die 'Ndrangheta der bevorzugte Partner der Kartelle in Mexiko und Kolumbien geworden. Sie ist sehr zuverlässig und kann daher Kokain zu niedrigsten Preisen einkaufen. In Orten am Amazonas, in die sich nicht einmal die Armee hineinwagt, kann die 'Ndrangheta schalten und walten, als wäre sie bei sich zu Hause.«

Regeln sind Regeln. Auch wenn es um Leben und Tod geht. Wenn ein 'Ndranghetist jemanden ermordet, tut er es in der Überzeugung, keine andere Wahl zu haben. »Er redet sich selbst ein, dass gegen eine Regel verstoßen wurde und dies nun die Konsequenz ist. Bevor er den Mord verübt, bekreuzigt er sich, betet zu Gott und bittet die Madonna um Schutz. Er muss die Regeln respektieren, koste es, was es wolle. Aber Vorsicht!«, sagt Gratteri. »Bevor wir den Gehorsam an grausame Regeln romantisieren, muss klar sein, dass diese Regeln nicht für die Mafia-Bosse selbst gelten, wenn sie ihnen gerade nicht in den Kram passen. Sie gelten nur für die Idioten, die das Wasser zum Brunnen des Mafia-Bosses tragen. Jungs, die einer Gehirnwäsche unterzogen wurden und nun glauben, dass das die einzige Möglichkeit ist, in ihrer Stadt Ansehen zu erwerben.«

Neu aufgenommene beziehungsweise die rangniedrigsten Clanmitglieder werden in der 'Ndrangheta *picciotti* genannt. »Am Morgen, nachdem so ein junger Mann eingeweiht und zum *picciotto* geworden ist, geht er in die wichtigste Bar von Lamezia Terme, wo er von einem der anderen Gäste zum Kaffee eingeladen wird. Am Tag davor noch hat das niemand getan, also fängt er gleich an, sich anders zu fühlen. In jedem Dorf und in jeder Stadt Kalabriens treffen sich die Leute morgens in der Bar zum Kaffee und einem *cornetto*, einem Croissant, *il rito del caffè*. Leute auf dem Weg zur Arbeit oder Beamte, nachdem sie in ihrer Behörde die Stechuhr betätigt haben. Bei dieser Kaffeezeremonie geht es darum, dem anderen das Gefühl zu geben, dass er wichtig ist, oder aber den eigenen Status herauszustreichen. Der Postbote besteht darauf, für den Rechtsanwalt zu zahlen, der Bürgermeister für den Doktor, und so weiter. Der *capo locale* ist auch da, und um ihn herum stehen die *picciotti*, die schon angefangen haben, anders zu gehen und sich mit geschwellter Brust eine bestimmte Haltung zu geben. An diesem Ort beginnt die Irreführung, die Kriegsmaschinen, Killer und Drogenkuriere hervorbringt. Junge Männer, die für den Kokainschmuggel von Lamezia nach Mailand und dann über Bologna wieder zurück nach Hause fahren. So ein *picciotto* bekommt dafür tausendfünfhundert oder zweitausend Euro, genauso viel wie ein Klempner für einen guten Auftrag. Worin besteht der Unterschied? Der Klempner wird bei durchschnittlich fünf Aufträgen für einen nicht bezahlt. Er wird wütend, schläft schlecht, bricht bei seiner Frau einen Streit vom Zaun und findet sich dann damit ab. Ein Drogenkurier geht in das teuerste Restaurant Mailands und bestellt das teuerste Gericht auf der Speisekarte. Hummer, weil er gehört hat, dass man von Hummer spricht. Eine Flasche Champagner aus demselben Grund. Er macht sich auf die Suche nach einer Prostituierten, bezahlt für sie ein paar hundert Euro. Es geht nicht darum, dass er all diesen sogenannten Luxus genießt, es geht darum, nach der Rückkehr in sein kalabresisches Dorf damit angeben und die großen Augen seiner Altersgenossen sehen zu können. Er will sich wichtig, respektiert fühlen. Er macht vielleicht zehn Fahrten für den Kokainhandel. Währenddessen fängt er an, mit seinem neuen Auto und der Markenkleidung aufzufallen, und er findet eine Freundin, ein Mädchen, das noch zur Schule geht. Beim Frühstück in der Bar schmeißt er eine Lokalrunde. Das ist keine Geste der Großzügigkeit, sondern eine Machtdemonstration. Schaut mal, ich ziehe hundert Euro aus der Tasche, um drei Kaffee zu bezahlen.«

Ich frage mich, ob im Publikum junge Männer sitzen, die sich jetzt angesprochen fühlen. Es scheint mir unwahrscheinlich, doch ein Journalist der lokalen *Gazzetta del Sud* hat mir zuvor erzählt, dass er unter den Festival-Zuschauern gelegentlich tatsächlich schon 'Ndranghetisten erkannt hat: »Man schickt sie, um zu hören, was gesagt wird, und zu schauen, wer dort hingeht.«

Der berühmteste lebende Mafia-Ankläger Italiens arbeitet unbeirrt die Stationen im Leben des durchschnittlichen 'Ndranghetisten ab: »Seine kriminelle Philosophie bringt ihn dazu, jung zu heiraten und Kinder zu kriegen. Nicht aus Liebe, sondern weil Kinder Macht bedeuten. Töchter können später mit einem Sohn aus einer anderen 'Ndrangheta-Familie verheiratet werden, um Allianzen zu bilden und so mächtiger zu werden, so wie es vor Jahrhunderten die Könige gemacht haben. Und Söhne sind für 'Ndranghetisten wie Atombomben: In Kriegen sind sie Munition.«

Anschließend wird Gratteri selbst Teil der Geschichte. »Man stelle sich vor, dass wir auf der soundsovielten Reise als Drogenkurier sein Telefon anzapfen. Wir haben genügend Beweise gegen ihn, um ihn wegen Drogenhandel und Mafiamitgliedschaft zu verurteilen. Er kann bis zu dreißig Jahre Haft bekommen und wandert fast sicher für mindestens zehn Jahre ins Gefängnis, irgendwo weit weg von zu Hause, in den besten Jahren seines Lebens. Er sitzt in Untersuchungshaft, und zu Hause hockt seine blutjunge Frau mit den kleinen Kindern, arbeitslos, die schon bald schlaftablettensüchtig ist und Antidepressiva nimmt. Von Kalabrien aus wird umgehend ein Anwalt ins Gefängnis geschickt, der so einen jungen Mann verteidigt. Oft sind das Wachhunde des Clans, die sagen: ›Mach dir keine Sorgen, ich soll dir die Grüße von dem und dem bestellen. Wir holen dich hier schon raus, sei unbesorgt.‹ Der junge Mann hat es in dieser Zeit ziemlich schwer, er befürchtet, seine ganze Welt könnte zusammenbrechen, und das verleitet ihn vielleicht dazu, mit der Justiz zusammenzuarbeiten. Aber wie könnte er reden? Wenn er das täte, müsste er Dutzende von Familienmitgliedern und Freunden verraten.«

Da sind sie wieder, die Blutsbande, die die Verschwiegenheit der einzelnen 'Ndranghetisten garantieren. Und dann gibt es auch noch die Regeln, wie etwa das Gesetz der Blutrache, das *pentiti* für den Rest ihres Lebens verfolgt, eine Strafe, die von der eigenen Familie vollstreckt werden muss. Dinge, die das Perpetuum mobile der 'Ndrangheta auf ewig in Bewegung zu halten scheinen.

Nicola Gratteri wird gefragt, ob sich die Beziehungen der 'Ndranghetisten zu Politikern in den letzten Jahren verändert haben. »Vor zwanzig Jahren hat der Mafioso dem Politiker ein Paket Stimmen im Tausch gegen öffentliche Aufträge angeboten. Heute sind es die Politiker, die Kandidaten bei Wahlen, die selbst bei den Mafiosi zu Hause anrufen und im Tausch gegen Aufträge um Stimmen bitten. Das haben wir dank Kameras und Abhörtechnik festhalten können. Ein Teil der öffentlichen Verwaltung und der Wirtschaft, der Börse, ist längst in den Händen der Mafia. Warum wenden sich Politiker an Mafiosi? Weil die Mafiosi bei der Bevölkerung glaubwürdiger sind als sie. Wenn in einer Gemeinde ein neuer Bürgersteig angelegt werden soll, arbeiten fünf Männer zwanzig Tage lang an diesem neuen Bürgersteig. Das bringt sie in Lohn und Brot, und alle fünf werden bei der Wahl dem Kandidaten ihre Stimme geben, den der Mafia-Boss bestimmt. Was dem Bürgermeister und der kommunalen Zeitarbeitsvermittlung nicht gelungen ist, nämlich die fünf Männer in Beschäftigung zu bringen, gelingt der Mafia schon. Und sie heimst nicht nur den öffentlichen Auftrag ein, sondern entscheidet auch darüber, wo das Material gekauft wird und welche Personen sie beschäftigt. Das Wohlergehen der Gemeinschaft hängt also vom Mafia-Boss ab.«

Auf diese Weise halten ’Ndrangheta-Clans also ganze Dörfer und Städte unter ihrer Knute: indem sie darüber entscheiden, wer arbeiten darf und wer im Gemeinde- oder Stadtrat sitzt. Auf höherer, internationaler Ebene verdankt sich die wirtschaftliche Macht der ’Ndrangheta dem Kokainhandel, wahrscheinlich der lukrativste Handel, den es heutzutage gibt. Gratteri: »Die Clans der ’Ndrangheta importieren achtzig Prozent des Kokains, das in Europa ankommt. In Südamerika kaufen sie das Kokain zum allerniedrigsten Preis ein. Statt tausendachthundert Euro bezahlen sie tausend Euro für das Kilo achtundneunzig Prozent reinen Koks. Daraus machen sie viereinhalb Kilo, für das der Kunde fünfzig Euro pro Gramm bezahlt.« Laut den Zahlen, die Gratteri nennt, bekommt das Kilo zu tausend Euro somit einen Wert von mehr als zweihunderttausend Euro, überschlage ich schnell im Kopf. »Die riesigen Gewinne verleihen den kalabresischen Clans eine unglaubliche wirtschaftliche Macht, sie können alles kaufen. Nicht nur Südamerika lebt also von Kokaingeld, auch in Europa speist sich die Wirtschaft aus dem Verkauf von Kokain. Der Luxus, den man in London oder in Deutschland auf den Straßen sieht, ist auch durch das Waschen von Kokaingeld möglich gemacht worden.«

In Italien sorgt ein spezielles Antimafiagesetz dafür, dass die ’Ndrangheta nicht ohne einiges Kopfzerbrechen einfach irgendwo investieren kann, weil das Risiko sehr hoch ist, dass ihr Besitz von der Justiz überprüft und beschlagnahmt werden könnte. Doch im restlichen Europa findet die ’Ndrangheta Gratteri zufolge »eine große grüne Wiese, um darauf zu grasen, ohne dass ihr irgendjemand in die Quere kommt. Die EU ist absolut nicht auf die 'Ndrangheta vorbereitet. Ich weiß nicht, wie wir das Problem lösen können. Wir haben ein sehr klares Bild von der *cappa*, von der bedrückenden Glocke, die die Mafia über unser Leben gestülpt hat, die uns unser Lächeln geraubt hat. Wir kennen die Folgen ihres erstickenden Einflusses auf die Wirtschaft und die Demokratie.«

Nicola Gratteri ist mit der 'Ndrangheta aufgewachsen, er beobachtete die Mafiosi schon, als er gemeinsam mit ihren Kindern die Schulbank drückte. Zu Beginn seiner Karriere in den Neunzigerjahren kaufte er von seinem eigenen Geld Abhörapparatur für das Gericht in Locri, um bei seinen Justizermittlungen trotz unzureichender Budgets Neues ausprobieren zu können. Noch immer herrscht starker Geldmangel bei den kalabresischen Staatsanwaltschaften, die nichtsdestotrotz den nationalen und internationalen Kampf gegen die 'Ndrangheta anführen.

»Es gibt Dutzende großartiger Staatsanwälte, die hinter den Kulissen sehr hart arbeiten, die sich vom vielen Schreiben den Hintern plattsitzen. Ihr seht sie nicht, ihr seht mich im Fernsehen und in der Zeitung. Ich bin das Showgirl.« Auch für seine Selbstironie bekommt Gratteri donnernden Applaus.

Nachdem er seinen Vortrag beendet hat, muss ich kurz blinzeln, um mich zu vergewissern, dass ich richtig sehe. Doch es stimmt, dort stehen Carabinieri in voller Montur und warten mit einem Buch von Gratteri in der Hand darauf, dass er es ihnen signiert. Er lässt es gar nicht erst zu einer langen Schlange kommen und steht schon nach ein paar Minuten auf, um, begleitet von seinen Leibwächtern, zu gehen. Ich steuere so unerschrocken wie möglich auf ihn zu.

»*Dottore* Gratteri, wie ist es vorgestern in Brüssel gelaufen?«, frage ich, weil ich in den Nachrichten gelesen habe, dass er dem Europäischen Parlament einen Besuch abstatten wollte, in dem ein Sonderausschuss gerade dabei ist, eine Resolution zu verfassen, die das Ziel verfolgt, international härter gegen die Mafia vorzugehen. »Das Problem ist, dass Europaparlamentarier es einfach nicht wahrhaben wollen, dass es die 'Ndrangheta auch in ihrem Land gibt. Sie sagen: Bei uns passiert nichts, es wird nicht geschossen, wir sehen keine Leichen oder ausgebrannten Autos auf der Straße. Ja, das stimmt, sage ich dann, bei Geldwäsche und Kokainhandel ist es nicht unbedingt nötig, Gewalt anzuwenden. Ich versuche ihnen zu erklären, was ihr Problem ist. Vor allem die Deutschen bleiben stur. Sie wollen nicht zugeben, dass die 'Ndrangheta in Deutschland stark verwurzelt ist. Mit der niederländischen Justiz arbeite ich meist gut zusammen, allerdings reagiert man dort in letzter Zeit aufgrund von Personalmangel nicht mehr auf unsere Rechtshilfeersuchen, und das enttäuscht mich. Rotterdam und Amsterdam sind für die 'Ndrangheta die bevorzugten Häfen für den Kokain-Import. In den Niederlanden kommen so viele Drogen an, und es leben dort so viele steckbrieflich gesuchte 'Ndranghetisten, dass es mit Sicherheit ein Netzwerk von Personen gibt, das sie schützt. Die Niederlande sollten gut aufpassen.«

Am Ende des Abends gehe ich am antiken Torbogen des zentralen Festivalgebäudes von Trame wieder an den erhobenen Händen vorbei. Sie sind in Gelb, Rot und Blau auf ein riesiges Blatt Papier gemalt und tragen die Worte: *Questa terra diventerà bellissima*: Diese Gegend wird einst wunderbar werden.

11.

ETWAS, WAS MAN ISST ODER TRINKT?

Um den Umbau meines Hauses und meine journalistische Spurensuche zu finanzieren, verdiente ich mein Geld vor allem mit Redaktionsarbeiten und Übersetzungsaufträgen. Die Wochenenden arbeitete ich durch, um mich anschließend ein paar Tage intensiv mit der kalabresischen Mafia beschäftigen zu können, die mich immer mehr faszinierte. Von N. bekam ich dabei jede nur erdenkliche Unterstützung. Er war mit einem Freund dabei, eine kleine Marketingfirma zu gründen, und wollte am liebsten Videobeiträge über Kalabrien machen. Gewissermaßen zur Vorbereitung auf eine Reportage über den Hafen von Gioia Tauro, von alters her das Territorium der 'Ndrangheta-Familie Piromalli, zeigte er mir auf YouTube ein Fragment aus einer historischen Fernsehsendung. Es illustrierte auch gleich, weshalb es an Verrücktheit grenzt, sich bei der 'Ndrangheta eine Stellungnahme holen zu wollen.

Das Video zeigt Giuseppe Marazzo, einen Journalisten, der durch seine Interviews mit verurteilten Mafiosi bekannt wurde. Er hält sein Mikrofon an den Mund eines Mannes in den Sechzigern, der in einem Krankenhausbett liegt. An den verblichenen Farben erkennt man, dass es sich um eine Aufnahme aus den Siebzigerjahren handelt. »Don Mommo Piromalli, König der Ebene von Gioia Tauro, *super-padrino*, oberster Pate, wie finden Sie es, dass man Sie so nennt?«

Mommo Piromalli, der Interviewte, trägt eine hellorangefarbene Jacke und eine bis über den Nabel hochgezogene babyblaue Hose. Sein Bauch wird von der Kamera prominent ins Bild gesetzt. »Diese Titel habe ich nie gehabt und nie gewollt. Der Polizei, die mich so nennt, geht es nur darum, mir übel mitzuspielen. Ich bin kein *padrino* und auch kein Boss der kalabresischen Mafia. Ich bin ein *padre di famiglia*, ein Familienmann, der zu Unrecht verfolgt und gequält wird.«

»Trotzdem heißt es, dass Ihnen die zweihundert Lastwagen gehören, die für die Erdarbeiten bei Gioia Tauro eingesetzt werden.«

»Ich besitze nicht mal ein Fahrrad.«

»Man sagt, dass in Gioia Tauro niemand ohne Ihre Zustimmung arbeiten kann.«

»Ich bin schon seit fast vier Jahren gar nicht mehr in Gioia Tauro gewesen, weil ich von der Justiz verfolgt werde und krank bin.«

»Stimmt es, dass Sie Beziehungen zu wichtigen Politikern unterhalten?«

»Überhaupt nicht. Natürlich gibt es lokale Politiker, die mich kennen und mich auf der Straße grüßen und die ich höflich zurückgrüße. Sollte ich etwas brauchen, bitte ich um Hilfe, so wie es alle machen.«

»Es heißt, dass Sie offiziell nichts besitzen, aber eigentlich Milliardär sind.«

»Wer hat all die Milliarden Lire gesehen? Ich habe sie jedenfalls nicht.«

»Wovon leben Sie?«

»Ich habe zwanzig Jahre lang hart im Orangenanbau gearbeitet.«

»Aber die kalabresische Mafia ist doch keine Erfindung?«

»Ich höre erst seit ein paar Jahren, dass man von der Mafia spricht, aber ich habe keine Ahnung, was damit gemeint ist. Vielleicht etwas, was man isst oder trinkt?«

Es ist typisch für Mafiosi, die Existenz der Mafia zu leugnen, aber Don Mommo Piromalli setzte, wie er so in seiner hochgezogenen babyblauen Hose im Krankenhausbett lag, mit seinem »etwas, was man isst oder trinkt« noch einen drauf. Ob er nun ein überzeugender Schauspieler war oder nicht – Mommo Piromalli stand an der Spitze der 'Ndrangheta. Seine Familie hatte mit den Gewinnen aus illegalem Zigarettenhandel große Stücke Land gekauft, und zwar in der sogenannten »Ebene von Gioia Tauro«, dem fruchtbaren, flachen Gebiet an der Tyrrhenischen Küste Kalabriens, in dem vor allem Orangen und Oliven wachsen. Doch die Landwirtschaft war Nebensache, es ging der 'Ndrangheta-Familie um die Chancen und Kontakte, die ihre territoriale Dominanz mit sich brachte.

In den Siebzigerjahren, als Don Mommo »König der Ebene« war, kündigte die italienische Regierung große öffentliche Bauaufträge an, die Kalabriens Wirtschaft einen Schub geben sollten. Auf dem Programm standen etwa der Bau eines riesigen Hafens bei Gioia Tauro sowie einer Reihe von Autobahnen durch den Aspromonte und entlang der Tyrrhenischen Küste. Dem kalabresischen Gerichtshof zufolge war es der Stratege Mommo Piromalli, dem es in dieser Phase gelang, die 'Ndrangheta sehr schnell sehr viel reicher und mächtiger zu machen, indem er den Businessplan der 'Ndrangheta den neuen Gegebenheiten anpasste und dafür sorgte, dass nicht nur seine Familie, sondern alle kalabresischen Clans seither mit einem Schatz an öffentlichen Fördergeldern rechnen können.

Mommo Piromalli war schon wegen Mordes im Gefängnis gewesen und hatte im Zusammenhang mit der Entführung des sechzehnjährigen Enkels des Ölmagnaten John Paul Getty vor Gericht gestanden. Der Junge war nach fünf traumatisierenden Monaten und der blutigen Tortur, bei der ihm ein Ohr abgeschnitten wurde, für fast zwei Millionen Dollar an einer Autobahn abgesetzt worden. Auch wenn Piromalli aus Mangel an Beweisen freigesprochen wurde, fand er es für die kalabresischen Clans doch an der Zeit, mit den Entführungen aufzuhören und in den Handel mit Drogen einzusteigen. Gleichzeitig wollte er die Regeln der 'Ndrangheta anpassen: Für den Aufbau eines effizienten Netzwerks in der gesellschaftlichen Oberschicht sollte es 'Ndranghetisten ermöglicht werden, engere Bande mit der politischen Elite zu knüpfen und Mitglied bei den Freimaurern zu werden, so wie es die sizilianischen Mafiosi bereits vorgemacht hatten.

Um die Regeln ändern zu können, musste Piromalli seine Kollegen an der Spitze der 'Ndrangheta überzeugen. Deren wichtigste waren Paolo De Stefano, der die Clans aus der Gegend rund um die Stadt Reggio Calabria leitete, und Antonio Macrì, der an der Ionischen Küste das Sagen hatte. Dieser Macrì, der alte Capocrimine aus Siderno, war weder besonders erpicht darauf, in den Drogenhandel einzusteigen, noch, die traditionellen Regeln zu ändern. Deshalb wurde er erschossen, an einem milden Winterabend, als er gerade eine Runde Boccia gespielt hatte. In den folgenden drei Jahren sollten noch zweihundert 'Ndranghetisten diesem sogenannten ersten 'Ndrangheta-Krieg zum Opfer fallen, bis Piromalli die Regeln nach seinem Willen ändern konnte.

Mit seinen Mitstreitern, der Familie De Stefano aus Reggio Calabria und auch den Strangios aus San Luca sowie den Pesces und Belloccos aus Rosarno vereinbarte Piromalli die neuen offiziellen Spielregeln. Um zu verhindern, dass sich jeder frisch aufgenommene 'Ndranghetist bei Freimaurern und Insidern staatlicher Organisationen anbiedern konnte, gründeten sie eine interne Gesellschaft, die *la Santa,* »die Heilige«, heißen sollte. Erst wenn man als erfahrener 'Ndranghetist eingeladen worden war, der Santa beizutreten, durfte man bestimmte Privilegien genießen, etwa vertrauliche Beziehungen zu Polizei und Justiz aufnehmen oder Mitglied einer Freimaurerloge werden, um persönliche Kontakte zu Vertretern der Politik, des Bankwesens und der Wirtschaft zu knüpfen. Und sollte es im Interesse der Santa sein, durfte man nach den neuen Spielregeln andere, rangniedere 'Ndrangheta-Mitglieder verraten.

Don Mommo Piromalli selbst war natürlich einer der Ersten, der den Status eines Santisten bekam. Er starb 1979 in Haft, jedoch im Kreis seiner Familie, seiner Frau und den Kindern, im Krankenhaus von Gioia Tauro. Sechstausend Trauernde erschienen, um dem »Familienmann« die letzte Ehre zu erweisen.

Es war nicht Don Mommo Piromalli selbst, sondern sein Neffe, der 1975 in Gioia Tauro den Minister Giulio Andreotti mit einer Tasse Kaffee willkommen hieß – denselben Giulio Andreotti, der siebenmal Ministerpräsident Italiens werden sollte und nachweislich mit der Mafia zusammengearbeitet hat. Als er von der Familie Piromalli bei Törtchen und Espresso in dem von ihr betriebenen Euromotel wärmstens empfangen wurde, war Andreotti als Minister für die *Cassa del Mezzogiorno*, das heißt für die Verteilung der Fördermittel an Süditalien zuständig – eine »Kasse«, aus der sich die Piromallis und ihre Freunde großzügig bedienen sollten. Nach dem Kaffee fuhr Minister Andreotti weiter zum Baugelände des Hafens, um den Grundstein zu legen und eine salbungsvolle Rede über die grenzenlosen wirtschaftlichen Chancen zu halten, die sich für Kalabrien aus dem Vorhaben ergeben würden.

Der Hafen an der Tyrrhenischen Küste sollte der größte Containerhafen in der gesamten Mittelmeerregion werden. Wie schon bei der Autobahn und einer Reihe anderer öffentlicher Projekte in der Ebene von Gioia Tauro dauerte der Bau jedoch sehr viel länger als geplant. Erst 1994, nach fast zwanzig Jahren, war der Hafen so weit fertig, dass er in Betrieb genommen werden konnte. Die Piromallis hatten sich für den Bau nicht nur jede Menge Unteraufträge sichern können, sondern auch bereits mit dem Hafenbetreiber vereinbart, dass sie für jeden Container, der den Hafen passierte, anderthalb Dollar bekommen sollten. Gioia Tauro, argumentierten die Piromallis, gehöre schließlich ihnen. »Wir sind die Gegenwart, die Vergangenheit und die Zukunft«, ließen sie die Geschäftsführung wissen.

Prophetische Worte, denn jahrzehntelang pressten die Piromallis dem Hafenbetreiber einen Anteil vom Gewinn ab und zwangen ihn, 'Ndranghetisten im Hafen zu beschäftigen. So konnte die Familie umso besser die Transporte kontrollieren und auch die anderen Clans bis hin zur Ionischen Küste etwa vom Kokain- und Waffenschmuggel mitprofitieren lassen. Im Jahr 2011 erwischte die Polizei einen Manager des Hafenunternehmens am Steuer eines Transporters, der fünfhundertsechzig Kilo Kokain geladen hatte.

Damals gingen ungefähr drei Millionen Container pro Jahr über den Hafen von Gioia Tauro, und da über Kalabrien viel in die Vereinigten Staaten importiert wurde, beauftragte die US-Regierung Sonderermittler damit, die Sicherheit des Hafens zu überprüfen. Sie kamen dabei zu dem Ergebnis, dass Gioia Tauro nicht wegen des Mangels an Kontrollkapazitäten so attraktiv für den Drogenschmuggel und den illegalen Transport von Waffen war, sondern vielmehr wegen korrupter Beamter beim Zoll und bei der Hafenpolizei.

Die Amerikaner beschlossen daraufhin, ihre eigene Fracht von und nach Gioia Tauro dann eben besonders gut zu kontrollieren. Doch auch das erwies sich als gar nicht so einfach: Die Kontrolleure erhielten Drohbriefe, die mit einer Kugel versehen waren, und wurden auch tatsächlich beschossen. Die amerikanischen Ermittler kamen zu einem pessimistischen Schluss: »Da die Mafia im Hafen das Sagen hat und es so einfach ist, diesen für den Import von Drogen und Waffen zu nutzen, besteht das Risiko, dass der Hafen zum Einfallstor für noch sehr viel gefährlicheres Material werden könnte.«

Um welches »sehr viel gefährlichere Material« es sich genau handelte, geht aus dem Bericht nicht hervor. Auf alle Fälle beschlossen die Vereinten Nationen und die amerikanische Marine 2014, achtzig Container mit den tödlichsten Substanzen, die es auf Erden gibt, in den Hafen von Gioia Tauro bringen zu lassen. Dabei handelte es sich um einen Vorrat an chemischen Kampfstoffen aus Syrien, Senfgas und Sarin, die dessen Präsident Assad gegen die eigene Bevölkerung eingesetzt hatte. Bei den Angriffen waren viele Menschen gestorben oder schwer verletzt worden. Die Organisation zum Verbot von Chemiewaffen, die den Friedensnobelpreis bekommen hatte, sollte Assads Vorrat an chemischen Kampfstoffen konfiszieren, da zu befürchten stand, dass er sie für weitere Angriffe benutzen könnte. Das Senfgas und das Sarin mussten an einen sicheren Ort gebracht und zu weniger lebensgefährlichem Abfall verarbeitet werden.

Obwohl in Kalabrien nur wenige an der Notwendigkeit und den guten Absichten der Mission zweifelten, war das Erstaunen groß, dass die Wahl auf Gioia Tauro gefallen war. Die Suche nach einem geeigneten Hafen wird für die UN-Organisation sicher nicht einfach gewesen sein. Die Optionen innerhalb Europas waren ziemlich begrenzt, nachdem Norwegen, Frankreich und Belgien das Anlegen von Schiffen mit den chemischen Kampfstoffen abgelehnt hatten und auch Albanien nach heftigen Protesten in der Bevölkerung davon absah.

Italien bot zunächst einen Umschlaghafen in Sardinien an, doch damit zeigten sich die lokalen Behörden nicht einverstanden. Die italienische Regierung beschloss schließlich, dass die achtzig Container mit Chemiewaffen per Schiff nach Gioia Tauro gebracht und dort auf ein zweites Schiff umgeladen werden sollten, um anschließend weitertransportiert und an einem anderen Ort mehr oder weniger unschädlich gemacht zu werden.

Auch wenn die Ankunft der riskanten Fracht nicht mehr abzuwenden war, gab es in Kalabrien, wo man die emotionsgeladenen Erinnerungen an die verschwundenen Giftschiffe noch frisch im Gedächtnis hatte, Proteste. Bürgermeister forderten, dass es zumindest einen transparenten Katastrophenplan geben müsse. Kalabrien sei ein Erdbebengebiet: Was, wenn ein Container mit Senfgas beschädigt werden würde? Nur ein paar hundert Meter vom Hafen entfernt befanden sich ein Wohnviertel und eine Grundschule. Auch die Feuerwehr schlug Alarm, weil sie nicht dafür ausgerüstet war, Hilfe zu leisten, falls etwas schiefgehen sollte. Das Personal des nächstgelegenen Krankenhauses, gut eine halbe Stunde Autofahrt vom Hafen entfernt, fügte dem hinzu, dass man keine Ahnung habe, wie man eventuelle Opfer behandeln müsse.

Der Umschlag der Container mit den chemischen Kampfstoffen aus Syrien fand schließlich in Gioia Tauro statt, doch Katastrophen blieben aus. Für die komplizierte Dekontamination des Gifts sorgte der multinationale Konzern Veolia, das größte Abwasser- und Abfallentsorgungsunternehmen der Welt. Der Name Veolia war in Kalabrien bekannt, weil der Konzern Tausende von Einwohnern mit rostbraunem Trinkwasser versorgt hatte. Ich erinnere mich noch gut daran, dass wir während eines Besuchs bei N.s Freunden in Vibo, der größten Stadt in der Umgebung von Gioia Tauro, gewarnt worden waren, bloß kein Wasser aus dem Hahn zu trinken. Man habe Schadstoffe darin entdeckt. Der Vorstand des provinzialen Wasserversorgers wurde wegen Fahrlässigkeit angeklagt, und Veolia verkaufte daraufhin sofort seinen siebenundvierzig-Prozent-Anteil am kalabresischen Wasserversorger.

Einige Monate nach dem Transport der Chemiewaffen nach Gioia Tauro fand einer der zahlreichen Polizeieinsätze gegen die 'Ndrangheta statt. Es ging um die Infiltration der Clans in alle Arten wirtschaftlicher Aktivitäten im Hafen, wobei es in großem Stil zu Geldwäsche, Betrug und Steuerhinterziehung gekommen war. Die Militärpolizei, die mit zweihundert Mann ausrückte, sprach von einer »erdrückenden Kontrolle« der 'Ndrangheta über die gesamte Wirtschaft im Hafengebiet. Mithilfe von Freunden beim Zoll regelten die Mafiosi nicht nur die freie Durchschleusung von Drogen, sondern beispielsweise auch die von gefälschten Markenprodukten aus China.

Sollte Don Mommo Piromalli mit seinem scharfen, vorausschauenden Blick Ende der Siebzigerjahre schon von chinesischen Geschäftspartnern geträumt haben? Wer weiß. Nach Angaben der Justiz investiert die heutige Generation der Piromallis von Kalabrien bis Ecuador in Abfallentsorgung und Wasseraufbereitung sowie in Einkaufszentren. Kokain lassen sie sich jüngsten Untersuchungen zufolge direkt aus Kolumbien nach Rotterdam, Genua oder in den Heimathafen Gioia Tauro liefern.

Manche der Piromallis greifen auf die Wurzeln der Familie in der Landwirtschaft zurück. So wie Antonio Piromalli, der nach Mailand gegangen war, wo er kalabresischen Mafia-Anklägern zufolge im Ortomercato, dem größten Obst- und Gemüsemarkt Italiens, das Sagen hatte. Die Orangen, gepflückt für einen Hungerlohn von statuslosen afrikanischen Flüchtlingen, die in dreckigen Zeltlagern zu überleben versuchten, ließ er natürlich aus Gioia Tauro kommen. Er exportierte das Obst nach ganz Europa. Und in Amerika verkaufte er auf chemischem Wege aus Olivenkernen und Abfallpulpe gewonnenes Restöl als reinstes *extra virgin olive oil.*

12.

REUE UND NOCHMALS REUE

»Ich bin ein Kind von *mamma* 'Ndrangheta.« Luigi Bonaventura ist Anfang vierzig, klein von Statur, aber stämmig gebaut. Er hat dunkelblondes Haar, helle Augen, und seiner tiefen, heiseren Stimme ist anzuhören, dass er viel geraucht hat. Seine Familie gründete den ersten 'Ndrangheta-*locale* von Crotone, einer Küstenstadt im Nordosten Kalabriens. Es war Ende 2013, als Luigi Bonaventura mir auf Twitter zu folgen begann und schrieb, dass er mich gern auch auf Facebook seinen Kontakten hinzufügen würde. »*Collaboratore di giustizia*« stand in seinem Profil. Wer war dieser *pentito*, der mit der Justiz zusammenarbeitete? Warum wollte er zu mir Kontakt aufnehmen?

An dem, was er über die sozialen Medien teilte, sah ich, dass Luigi eine wertvolle Quelle für meine Recherchen sein könnte. Schon bald trafen wir uns über Skype, und er fing an, ausführlich zu erzählen: »Allein durch meine Geburt war ich Mitglied der Mafia, genau wie mein Vater und mein Opa, die ebenso wie ich dazu ausersehen waren, ihren Vätern nachzufolgen. Die 'Ndrangheta ist wie ein Volksstamm mit einer eigenen Religion und einem eigenen Lebensstil. Als Kind wird man dementsprechend erzogen und indoktriniert. Es ist, als würde man ein militärisches Training bekommen. Ich bin in einer extrem gewalttätigen Welt aufgewachsen, denn meine Familie war in zwei Clan-Kriege gleichzeitig verwickelt.

Ich erinnere mich, dass ich schon als Zehnjähriger mit

einem Gewehr geschossen habe. Es war am Silvesterabend, und bei uns schoss man dann in die Luft. Mir ist der Moment im Gedächtnis haften geblieben, weil ich mich beim Schießen am Daumen verletzt habe, aber wahrscheinlich hatte ich schon vorher geschossen. Jedenfalls wurde ich schon sehr früh mit den Waffen konfrontiert, die mein Vater und meine Onkel mit nach Hause brachten. Ich fand es phantastisch, sie mit den Waffen hantieren zu sehen, es faszinierte mich. Ich war, was das betrifft, nicht anders als die meisten Jungs, nur, dass es sich bei den Waffen bei mir zu Hause nicht um Spielzeugpistolen handelte.

An diesem Silvesterabend hatte ich den Daumen falsch gehalten, so dass er durch den Rückstoß einen Schlag bekam. Ich erinnere mich nicht mal so sehr an den Schmerz, wohl aber an meine Scham, denn in meinem Umfeld war es sehr wichtig, dass man alles perfekt machte. Man muss alles mindestens so gut machen wie die vor einem. Mein Großvater Luigi war einer der wichtigsten Bosse in Kalabrien, ich war nach ihm benannt worden und musste seinen Ruf in Ehren halten.

Als kleines Kind ist einem noch nicht bewusst, dass man in einer unnormalen Situation aufwächst. Ich habe das als meine Welt akzeptiert und gelernt, mich entsprechend zu verhalten. Wenn mich einer im Viertel ärgern wollte, rief ich: ›Wer hat hier das Sagen?‹ Wollte mich jemand herausfordern und traute sich zu rufen, dass er der Boss wäre, schlug ich ihn zusammen. Danach meinte ich: ›Ab heute bin ich der Boss.‹ Auch das ist mafioses Verhalten, aber ich war noch zu jung, um das zu begreifen.«

Luigi war in seinem Wortfluss kaum zu bremsen, seine Motivation, über die Vergangenheit zu reden, kam aus seinem tiefsten Innern. Und eine eventuelle Scheu oder Scham hatte sich in Empörung verwandelt. »In Europa wollen wir uns einreden, dass wir keine Kindersoldaten haben. Wir sehen sie in Afrika, tun uns aber schwer damit anzuerkennen, dass es auch in Italien Kindersoldaten gibt, vor allem in Kalabrien, auf Sizilien und in Neapel. Und ich spreche hier nicht nur von Kindern, die schon sehr früh abgerichtet werden, für die Mafias Krieg zu führen, sondern auch von solchen, die im Alter von acht oder zehn Jahren Kokain oder Waffen von einem Ort zum andern bringen oder Schmiere stehen, um Drogendealer zu warnen, wenn die Polizei auftaucht. Auch sie sind Kindersoldaten.

An die Prügel, die ich zu Hause von meinem Vater bekam, kann ich mich noch lebhaft erinnern. Manchmal benutzte er eine riesige Peitsche, mit der Viehzüchter ihre Tiere unter Kontrolle halten. Ich war noch nicht mal zehn, als ich schon wusste, was Todesangst ist: Ich hatte eine Todesangst vor meinem Vater und meinem Onkel. Es gibt einen Punkt, an dem man entweder verrückt wird oder lernt, mit der Situation umzugehen. Als Jugendlicher bin ich härter geworden, habe die Angst nicht mehr gespürt.

Ich lernte, mit immer gefährlicheren Waffen umzugehen. Als ich zwölf war, begann eine Phase mit Spezialwaffen, von der AK-47 aus der Familie der Kalaschnikows bis hin zu Pistolen, Maschinengewehren und dem klassischen Jagdgewehr mit abgesägtem Lauf. Hast du den Film *Gomorrha* über die neapolitanische Mafia gesehen, mit den beiden Jugendlichen, die am Strand mit Gewehren wild um sich schießen? Wir haben auch am Meer geschossen, an bewölkten, regnerischen Tagen. Dann konnten wir mit den Waffen im Kofferraum losziehen, weil weniger Polizeiposten an den Straßen standen. Wir haben am Meer übrigens nie einfach so rumgeballert, wir mussten immer auf ein Ziel schießen: auf Flaschen, Blechdosen oder Fässer. Die haben wir vor eine Felswand gestellt und mit verschiedenen Waffen daran geübt. Mein Vater oder mein Onkel zeigten mir, wie es gemacht wird, wie man die richtige Beinstellung einnimmt, zielt und die Arme dabei hält. Es hat mich fasziniert, wie die verschiedenen Arten von Kugeln das Ziel trafen, und ich habe mir hinterher immer die Form der Löcher angeschaut, die sie im Fels hinterlassen hatten.

Mit Flaschen haben sie mich ans Zielen gewöhnt, aber später war das Ziel dann ein Mensch. Diese Realität wird dir eiskalt bewusst, wenn du jemanden leblos auf dem Boden liegen siehst. Dann siehst du tatsächlich keinen Unterschied zwischen dem Ziel und dir selbst, außer, dass du noch aufrecht stehst.«

Luigi Bonaventura vertraute mir über Skype viel sehr Schmerzliches an. Was mir auffiel, war, dass er seine Monologe hin und wieder mit weniger ernsten Bemerkungen auflockerte, um das Gespräch in halbwegs angenehmen Bahnen zu halten. Mit N., der manchmal neben mir saß, sprach er über das Kalabrien, das er vermisste, über das Essen, die Berge, das Meer. Manchmal kamen auch seine Frau und die Kinder kurz ins Bild, um Hallo zu sagen.

»Nach meinem Waffentraining begann eine weitere Phase. Ich wurde volljährig und sollte Erfahrungen außerhalb Kalabriens, in Norditalien, sammeln. Ich sollte unsichtbar werden, eine Art Reservekugel. Die ’Ndrangheta benutzt oft Reservekugeln, Personen, die nicht im Visier der Polizei sind, aber bereitstehen, um im Fall eines Clan-Kriegs oder einer Geheimmission zurückgerufen werden zu können. Sie arbeiten dann oft, so wie ich, eine Weile in Norditalien oder im Ausland. Ich war für zwei Baufirmen tätig, die Verbindungen zu meiner Familie hatten, erst in Venetien und der Emilia Romagna, dann in der Toskana. Die Idee, die dahintersteckt, ist, dass man sich daran gewöhnt, von der Familie getrennt zu sein. Man ist nämlich in einem sehr stark abgeschirmten sozialen Umfeld aufgewachsen: Deine Freunde sind deine Cousins und die Söhne der anderen Clan-Mitglieder. Weit weg von zu Hause gewöhnst du dich an ihre Abwesenheit, und auf die Weise bereitet der Clan dich auf die Zukunft vor, denn später einmal wirst du im Gefängnis landen oder dich auf der Flucht vor der Polizei in einem Bunker verstecken müssen.

Es wurde mir verboten, dort im Norden Verbrechen zu begehen. Auch kleine Verstöße waren absolut untersagt, denn mein Führungszeugnis musste sauber bleiben. Es ist Teil der 'Ndrangheta-Strategie, dass man unter dem Radar und unbescholten bleibt, während man sich gleichzeitig im Norden andere soziale Umgangsformen zulegt. Man muss sich anständig benehmen können und darf nicht unkultiviert und provinziell auftreten, denn sonst kann man nicht in bestimmte gesellschaftliche Bereiche vordringen. Man arbeitet, hat aber auch die Aufgabe zu infiltrieren. Man eignet sich die Sprache und die Manieren an. Man lernt, für die geschäftlichen Interessen des Clans die Schwächen und Ängste anderer auszunutzen. Man wird also in so eine andere Gegend geschickt, um sich die lokalen Sitten und Gebräuche zu eigen zu machen, sich dort zu integrieren und einer von ihnen zu werden, damit man später als Kolonisator zurückkommen kann, um für den Clan politische und wirtschaftliche Macht zu erringen. Für die 'Ndrangheta ist Kalabrien das Vaterland, alle anderen Gegenden und Länder sind dazu da, kolonisiert zu werden. Das kann Norditalien sein, aber auch Deutschland, Belgien oder die Niederlande.«

1990 wurde Luigi plötzlich nach Kalabrien zurückbeordert. Seine Familie war durch Fehden und Verhaftungen geschwächt worden, und er sollte sich wieder in seine Rolle als Soldat einfügen. »Es waren Typen aufgetaucht, die uns bedrohten und die Macht übernehmen wollten. Ich fuhr sofort zurück nach Kalabrien. Wir waren schon dabei, uns auf eine Verteidigungsaktion vorzubereiten, als ein junger Mann, so alt wie ich, erschossen wurde – der Sohn eines unserer Clan-Mitglieder. Er war im selben Jahr geboren wie ich, ja sogar in derselben Woche.

Meine Familie beschloss, dass unsere Rache an den Mördern ein Zeichen setzen sollte. Um unsere Macht und Unerschrockenheit zu demonstrieren, wählten wir die Piazza Pitagora mitten im Zentrum von Crotone dafür aus – einen Ort, an dem sich viele Menschen aufhalten und an dem unsere Gegner sich unangreifbar fühlen würden. Die Botschaft sollte lauten: Für den, der uns angreift, wird es keinen sicheren Ort mehr geben. Und so geschah es. An einem Nachmittag im Herbst haben wir auf diesem Platz den selbsternannten Boss und noch zwei andere ermordet. Auch ein paar Umstehende wurden verletzt. Von dem Moment an stiegen die Investitionen, die meine Familie tätigte, schnell an, beispielsweise in die Abfallentsorgung und in den Fußballverein. Dieses Wachstum hätte es niemals gegeben, hätten wir den anderen Clan gewähren lassen.

Ich habe beim Blutbad auf der Piazza Pitagora übrigens nicht abgedrückt. Diesmal war ich noch in der Rolle des Wachtpostens. Meinen ersten richtigen Mord habe ich ein Jahr später begangen, als ich neunzehn war. Damals erhielt ich zusammen mit meinen Cousins den Auftrag, vier Personen zu eliminieren. Nicht nur, den Abzug zu betätigen, sondern auch, alles darum herum zu organisieren. Wir bekamen nur ihre Namen und ihre ungefähren Adressen. Den jungen Mann, den ich ermorden sollte, kannte ich nicht mal. Sie haben ihn mir einmal gezeigt.

Ich habe alles so gemacht, wie ich es gelernt hatte. Ich brachte meinen Puls unter Kontrolle, betätigte den Abzug des Revolvers, schoss fünfmal und hob eine Kugel für den Fall auf, dass mich jemand aufhalten will. Ich ging langsam davon und fing erst danach an zu rennen. Ich hatte den Mord perfekt ausgeführt, aber ich spürte, dass man sich, wenn man jemanden umbringt, auf das niedrigste menschliche Niveau überhaupt begibt. Es ist, als würde man sich selbst umbringen.

Als ich nach Hause kam, sah ich im Gesicht meines Vaters die Zufriedenheit mit der Mission, die ich vollbracht hatte. Um seine Wertschätzung hatte ich mich lange bemüht, aber auf eine ganz andere Art. Mein Onkel und die übrigen Clan-Mitglieder waren ebenfalls da, sie küssten und umarmten mich, und wir aßen an dem Abend zusammen. An meinen Schuhen klebten noch das Blut und Gehirnreste meines Opfers. Die Zufriedenheit, die ich in den Augen meines Vaters sah, verwirrte mich, ich verstand nicht, warum ich gerade in dem Moment so anerkannt wurde. Vielleicht wäre ich froher gewesen, wenn ich meinen Vater nach einem gelungenen Überfall ohne Tote zufrieden gesehen hätte. Es mag unglaubwürdig klingen, aber genau das habe ich empfunden, und ich weiß mit Sicherheit, dass das durch die Werte kommt, die mir meine Mutter, trotz allem, vermittelt hat.

Meine Mutter stammte nicht aus einer 'Ndrangheta-Familie. Mein Vater hatte keine arrangierte Hochzeit gewollt, sondern sich für eine Frau entschieden, deren Familie rein gar nichts mit der Mafia zu tun hatte. Sie hat immer versucht, mir bestimmte Werte und Wärme mitzugeben. Schließlich habe auch ich aus Liebe geheiratet. Ich konnte das damals selbst entscheiden, denn inzwischen stand ich an der Spitze der Familie. Die Eltern meiner Frau Paola waren gegen die Mafia. Meine Familie sah darin natürlich ein Risiko, und damit hatte sie recht, denn dass ich heute hier bin, habe ich sicherlich auch meiner Frau zu verdanken.«

Nach dem ersten Mord im Jahr 1991 sollte es noch eine lange Zeit brauchen, bis Luigi es wagte, sich gegen die Karriere aufzulehnen, die ihm als Thronfolger seines Vaters beschieden war. Als Ältestem von fünf Kindern wurde von ihm das meiste erwartet. »Ich habe zwei Brüder und zwei Schwestern. Der Erstgeborene ist in der Regel zum Befehlshaber ausersehen. Andere Kinder aus 'Ndrangheta-Familien werden oft sogar bewusst vom Verbrechen ferngehalten, beispielsweise, weil sie ohne Vorstrafenregister leichter als

Strohmann eingesetzt oder Anwalt, Arzt oder Finanzberater für die Familie werden können.

Als Thronfolger muss man nicht nur mit Waffen umgehen, sondern vor allem auch seinen Kopf gebrauchen können. Bevor ich die Familiengeschäfte leiten durfte, musste ich beweisen, was ich wert war, indem ich meinem Onkel Gianni beistand, der damals unseren Clan anführte, aber vor der Polizei untergetaucht war. Trotz meines jugendlichen Alters – ich war gerade zwanzig – machte er mich zu seiner rechten Hand. Ich war sein Vertrauter und einer der wenigen, die wussten, wo er steckte, ich musste ihn mit Informationen und Medikamenten versorgen und übermittelte seine Liste mit Befehlen und Aufträgen. Er entschied über alle Angelegenheiten, die mit dem militärischen Arm des Clans zusammenhingen: Waffen- und Drogenhandel, Erpressungen und Morde. Ab und zu fuhr ich für ihn nach Reggio Calabria oder in andere Städte in Kalabrien, um für meine Familie zu werben und gemeinsame Kokaindeals mit anderen Clans zu organisieren.

Wir waren mit der Familie De Stefano aus Reggio Calabria verbunden, und in den Neunzigerjahren fingen wir auch an, mit einem Zweig der sizilianischen Cosa Nostra zusammenzuarbeiten. Für jemanden, der so jung war wie ich, war das normalerweise geheim, aber weil ich der Vertraute meines Onkels war, bekam ich diese Information auch mit. In diesen Jahren wurden die Mafias von der Cosa Nostra angeführt, heute hat die 'Ndrangheta diese Rolle übernommen. Wir haben damals beispielsweise bei einem wichtigen Kokaintransport im Wert von 1,25 Milliarden Lire zusammengearbeitet, das sind mehr als eine halbe Million Euro, was damals sehr viel Geld war. Alles sollte per Schiff in Kalabrien ankommen. Wir waren noch nicht so intim mit den Kartellen und setzten Mittelsmänner ein, die für die Familie nach Kolumbien reisten und dort wie Prinzen empfangen wurden. Inzwischen ist die 'Ndrangheta selbst zum favorisierten Partner der kolumbianischen und mexikanischen Drogenkartelle geworden, weil sie Geld, Verschwiegenheit und Vertriebskanäle in der ganzen Welt garantiert.«

Als »ehrbarer Junge« war Luigi Bonaventura natürlich bereits bei seiner Geburt ein Eingeweihter des Clans, bekam aber erst mit einundzwanzig seine erste offizielle Taufe. Er war auf der Flucht und hielt sich in einem Versteck in der Nähe von Crotone auf, als er aufgrund seines Alters und seiner kriminellen Verdienste gleich in den nächsthöheren Rang, den des *camorrista*, erhoben wurde. Kurz nach der Taufe wurde er verhaftet und ging für kurze Zeit ins Gefängnis.

Mit dreißig wurde Luigi in den Rang des *sgarrista* befördert und löste zugleich seinen Onkel Gianni als Oberhaupt der Familie ab. Er führte zweihundert Mann an. »Mein Name wurde in Crotone benutzt, um Leute einzuschüchtern und Dinge geregelt zu bekommen. Ich entschied nicht nur über unseren Waffen- und Drogenhandel, sondern auch über Menschenleben. Als ich noch jünger und eine Art Clan-Soldat war, stellte ich mir noch nicht so viele Fragen. In einer solchen Position gehorcht man faktisch seinen Befehlshabern. Das änderte sich jetzt. Wenn ein Feind dran glauben sollte, musste ich dazu den Auftrag erteilen. Immer öfter fragte ich mich: Wer bin ich, darüber zu entscheiden, wer am Leben bleiben darf und wer sterben muss?

In dieser Zeit heiratete ich Paola, wir bekamen einen Sohn und eine Tochter, und ich fing an, über die Zukunft meiner Kinder nachzudenken. Ich habe sie, anders als mein Vater es mit mir gemacht hat, nie geschlagen, aber ich kam nicht an der Tatsache vorbei, dass auch sie 'Ndrangheta-Kinder waren. Auf die eine oder andere Weise musste ich die 'Ndrangheta-Kultur an sie weitergeben, allein schon damit sie überlebten.

Ich dachte mir: Was ist daran ehrbar, die eigenen Kinder ihrer Zukunft zu berauben? Denn im Grunde war die Zukunft für meinen Sohn bereits festgelegt: Er würde im Gefängnis landen, ermordet werden oder andere ermorden müssen. Ich begann mich zu fragen, ob ich meinem Sohn jemals »Bravo« zurufen könnte, wenn er einen Mord begangen hätte. Es klingt vielleicht heuchlerisch, aber ich würde es lieber sehen, wenn mein Kind ein Studium abschließt oder eine Arbeit findet, mit der es sein Brot verdient und niemandem Böses zufügt. Ich merkte, dass viele meiner festen Überzeugungen ins Wanken gerieten, und sah das Ehrbare zunehmend in anderen Dingen. Allmählich begann ich über die Option nachzudenken, mit der Justiz zusammenzuarbeiten.

Paola war die Erste, der ich es erzählte. Ihr vertraute ich am meisten von allen in meinem Umfeld. Ich wollte meine Familie nie mit der 'Ndrangheta konfrontieren und war bis dahin sehr gut darin gewesen, allerhand zu verbergen. Bei uns zu Hause hatte es schon mal Polizeirazzien gegeben, aber man hat nie etwas gefunden. Ich versuchte, die 'Ndrangheta außerhalb der eigenen vier Wände zu halten. Paola wusste zwar, dass meine Familie ziemlich seltsam war, aber nicht, was es genau mit ihr auf sich hatte. Es waren die ersten Jahre dieses Jahrhunderts, und die 'Ndrangheta war noch nicht so bekannt, in Italien sprach fast niemand darüber. Unglaublich, aber wahr: Das Wort ›'Ndrangheta‹ benutzten wir nicht einmal untereinander. Erst mit dem Blutbad von Duisburg im August 2007 wurde der Begriff ›'Ndrangheta‹ populär, in Italien und darüber hinaus.

Paola gegenüber kam ich mir wie ein Verräter vor, weil ich ihr nur einen Teil von mir offenbart hatte. Sie glaubte, dass unsere Einkünfte aus legalen Quellen stammten: Wir hatten ein mexikanisches Restaurant, eine Sicherheitsfirma und eine Veranstaltungsagentur. Seinerzeit war die Arbeitsweise der Mafias, legale Firmen mit illegalen

Geschäften zu kombinieren, noch weitaus weniger im öffentlichen Bewusstsein angekommen als heute. Paola nahm an, dass bei mir alles in Ordnung war.«

Luigi erzählte seiner Frau zum ersten Mal, wer er wirklich war. Dass er schon von Jugend an ein intensives kriminelles Leben geführt hatte. Dass er mit dreißig Jahren, kurz vor ihrer Hochzeit, zum Boss aufgestiegen war und vier Jahre lang an der Spitze gestanden hatte. »Ich sagte Paola, dass ich mich von meiner Familie distanzieren wolle. Ich wollte meinen Kindern eine andere Erziehung und eine andere Zukunft geben. Sie war geschockt und verstand nicht gleich alles, beschloss aber zum Glück, mich zu unterstützen.«

Seinem Vater gegenüber wollte Luigi sich nicht als Verräter fühlen und beschloss daher, seine Überlegungen ansatzweise mit ihm zu teilen. »Ich wusste zwar, dass das sehr riskant war, konnte es aber nicht lassen. Eines Tages sagte ich ihm, dass die 'Ndrangheta-Tradition angeblich auf Ehre beruhe, ich mich aber frage, was so ehrbar daran ist, den eigenen Kindern und Enkeln ihre Zukunft zu rauben. Er verzog keine Miene und tat, als ob er nichts gehört hätte, erzählte der Familie aber sofort, dass ich aussteigen wolle.

Als Befehlshaber der Familie war ich der Motor, der eine Maschinerie aus Geld und Macht am Laufen hielt. Jetzt, wo ich mich gegen sie stellte, war ich nicht mehr und nicht weniger als ein geschäftliches Risiko, das eliminiert werden musste. Sofort gab es Drohungen. Clan-Mitglieder kamen vorbei und sagten: ›Wenn du nicht auf deinem Posten bleibst, ermorden wir deine Frau und deine Kinder.‹ Sie versuchten mich in Misskredit zu bringen, indem sie verbreiteten, ich wäre verrückt geworden. Sie haben versucht, mich zu vergiften. Sie haben sogar einen Priester zu mir geschickt, um mir mitteilen zu lassen, dass es besser wäre, meiner Familie nicht den Rücken zuzukehren. Freunde, die bei uns zu Hause vorbeikamen, wurden mit der Pistole bedroht. Meinen Schwiegereltern sagten sie, dass sie im selben Erdloch mit uns landen würden.«

Luigis Familie besaß zwei große Häuser im Zentrum Crotones. Die Außenfassaden ließen sie absichtlich ein wenig heruntergekommen wirken, um bei der Polizei weniger Argwohn zu wecken. »Ich wohnte mit meiner Familie in dem einen *palazzo*, mein Vater in dem anderen, nicht weit von uns entfernt. Eines Abends ging ich die Treppe hinunter und sah, wie draußen ein Auto vorfuhr. Mein Vater, ein Onkel und ein paar andere stiegen aus. Ich spürte, dass die Sache nicht koscher war, und ging wieder ins Haus, doch mein Vater kam hinterher. Er machte die Tür auf und begann, während ich die Treppe ins Obergeschoss hinaufrannte, auf mich zu schießen, traf mich aber nicht. Am nächsten Morgen unternahm ich wieder einen Versuch, das Haus zu verlassen. Es war helllichter Tag, und ich ging nicht davon aus, dass sie mich abpassen würden, um es noch einmal zu probieren, aber zur Sicherheit hatte ich trotzdem eine Waffe dabei. Wieder kam mein Vater schießend aus der Deckung. Ich verteidigte mich und schoss auf sein Bein. Er feuerte seine Waffe leer, ohne mich zu treffen, und hinkte davon.

Mein Vater hat also zweimal versucht, mich umzubringen. Bei der 'Ndrangheta muss die Familienehre durch die allernächsten Familienangehörigen wiederhergestellt werden, also wird man vom eigenen Vater oder Bruder ermordet. Die Familienehre ist angeblich heilig – was natürlich Unsinn ist. Der, der die Befehle gibt, denkt sich diese Regeln nur aus, um dich zu schwächen. Die kalabresische Mafia hat lange kaum Mitarbeiter der Justiz gehabt, gerade wegen dieser knallharten Regeln rund um die sogenannte Familienehre.

Unter den historischen 'Ndrangheta-Familien war ich

der allererste *pentito*. Zusammenarbeit mit der Justiz war für mich etwas Beängstigendes. Ich habe intensiv darüber nachgedacht, bevor ich mich dazu entschloss. Es gab erst eine Handvoll *pentiti*, und die meisten hatten sich erst in der Haft zur Zusammenarbeit entschlossen, um Strafminderung zu bekommen.

Ich habe meine Zusammenarbeit mit der Justiz 2007 freiwillig aufgenommen und bin dabei der Konfrontation mit meinen Verurteilungen nicht aus dem Weg gegangen. Ich hätte zu dem Zeitpunkt, ohne etwas zu sagen, ein bisschen Geld mitnehmen und verschwinden können, aber gemeinsam mit Paola beschloss ich, dass es nicht ausreichen würde, mich lediglich von meiner Familie loszusagen. Ich hatte anderen beträchtlichen Schaden zugefügt, und indem ich mit der Justiz zusammenarbeitete, wollte ich versuchen, etwas davon gutzumachen. Wegen des Geldes braucht man in Italien ganz bestimmt nicht zum *pentito* zu werden. Was man bekommt, ist eine neue Identität, eine Wohnung an einem geheimen Ort und pro Familie tausendfünfhundert Euro im Monat.

Paola und die Kinder – mein Sohn war fünf und meine Tochter zwei Jahre alt – gingen mit mir ins Zeugenschutzprogramm. Aber nicht nur sie. Auch meine Schwiegereltern und mein Schwager kamen mit, denn sie waren in Crotone nicht mehr sicher. Unser Leben änderte sich auf eine Weise, die man sich vorher nicht vorstellen kann. Es ist schlimmer als ein Begräbnis. Es ist nicht *eine* Person, die stirbt, sondern eine ganze Welt. Mutter, Vater, Brüder und Schwestern, Onkel und Tanten, Cousins und Cousinen, Freunde und Nachbarn. Alles und jeder stirbt zur gleichen Zeit. Oder besser gesagt: Man existiert für sie nicht mehr.

Es ist traumatisch, und deshalb braucht man die Unterstützung des Staates umso mehr. Der Staat muss verständnisvoll und einfühlsam sein. Er muss einem helfen, auch mit Psychologen und Sozialarbeitern. Man kommt aus einer Welt von Schurken und ist selbst auch einer. Man weiß nicht, wie man auf manche Situationen reagieren wird, man kann zu einer Gefahr für sich selbst und andere werden. Der Staat muss einen auf dem rechten Pfad halten.

In vielen Staatsanwälten, mit denen ich zusammengearbeitet habe, habe ich das menschliche Antlitz des Staates erkannt, nicht aber in den Institutionen, die mich und meine Familie beschützen sollten. Die sind für uns nicht dagewesen. Wir wurden an sehr riskanten Orten untergebracht, zuerst in der Stadt Termoli an einem sogenannten geheimen Ort in einem Viertel, von dem jeder wusste, dass dort *pentiti* wohnten. Es gab Mitglieder der 'Ndrangheta, die versuchten, mich dazu zu überreden, eine Falschaussage über sie zu machen oder meine Aussagen im Tausch gegen Gnade und ein Jahresgehalt von einer Million zu widerrufen.

Manchmal kamen ein paar Sicherheitskräfte vorbei, aber ohne irgendein menschliches Gefühl zu zeigen. Unsere neuen Personalausweise erhielten wir erst nach anderthalb Jahren. Wir bekamen Drohbriefe mit einer Kugel im Umschlag. In der Nähe unseres Hauses wurde ein großer Vorrat Schweizer Waffen gefunden, in der Garage des ehemaligen Vorgesetzten der Truppe, die für meine Sicherheit verantwortlich war. Bei der Beschlagnahme des Waffenarsenals fand man einen Brief: ›Bonaventura wird schon sehr bald sieben Meter tief unter der Erde verschwinden.‹

Man hat uns in eine andere Stadt gebracht. Auch da begegnete ich wieder jemandem aus meinem eigenen Clan: einem *pentito*, der als unzuverlässig galt und aus dem Zeugenschutzprogramm geflogen war. Die 'Ndrangheta weiß, wo ich bin, aber ich bekomme keinen Schutz, außer an den Tagen, an denen ich zum Gericht muss, um auszusagen. Ansonsten komme ich kaum aus dem Haus, ich bringe meine Kinder nicht zur Schule, wir gehen fast nie essen oder ins Kino. Das mache ich zu unserem eigenen Schutz, aber auch, um andere zu schützen, denn wenn sie mich auf der Straße ermorden, kann es dabei auch unschuldige Opfer geben.

Bei einem gut funktionierenden Zeugenschutzprogramm wäre es für mich natürlich gar nicht schlau, die Medienöffentlichkeit zu suchen. Dann wäre es besser, sich still zu verhalten, eine neue soziale Identität anzunehmen und eine Arbeit zu finden, mit der ich nicht auffalle. Aber das Medieninteresse ist wichtig für mich, weil mir das Scheinwerferlicht Sicherheit gibt. Die 'Ndrangheta ist eine kriminelle Organisation, die nur sehr ungern jemanden ermordet, der im Rampenlicht steht. Das hätte einen zu starken Einfluss auf die öffentliche Meinung und könnte eine Reaktion des Staates auslösen, die die Macht der Clans ins Wanken bringt.«

Laut Luigi Bonaventura scheint es so, als hätte der italienische Staat keinen Bedarf an aufrichtigen Mitarbeitern der Justiz. »So ein schlecht funktionierendes Zeugenschutzprogramm sorgt faktisch dafür, dass eine Montagestrecke sabotiert und das Produkt – in diesem Fall ein gut geölter Apparat zur Bekämpfung der Mafia – niemals fertig wird. Ein Boss, ein *pentito* mit einem gewissen Status, wird daher nie mit der Justiz zusammenarbeiten, und damit kommt auch nie heraus, was er weiß. Dieses Wissen ist in manchen Kreisen offenbar nicht willkommen. Leute wollen nicht, dass die Mafia aufhört zu existieren, denn sie ist ein viel zu wichtiger Teil ihres Broterwerbs geworden.

Auch der Rest Europas leidet darunter. Denn die Mafia beginnt zwar hier, endet aber im Ausland. Es ist bekannt, dass die 'Ndrangheta über den Hafen von Rotterdam gigantische Mengen an Kokain einführt. So etwas lässt sich nur bewerkstelligen, wenn man dort Vertraute hat, seien es nun Niederländer oder Leute anderer Nationalität. Manchmal arbeiten sie für mehrere Organisationen, denen sie die

Ankunft der Ware, deren Entladung und Weiterverteilung ermöglichen. Sie bekommen Geld oder einen Teil der Drogen als Bezahlung für ihre Dienste.

Auch ich war am Drogenschmuggel beteiligt, wobei unsere Leute dann in die Niederlande fuhren, um den Transit zu organisieren. Wir brachten die Drogen über die Autobahn nach Italien. Einmal gab es einen großen Polizeieinsatz, bei dem ungefähr fünfzig Mann verhaftet worden sind. Die Polizei hat damals Kokain und mehr als sechzigtausend Ecstasy-Tabletten beschlagnahmt, die in den Niederlanden für uns produziert worden waren.

Aber die 'Ndrangheta hat mit sehr viel mehr als nur mit Drogen zu tun. Sie ist ein multinationaler Konzern der Unterwelt. Das Motiv dafür, dass von den Mafias außerhalb Italiens wenig Blut vergossen wird, kennen wir sehr gut. Sie wollen damit vermeiden, dass die Menschen alarmiert werden und man strenger gegen sie vorgeht.

Die Richter, mit denen ich zusammengearbeitet habe, haben mehr Mut als alle 'Ndranghetisten der Welt zusammengenommen, und sie brauchen für ihren Kampf gegen die Mafia auch Unterstützung aus dem Ausland. Ich will keinem Angst machen, möchte Ihr Land, die Niederlande aber dennoch warnen: Lasst euch nicht nur von jemandem wachrütteln, der eine Pistole zieht und drauflosschießt. Die wirklichen Massaker, die die Mafias anrichten, finden auf wirtschaftlichem und sozialem Gebiet statt. Mit dem Schwarzgeld, mit dem sie die Wirtschaft kontaminieren, und mit allem, womit sie die Freiheit und die Demokratie eines Landes zersetzen. Sie infizieren das gesellschaftliche Gefüge, die Presse, die Politik, sämtliche Arten von Macht. Die Niederlande sollten verstehen, dass sie sich, wenn sie so schön bleiben wollen, wie sie sind, mit einem gesunden gesellschaftlichen Gefüge, *jetzt* gegen die Mafias wehren müssen. Wenn sie das Problem unterschätzen, läuft es, wie in Italien, aus dem Ruder.«

Ein Jahr nachdem Luigi online Kontakt mit mir aufgenommen hatte, trafen N. und ich ihn und seine Familie in einem kleinen Küstenort in Mittelitalien. Luigi machte den Eindruck, als wäre er ständig auf der Hut und sehr nervös. Wir aßen zusammen in einem modernen Café-Restaurant, und Luigi setzte sich so, dass er gut sehen konnte, wer hereinkam. Paola erwies sich als eine charmante, warmherzige Frau mit einem Blick, der verriet, dass sie viel erlebt hatte. Ihr Sohn hatte ihre dunklen Locken geerbt und war der höflichste Dreizehnjährige, dem ich jemals begegnet bin. Ihre Tochter, ein verträumtes zehnjähriges Mädchen, ähnelte dem Vater und kuschelte viel mit ihm. Sie hatten gerade einen Welpen bekommen, der mit seinen langen Ohren und glänzenden Locken brav unter dem Tisch lag und wartete. Luigi erzählte stolz von den guten Noten, die seine Kinder in der Schule bekämen, und versuchte sie, ebenso wie Paola, dazu zu bewegen, etwas von sich zu erzählen.

Zu dem Zeitpunkt war Luigi Bonaventura schon fast acht Jahre lang Mitarbeiter der Justiz. Er hatte als Zeuge vor Gerichten von Reggio Calabria bis Turin und Venedig, ja sogar in Stuttgart ausgesagt und in Dutzenden von Prozessen zu Hunderten von Verurteilungen beigetragen. Obwohl ihm das eine Strafminderung eingebracht hatte, wusste er, dass er in Kürze abgeholt werden würde, um selbst für ein paar Jahre ins Gefängnis zu gehen. Wann genau, hatte man ihm nicht gesagt. Das konnte nächste Woche sein, nächsten Monat oder im Monat darauf.

Luigis Nervosität hatte seinen Appetit nicht angegriffen. Wir bestellten viel Fisch und ließen das Essen noch ein wenig im Café ausklingen, wo auch ein Billardtisch stand. Während wir dasaßen und darauf warteten, dass der Billardtisch frei wurde, sah ich Paola zusammenzucken: Ein paar Meter weiter hielt ein Mädchen ihr Smartphone in die Höhe. Ob sie ein Foto von dem Welpen machen dürfe? Mit angespanntem Lächeln ließ Paola den Hund posieren, ohne dass sie, ihr Mann oder die Kinder ins Bild kamen.

Die Runde Poolbillard führte schließlich zur allgemeinen Entspannung. Die Kinder hatten das noch nie gespielt, also zeigte ihnen ihr Vater, wie sie den Queue halten mussten. Die Arme um sie gelegt, machte er ihnen die Bewegung vor, danach versuchten sie es allein. Er umarmte sie, wenn es ihnen gelang, eine Kugel zu treffen, und reagierte ermutigend, wenn sie sie verfehlten.

Als alle farbigen Billardkugeln verschwunden waren, war es an der Zeit zu gehen. Auf dem Weg zum Ausgang zeigte Luigi auf eine Dartscheibe an der Wand. Ich betrachtete die schwarzen und weißen Segmente rund um die rote Mitte, als Luigi mit einem Augenzwinkern gestand, er bedaure, dass es keine Pfeile gab. »Ich war früher unheimlich gut darin.«

13.

EINE VIELSAGENDE GESTE

Als ich Luigi Bonaventura das letzte Mal getroffen hatte, hatten wir Poolbillard gespielt. Das war, bevor er ins Gefängnis ging. Damals rauchte er selbst gedrehte Zigaretten und Zigarren, heute nimmt er hin und wieder einen Zug aus seiner E-Zigarette, um sich das Laster langsam abzugewöhnen. Damals hatte er sein Gesicht noch im Fernsehen gezeigt, jetzt versteckt er seine ergrauten Locken und den Bart unter Baseballcaps und Bandanas. Damals hatte er in Interviews noch Namen seiner ehemaligen Clan-Gefährten und ihrer staatlichen Handlanger fallen lassen, derzeit nennt er diese Namen nur noch Staatsanwälten, von denen er sich nach wie vor verhören lässt.

Als Kronzeuge wurde Luigis Strafmaß auf drei Jahre und drei Monate reduziert. Nach seiner Haftentlassung sprachen wir uns zwar noch, aber er gab eine Weile keine offiziellen Interviews mehr. Er arbeitete auch weiterhin mit immer neuen Gerichten zusammen, wollte dem Rampenlicht jedoch fernbleiben, vielleicht sogar für immer.

Es sollte aber nicht lange dauern, bis er seine Meinung änderte. Anlass war die Ermordung des Bruders eines 'Ndrangheta-*pentito* in derselben Region, in der Luigis Familie untergebracht war. Der Mann wurde vor der eigenen Haustür ermordet, am ersten Weihnachtstag um halb sieben Uhr abends. Es dürfte den beiden maskierten Killern nicht schwergefallen sein, ihn zu finden, denn sein Name stand auf dem Briefkasten.

Luigi suchte wieder Kontakt zu den Medien, und auch wenn er jetzt nur mit verhülltem Gesicht ins Bild kam, sprach er mit größerer Dringlichkeit denn je über den unzulänglichen Zeugenschutz. Es hatte auch früher schon Tote gegeben. So verlor der berühmteste *pentito* der sizilianischen Mafia, Tommaso Buscetta, in den Achtzigerjahren zwei Kinder, vier Enkel und mehrere Mitglieder der Familie seiner Frau, die allesamt der mörderischen Rachsucht seiner Clan-Genossen zum Opfer fielen. Der Mord an dem Bruder des 'Ndrangheta-*pentito* brachte Ende 2018 zum wiederholten Mal schmerzhaft den mangelhaften Schutz der Familien von Staatszeugen ans Licht.

Am meisten Sorgen machen sich Luigi und Paola um die Sicherheit ihrer Kinder. Ihr Sohn hat gerade die weiterführende Schule abgeschlossen, ihre Tochter spricht fließend Englisch und absolviert neben der Schule einen Kurs in Chinesisch. Italienische Kinder bleiben oft lange bei ihren Eltern wohnen, aber irgendwann wird der Moment kommen, in dem die Kinder von Luigi und Paola mehr von der Welt sehen wollen. Werden sie sich dann dazu entschließen, das Schutzprogramm zu verlassen?

Luigi muss mit der Frage leben, ob er für seine Familie die beste Wahl getroffen hat. Kinder von *pentiti* sitzen ihm zufolge zwischen allen Stühlen. Sie werden von der Mafia bedroht und gleichzeitig von der Gesellschaft ausgegrenzt, weil sie in ihnen Kinder von Mafiosi sieht. »Manche Leute sagen: Hättest du deine Kinder aus den Fängen des Clans rausgehalten, hättest du sie retten können. Aber so funktioniert das bei der 'Ndrangheta nicht. Man kann sie erziehen, wie man will, aber wenn dein Sohn Arzt wird, und dein alter 'Ndrangheta-Kumpan hat eine Kugel in der Schulter, zu wem bringst du ihn dann? Oder wenn ein guter Freund, der sich in einem Haus auf dem Land vor der Polizei versteckt hält, krank ist, welchen Arzt schickst du dann zu ihm? Bewegst du dich erst mal in bestimmten Kreisen, kommst du dort nie mehr ganz heraus, und das gilt auch für deine Kinder. Sie können ins Ausland gehen, sie können studieren, aber deine Familie wird dich immer unter Druck setzen und dich weiterhin um Gefälligkeiten bitten.«

In Italien arbeiten ungefähr tausendzweihundert ehemalige Kriminelle mit der Justiz zusammen. Viele von ihnen nehmen, so wie Luigi, auch ihre Familie und die Familie des Ehepartners mit ins Zeugenschutzprogramm. Vereinzelt werden sie im Ausland untergebracht, etwas, was auch Luigi am liebsten gehabt hätte. Allerdings gibt es nicht viele Länder, die dieses Risiko auf sich nehmen wollen.

Um dafür zu kämpfen, dass sich die Situation in Italien bessert, hat Luigi Bonaventura ein spezielles Komitee zur Unterstützung von Mitarbeitern der Justiz und ihren Familien gegründet. In der dazugehörigen WhatsApp-Gruppe, bestehend aus Mitarbeitern der Justiz und deren Angehörigen, Sympathisanten, Aktivisten und Journalisten, wird von früh bis spät diskutiert. Heizt sich das Klima dort allzu sehr auf, greift Luigi oft in väterlichem Ton vermittelnd ein. Den nächsten Tag läutet er dann mit einem lockeren Scherz oder, im Gegenteil, mit einem bleischweren Dilemma ein. »Was würdet ihr tun, wenn ihr von einem Richter verhört werdet, den ihr anzeigen müsstet, weil ihr wisst, dass er sich für euren Clan eingesetzt hat?« Es ist fast nicht vorstellbar, aber durchaus möglich. In der jüngeren italienischen Geschichte sind Richter für genau dieses Vergehen verurteilt worden: Sie ließen sich von einem Mafia-Clan bestechen, um für einen Freispruch oder mildere Strafen zu sorgen.

Auch die Nachrichtendienste haben Deals mit hohen Mafia-Bossen geschlossen, beispielsweise mit Antonio Pelle »Gambazza«, dem obersten 'Ndrangheta-Boss aus San Luca, mit dem Luigi Bonaventura Anfang der Neunzigerjahre kurz zusammen im Gefängnis saß. Dieser Pelle hatte ebenfalls Abmachungen mit Landespolitikern getroffen.

Als die Häftlinge bei den Parlamentswahlen 1994 abstimmen durften, erhielt Luigi klare Anweisungen. Pelle und die Seinen hatten nämlich auch ihre Stimme der Forza Italia, der damals noch brandneuen politischen Partei Silvio Berlusconis, im Tausch gegen juristische Gefälligkeiten versprochen. »Später sind die obersten Bosse schlauer geworden«, erzählte Luigi bei einem unserer Gespräche. »Sie lassen Häftlinge nicht mehr gehäuft für eine einzelne Partei stimmen.«

Doch nicht nur die Stimmen werden auf die Parteien verteilt, sondern auch die Gegenleistungen. Kurz bevor er entschied, mit der Justiz zusammenzuarbeiten, erfuhr Luigi Bonaventura, dass die 'Ndrangheta Beziehungen zur Lega Nord unterhielt. In einem Restaurant in Crotone schnitt ein 'Ndranghetist während eines ausgedehnten Mittagessens Luigi gegenüber damit auf, dass man die Lega Nord mehr oder weniger »in der Tasche« hätte. Höchst auffällig, denn damals setzte sich die Partei noch leidenschaftlich für die Loslösung des reichen Norditaliens von dem, was sie den »rückständigen Süden« nannte, ein. Dass die Lega Nord bei den Wahlen eine Allianz mit der Forza Italia bildete, die den Mafias schon zuvor Dienste erwiesen hatte, half der 'Ndrangheta dabei, das Geschimpfe auf die Menschen im Süden rasch vergessen zu lassen. Im Laufe der Zeit verkürzte die Partei ihren Namen zu »Lega« und bekam plötzlich auffallend viele Stimmen aus Kalabrien.

Verhandlungen mit Beamten und Politikern gehörten nicht zu den Dingen, mit denen sich Luigi Bonaventura früher als 'Ndranghetist persönlich beschäftigt hatte. Ich bat ihn, mir zu erklären, wie es sein kann, dass er trotzdem Informationen über diese Art von Deals bekam. Obwohl Luigi selbst kein Mitglied der Santa, der internen Gesellschaft, war, war ihm als rechte Hand seines Onkels, der selbst im Gefängnis saß, eine Doppelrolle zugewiesen worden. Dadurch hatte er trotz seines niedrigeren Rangs auch mit Mitgliedern der Santa zu tun. »Ich war Befehlshaber der Abteilung, die die Straße beherrschte, aber weil ich meinen Onkel vertrat, durfte ich an Versammlungen hochrangiger Clan-Mitglieder aus der gesamten Provinz teilnehmen. Wenn ich dort behauptete, die Meinung meines Onkels zu verkünden, konnte mir keiner widersprechen. Ich weiß nicht, bis wie weit hinauf der offizielle Rang meines Onkels reichte, denn in der 'Ndrangheta muss man seinen genauen Rang rangniedrigeren Mitgliedern nicht mitteilen. Er drängte mich jedenfalls dazu, auch Santist zu werden, und nannte mir Namen von Leuten, mit denen ich darüber sprechen sollte. Aber ich zögerte es hinaus. Ich wollte keinen höheren Rang, denn ich hatte schon genügend Einfluss und Zuständigkeiten. Als ich mich nicht länger weigern konnte, beschloss ich, mit der Justiz zusammenzuarbeiten.«

In einem seiner ersten Gespräche mit der Justiz verglich Luigi die 'Ndrangheta mit Schachfiguren: »Da gibt es die Bauern, von denen ich einer war, und die anderen, wertvolleren Schachfiguren, die sich mit der Wirtschaft und der Politik befassen und deren Rolle ich manchmal einnehmen durfte. Meine Strategie beschränkte sich darauf, mich für so wenig Blutvergießen wie möglich einzusetzen. Allein mit unserem Familiennamen konnten wir uns auch ohne Gewalt enorme geschäftliche Vorteile verschaffen. Aber das war längst allen bekannt.«

Luigi erfuhr, wie sein Name von Mitgliedern der höheren Hierarchieebenen benutzt wurde. »Einem Richter erzählten sie, dass sie trotz ihres Nachnamens nichts mit bestimmten Familienmitgliedern zu tun hätten. Sie taten so, als ob sie sauber und anständig wären, aber wenn sie einen Unternehmer unter Druck setzen wollten, sagten sie: ›Wenn du nicht mitmachst, läufst du Gefahr, dass mein Cousin böse wird, und das sollten wir besser vermeiden.‹ Subtil oder auch weniger subtil ließen sie den anderen wissen, dass sie einer ’Ndrangheta-Familie angehörten.«

Die beiden Abteilungen, die der Straße und die der höheren Ebenen, brauchen einander, so Luigi. »Die eine existiert nicht ohne die andere. Die militärische ’Ndrangheta, vom kleinsten Erpresser bis zum größten Drogendealer, dem mit dem Schwarzgeld, kennen wir alle, sie macht gewissermaßen die kriminelle Marke stark. Der intelligentere, strategische Arm, der Apparat der White-Collar-Kriminellen, macht geschickt Gebrauch von dieser starken Marke. Er kreiert eine Art Borderline-Wirtschaft auf der Grenze zwischen Legalität und Illegalität und vermischt dubiose Geschäfte mit dem, was eigentlich legitim wäre. Solche Borderline-Politiker und Borderline-Unternehmer sind oft keine offiziell Eingeweihten der ’Ndrangheta, sondern entfernte Cousins oder Strohmänner, Personen ohne Vorstrafenregister, die von der militärischen Abteilung beim Großwerden unterstützt werden, um wichtige Funktionen für den Clan zu erfüllen. Unter ihnen befinden sich auch prominente Anwälte und Richter.«

Luigi brachte ein Beispiel. »Als meine Familie eine Antimafia-Bescheinigung brauchte, um öffentliche Aufträge ausführen zu können, und ihre Bescheinigung wegen eines bestimmten Gerichtsverfahrens auf dem Spiel stand, ging der Gerichtspräsident, ein schon etwas älterer Mann, in den Ruhestand und fing an, für mein Familienunternehmen zu arbeiten, um als Bürge aufzutreten. Wahnsinn. So mächtig ist meine Familie.«

Mit all diesen guten Kontakten wird es immer schwieriger, die »Borderliner« in Luigis Familie dingfest zu machen. »Durch meine Zeugenaussagen ist der militärische Flügel unseres Clans in ernsthafte Schwierigkeiten geraten, aber der strategische und finanzielle Arm kann sich nach wie vor mit der wichtigsten ’Ndrangheta-Familie messen. Fußball fällt noch immer in den Geschäftsbereich meiner

Familie, ebenso wie Immobilien, Bauunternehmen und Abfallbeseitigung. Meine Familie besitzt Entsorgungsfirmen für Sondermüll, die zu den größten in Europa gehören. Um ein absurdes Beispiel zu nennen: Der Clan, dem ich angehört habe, handelt mit Kokain und verdient ordentlich daran. Aber wenn eine Partie Kokain von der Polizei beschlagnahmt wird, beispielsweise im Hafen von Gioia Tauro, packt man es in großen Ballen zusammen und bringt es mit einer Polizeieskorte als Sondermüll zu unseren Verbrennungsöfen. So verdient der Clan in jedem Fall daran.«

Investitionen in einen Fußballverein sind ebenfalls sehr wichtig. »Wir wollten das Team von Crotone in die Serie A hieven, um mit Wetten viel Geld zu verdienen. Uns gehörte die Sicherheitsfirma des Stadions, und wir setzten unsere Leute ein, um die Wettkämpfe zu manipulieren. Sie bedrohten die gegnerische Mannschaft und bestachen einzelne Spieler. Wir sorgten dafür, dass unsere kalabresischen Spieler bei Vereinen im Norden unterkamen, damit sie im Wert stiegen. Wenn man eine Fußballmannschaft besitzt, erwirbt man außerdem sehr viel Prestige und eine soziale Basis, um das Wahlverhalten zu beeinflussen.«

'Ndranghetisten, die der Santa angehören, verwenden in der Öffentlichkeit ein Erkennungszeichen, das Außenstehenden nicht so schnell auffallen dürfte: Sie fassen sich ans Kinn, so als würden sie über den Bart streichen. Das ist ein historischer Verweis auf den Bart General Garibaldis, der im neunzehnten Jahrhundert mit seiner Armee die Einigung Italiens erzwang. Im Namen dieses Vaters der Nation, der außerdem Freimaurer war, empfangen neue Mitglieder der Santa ihre Weihe und werden mit einem vergifteten Eid in die »heiligen« Kreise der 'Ndrangheta eingeführt.

Im Frühjahr des Jahres 2014 konnten Carabinieri eine solche Einweihung erstmals auf einem Video festhalten.

Das Ganze fand in einer Scheune bei Calolziocorte statt, einem kleinen norditalienischen Ort zwischen Bergen und Seen unweit der schweizerischen Grenze. Fünf Männer stehen in einem Kreis, die Köpfe gesenkt, als würden sie beten. Auf dem Tisch liegen die Requisiten für den rituellen Einsatz bei einer 'Ndrangheta-Messe: eine Pistole, ein Messer und ein Taschentuch. Der Anführer beginnt zu sprechen: »An diesem heiligen Abend, in der Stille der Nacht, unter dem Licht der Sterne und dem Schein des Mondes werde ich Teil der heiligen Kette.« Der Mann, der in die Santa aufgenommen werden soll, darf nun eintreten. Ihm wird vom Anführer aufgetragen, seine Worte zu wiederholen: »Ich schwöre, wieder und wieder alles zu verleugnen, bis zur siebten Generation, die gesamte kriminelle Gesellschaft, die ich bisher kannte, um die Ehre meiner weisen Brüder zu bewahren.« Um die Geheimnisse der Santa zu wahren, darf der Santist alle Clan-Mitglieder, die im Rang unter ihm stehen, verraten. Begeht er selbst einen schweren Fehltritt, stehen ihm nur zwei Möglichkeiten offen: Entweder schluckt er eine Giftpille, oder er erschießt sich. »Du trinkst Zyanid, oder du benutzt eine Kugel aus deiner Pistole. So viele Kugeln du auch haben magst, du musst stets eine für dich selbst aufheben.«

An diesen Eid musste ich denken, als ich auf die Homepage eines Blutsverwandten von Luigi stieß. Ich hatte den Mann gegoogelt, weil sein Name in Luigis Aussagen als Absender von Todesdrohungen an die Adresse seiner Familie auftaucht. Die Seite mit dem Schwarzweißporträt eines lachenden, grauhaarigen Unternehmers bot eine eindrucksvolle Auflistung seiner Funktionen und Ämter: Er war Vorstandsvorsitzender eines großen Fußballvereins, Eigentümer von Diskotheken und eines Radio- und Fernsehsenders sowie stellvertretender Vorsitzender der regionalen Arbeitgeberorganisation. Er investierte in Windkraftanlagen und Sonnenpaneele, besaß diverse Transport- und Entsorgungsfirmen für Haus- und Gewerbemüll beziehungsweise gefährliche Giftstoffe und war außerdem Eigentümer eines Restaurants mit einem Michelinstern.

Unter dem wie geleckt wirkenden Foto auf der Hauptseite stachen einige aktuelle Meldungen ins Auge. So habe der Geschäftsmann beschlossen, den Vorstand des Fußballvereins zu verlassen, der vor Kurzem in die Serie A, die oberste italienische Profiliga, aufgestiegen war. Er wolle sich nun voll und ganz seinen innovativen Aufgaben in aufstrebenden internationalen Märkten widmen. Des Weiteren kündigten seine Anwälte den endgültigen Freispruch ihres Mandanten nach Anklagen wegen Verbindungen zur organisierten Kriminalität, Korruption und Betrug an. Seine frühere Verurteilung und die Beschlagnahme seiner Firmen und seines Besitzes seien in höherer Instanz rückgängig gemacht worden. Zum Schluss wartete die Website mit der für den Geschäftsmann erfreulichen Nachricht auf, dass eine der größten italienischen Tageszeitungen wegen übler Nachrede verurteilt worden sei, weil sie geschrieben habe, dass ein ehemaliger Staatsanwalt nach seiner Pensionierung beruflich für den Unternehmer tätig geworden sei, den sie fälschlicherweise als mafios bezeichnet habe.

Bevor ich die Seite wegklickte, sah ich mir den Mann auf dem Foto noch einmal etwas genauer an. Das Porträt war vom Fotografen so komponiert worden, dass die Körperhaltung des Unternehmers sowohl selbstsicher als auch aufgeschlossen wirkte. Es war eine Haltung, die der Porträtierte gut auch aus eigenem Antrieb angenommen haben konnte: Er saß leicht vorgebeugt da und hielt mit der rechten Hand sein glattrasiertes Kinn. Für die einen ist so etwas Zufall, für andere eine eindrucksvolle Visitenkarte.

14.

DIE GESCHICHTE DER OMERTÀ

Während in meinem Dorf das Leben weiter dahinplätschert, wird mir manchmal ganz schwindlig bei dem Gedanken an das kriminelle Netz, das die 'Ndrangheta nicht nur über Kalabrien, sondern auch über den Rest der Welt ausgeworfen hat. Wie kann es sein, dass in einem gottverlassenen Winkel Europas eine solche, scheinbar nicht aufzuhaltende multinationale kriminelle Organisation entstanden ist? Wer oder was hat dafür gesorgt, dass sich Gruppen kalabresischer Schlägertypen zu einer mafiosen Weltmacht entwickeln konnten? Wie ist es möglich, dass die 'Ndrangheta so archaisch und provinziell und gleichzeitig so modern und global aktiv ist? Vermeintlich religiös und dennoch grenzenlos brutal?

Über die Geschichte der 'Ndrangheta können nur wenige so eingängig erzählen wie Enzo Ciconte, ein Kalabrese Anfang siebzig mit einem durchdringenden Blick und schlohweißem Haar. Mit seinen Büchern über die 'Ndrangheta war er einer der Ersten. Sein erstes Buch veröffentlichte er schon 1992, als sich die kalabresische Mafia noch kaum einen Namen als ernstzunehmende kriminelle Organisation gemacht hatte. Professor Ciconte berät den parlamentarischen Antimafia-Ausschuss und lehrt an verschiedenen Universitäten in Norditalien Sprache und Geschichte der Mafias. Jeden Sommer kehrt er mit seiner Frau nach Kalabrien zurück, in ihr Ferienhaus, das fußläufig zum Tyrrhenischen Meer gelegen ist. Am Esstisch auf der blumenreichen Veranda gehen wir die enormen Widersprüche durch, die innerhalb der 'Ndrangheta existieren.

Das Interview wird für das niederländische Radio aufgenommen, und wie es nun einmal üblich ist, wird aus einer langen Aufnahme letztlich nur ein Bruchteil seiner Antworten herausgeschnitten, um die auffallendsten Eigenschaften der 'Ndrangheta kurz anzutippen. Ciconte ist sich dessen zweifellos bewusst, doch er erzählt geduldig und ausführlich.

»Die ersten Spuren der organisierten Kriminalität in Kalabrien finden sich in den Zwanzigerjahren des neunzehnten Jahrhunderts«, beginnt er. »Schon damals zeigte sich eine ganze Reihe von Phänomenen, die wir inzwischen als mafios bezeichnen, so wie Erpressung, Gewalt, die Omertà, das Aufdrängen von Schutz und die Kontrolle über ein Territorium.«

Doch der eigentliche Begriff »'Ndrangheta«, der im Griechischen auf »tapfere Männer« verweist, tauchte erst im zwanzigsten Jahrhundert in der Presse auf. Enzo Ciconte zufolge haben Journalisten den Begriff benutzt, um die kalabresische Mafia von der Cosa Nostra und der Camorra zu unterscheiden. »'Ndranghetisten selbst nannten ihre Organisation meist *picciotteria* oder *onorata società*, später haben auch sie den Namen 'Ndrangheta übernommen. Zumindest, wenn sie nicht leugnen, dass die 'Ndrangheta überhaupt existiert, denn das ist typisch für Mafiosi.«

So wie die meisten, habe auch ich lange geglaubt, dass die Cosa Nostra als erste der italienischen Mafias entstanden ist. Doch die älteste italienische Mafia ist wahrscheinlich die neapolitanische, die Camorra. »Die Camorra wurde schon 1735 so genannt«, erzählt Ciconte. »Die Cosa Nostra ist ebenso wie die 'Ndrangheta etwas später entstanden, in den Zwanzigerjahren des neunzehnten Jahrhunderts, obwohl die Bezeichnung ›Maffia‹ erst 1861 in dem Text eines Generals auftaucht, der schreibt, dass die Camorra auf Sizilien so genannt wird. ›Maffia‹ mit zwei f, nach der damaligen Schreibweise im sizilianischen und kalabresischen Dialekt.« Er macht eine kurze Pause und fährt dann fort: »Nicht jeder hat Lust, dem in den Archiven auf den Grund zu gehen, deshalb sagt man jetzt meist der Einfachheit halber, dass alle drei italienischen Mafias um 1860, also rund um den Zusammenschluss Italiens, entstanden sind. In Wirklichkeit gab es sie schon viel länger.«

Banditen, Betrüger, Diebe und Mörder, kurzum Verbrecher aller Art, habe es immer und überall gegeben. Was die Mafiosi in Süditalien jedoch von ihnen unterscheide, sei ihre Beziehung zu den Machthabern, schreibt Ciconte in seinem Buch *Storia criminale*. Im feudalen System des sogenannten Königreichs beider Sizilien, wie die südliche Hälfte Italiens vor dem Zusammenschluss des Landes hieß, lag die Macht in den Händen von Baronen und anderen Großgrundbesitzern. Doch als nach 1800 der Feudalismus in Italien allmählich abgeschafft wurde, änderten sich die wirtschaftlichen und sozialen Regeln. Die Bourgeoisie eignete sich immer mehr Besitz, politische Macht und manchmal auch illegal Land an. Die Barone versuchten, ihren Besitz und ihre Privilegien zu sichern, und setzten Bauern und Schafhirten mit kriminellen Neigungen ein, um beispielsweise ihre Gegner zu bedrohen und ihr Landgut zu bewachen. Während die staatliche Macht immer wieder wechselte – in kurzer Zeit lösten Spanier, Franzosen und Bourbonenkönige einander ab –, setzten die Großgrundbesitzer für die Bewachung ihres Privatbesitzes weiterhin auf bewaffnete Banditen, denen sie auf ihrem Landgut oft auch Unterschlupf gewährten. Unterdessen begannen diese Verbrecher sich zusammenzuschließen.

Die ersten handschriftlich verfassten 'Ndrangheta-Verhaltenskodizes fand man Ende des neunzehnten Jahrhunderts, doch wahrscheinlich waren sie schon sehr viel früher in Gebrauch. Dank der Reimform und des Rhythmus konnte man sie gut auswendig lernen und mündlich weitergeben. Man fragt sich, wie die 'Ndrangheta, die ihren Anfang als kriminelles Netzwerk analphabetischer Schafhirten und Bauern genommen hatte, ein so umfangreiches System esoterischer Rituale und metaphorischer Formeln aufbauen konnte. Enzo Ciconte zufolge lagen die Ursprünge dafür in den Gefängniszellen des neunzehnten Jahrhunderts. Damals, als Italien noch aus verschiedenen Staaten bestand und die Bourbonen als Letzte die südlichen Regionen regierten, saßen in den Gefängnissen süditalienische Kriminelle oft zusammen mit Gegnern des Bourbonenregimes ein. Unter diesen politischen Gegnern der Bourbonenkönige, die für die Rechte der Bourgeoisie kämpften, befanden sich häufig Mitglieder von Geheimgesellschaften oder Freimaurerlogen. Die Häftlinge solidarisierten sich miteinander, und die Mafiosi in spe erhielten von ihren Zellengenossen Tipps, wie sie ihrer eigenen Geheimgesellschaft mit Ritualen, Regeln und einer eigenen Geheimsprache Gestalt verleihen konnten.

Gefängnisse sind bis auf den heutigen Tag ein wichtiger Ort für den Austausch von Informationen geblieben, auch zwischen sizilianischen, kalabresischen und neapolitanischen Verbrechern. In der Haft kamen sie in Kontakt miteinander und gaben ihr Wissen weiter. So begannen sich die Mafias immer mehr zu ähneln. Einweihungsrituale benutzen sie alle, doch die 'Ndrangheta legt von den dreien den bei Weitem größten Wert auf traditionelle Formeln und Rituale.

Bereits in der Wiege kann der Sohn eines 'Ndrangheta-Bosses mit einem Ritus konfrontiert werden, erzählt Ciconte: »Die Eltern legen dem Baby ein Messer und einen Schlüssel in die Wiege. Das Messer steht für die 'Ndrangheta, der Schlüssel für einen Polizisten oder einen Gefängniswärter, der den Schlüssel zu einer Zelle hat. Die Frage dieses ›Spiels‹ ist, ob sich der Sohn später dafür entscheiden wird, Mafioso zu werden und ob er den entsprechenden Charakter hat. Wenn der Kleine das Messer berührt, wird er ein 'Ndranghetist. Versucht er, den Schlüssel zu berühren, greift der Vater ein und sorgt dafür, dass er das Messer nimmt, denn ein Sohn, der Polizist wird, wäre eine Schande für die Familie.«

Jeder Sohn eines hohen Bosses der 'Ndrangheta muss sich dem Einweihungsritual unterziehen, um offiziell Teil der kriminellen Gemeinschaft zu werden. »Ein Katholik existiert auch nicht ohne Taufe oder Evangelium«, sagt Ciconte nüchtern. »Dasselbe gilt für einen Moslem und islamische Rituale. Die Mafia hat eine eigene Religion geschaffen und braucht deshalb auch eine Liturgie.«

Die Rituale und der Verhaltenskodex, die den Mafiosi eine Ideologie und Identität vermitteln, bilden gewissermaßen einen Schutzschild, und die Musikalität und Gleichförmigkeit der Formeln wirken laut Professor Ciconte beruhigend. Man kann sich vorstellen, dass ein besänftigender Effekt willkommen ist, wenn ein *picciotto* beispielsweise ein brennendes Andachtsbild in den Händen hat: »Blut aus seinem Finger, meist dem Zeigefinger der Hand, mit der er schießt, ist auf das Bild des Heiligen gefallen. Er hat es an der Flamme einer Kerze oder mit einem Feuerzeug angezündet, und während er schwört, der 'Ndrangheta von nun an für immer treu zu sein, wirft er das Bild von einer in die andere Hand, um sich nicht zu verbrennen. Von dem Moment an kann er nur noch ungestraft aus der 'Ndrangheta aussteigen, wenn er die gesamte Asche des Andachtsbildchens wieder einsammelt – so wird es ihm jedenfalls eingeschärft. Ein Ding der Unmöglichkeit.«

Die Symbolik der oft unbegreiflichen Sätze, die sie bei ihrer Einweihung sprechen müssen, macht Eindruck auf die jungen Männer, die Mitglied der 'Ndrangheta werden. »Alle, die von dem Ritual berichten, erzählen, dass sie sich eingeschüchtert gefühlt hätten. So wie bei einer wichtigen Prüfung. Auch wenn man dafür gelernt hat: Man bleibt nervös, die Hände zittern. Das gilt ebenfalls für den angehenden *picciotto*, der von Mafiosi umringt wird, von Männern, die er respektiert. Es ist kein Zufall, dass sie während des Rituals einen Kreis um ihn bilden. Der junge Mann fühlt sich beschützt und zugleich umzingelt: Verrät er jemanden, kann er von allen Seiten angegriffen werden. Das schüchtert ein.«

Standen sie vorher am Rande der Gesellschaft, gehören die *picciotti* nun plötzlich einer Gruppierung an, die ihnen Ansehen und Geld einbringt. »Ein junger Bauer oder Landarbeiter zu Beginn des neunzehnten Jahrhunderts kannte außerhalb seines eigenen Verwandtenkreises fast niemanden. Er war vom Rest der Gesellschaft ausgeschlossen und konnte an seiner sozialen Stellung nichts ändern. Nur wenn er sich einer mafiosen Organisation anschloss, konnte er sich eine andere Identität zulegen, bekam eine neue Einnahmequelle und einen neuen sozialen Status«, so Ciconte. »Und die anderen, die ihn zuvor keines Blickes gewürdigt hatten, schauten ihn jetzt plötzlich an – mit Respekt, mit Bewunderung, eingeschüchtert oder ängstlich. Diese radikale Image-Transformation ist noch immer einer der wichtigsten Gründe dafür, dass sich so viele Jugendliche einweihen lassen.«

Die Mafias haben immer sowohl aus armen Ungelernten als auch aus wohlhabenden gut Ausgebildeten bestanden. Für die Unterschicht waren sie ein Mittel, auf der sozialen Leiter aufzusteigen, um Macht, Kontakte und finanzielle Vorteile zu erlangen.

Der Oberschicht bot die Mafia dagegen eine Möglichkeit, ihren Besitz und ihren Status zu wahren. Das Ergebnis der Zusammenarbeit der beiden Schichten ist Professor Ciconte zufolge »eine kriminelle Herrschaft über die Gesellschaft«, ein Problem, das in der italienischen Geschichte leider eine Konstante geblieben ist.

Für den, der die Mafia kennenlernen will, stellen nicht nur Archivalien eine wichtige Quelle dar. »Auch das Schweigen dazwischen ist ein wichtiges historisches Dokument.« Die Gründe dafür, dass Menschen den Mund halten, können höchst unterschiedlich sein: Angst, Korruption, Bequemlichkeit oder Opportunismus. »Die Omertà betrifft ausnahmslos alle sozialen Schichten.«

Schweigen kann auch mit einem Mangel an Wissen zusammenhängen. So wurden, wie ich dem Werk von Ciconte entnehmen konnte, die Mafias über lange Zeit von Historikern kaum untersucht, weil sie als ein Phänomen der Unterschicht und der Ränder der Gesellschaft wahrgenommen wurden, mit denen viele Intellektuelle wenig Erfahrung hatten. So trugen Historiker zu einem blinden Fleck bei, was die Mitschuld der Mittelschicht und der Führungselite betrifft, deren Interessen sich in bestimmten Punkten schon immer mit denen der Mafias deckten. Sie haben so friedlich wie möglich mit den Mafiosi zusammengelebt, damit alle Parteien von illegalen Deals profitieren konnten. Noch immer werden die Mafias von führenden Persönlichkeiten gern als ein Unterschichtsproblem abgetan. Ein Irrtum, der dafür gesorgt hat, dass man schon seit Jahrhunderten übersieht, dass die Mafias nicht nur ein kriminelles Problem, sondern auch ein Problem für die Demokratie sind, weil sie Wahlen und Parteiprogramme beeinflussen und für ihre Vertreter oder ihre eigenen Mitglieder stimmen lassen. Das geschieht im Gemeinderat des kleinsten Dorfes ebenso wie im italienischen Parlament. Häufig wird die »Abwesenheit des Staates« als wichtigster Grund für die Macht der Mafias genannt. Ciconte vertritt jedoch die Auffassung, dass im Gegenteil die »*Anwesenheit* eines Teils des Staats, der bestimmte kriminelle Interessen verfolgt«, dafür verantwortlich ist.

Ein anderer hartnäckiger Irrtum besteht darin, dass Mafia-Organisationen nur in armen Regionen gedeihen. »Es stimmt, dass Armut eine der Ursachen ist, aber sie ist nicht die wichtigste.« Die Mafias haben sich schließlich auch im Norden festsetzen können, wo viel Geld zu verdienen ist und der Lebensstandard ein Stück höher liegt als im Süden. Die Irrtümer über den Zusammenhang zwischen Armut, Mafia und der vermeintlichen Abwesenheit des Staates im Süden haben laut Professor Ciconte dazu beigetragen, das verzerrte Bild zu etablieren, wonach die Mafias vom Ursprung her eine Art ritterlicher Wohltäter des Volkes waren, Friedensstifter und Verteidiger der Ehre und der Tradition. Weil die Mafiosi es vorzogen, ihre Macht nicht nur auf der Grundlage brutaler Gewalt auszuüben, und auch gern die Zustimmung und Unterstützung der Bevölkerung bekamen, konnte es schon mal vorkommen, dass sie ihre Autorität dazu nutzten, um als inoffizielle Richter Konflikte zu schlichten. Dass sie jedoch eine wichtige Funktion als Friedensstifter gehabt hätten, stimmt Enzo Ciconte zufolge nicht, doch diese Idee verbreiteten die Mafias nur allzu gern, um sich Legitimation zu verschaffen.

Noch im neunzehnten Jahrhundert war die 'Ndrangheta vor allem ein Problem in den ländlichen Gebieten der Provinz Reggio Calabria, sprich: dem südlichsten Teil dieser Region. In anderen Teilen Kalabriens tauchten ebenfalls Clans beziehungsweise *'ndrine* auf, doch die meisten von ihnen waren in der äußersten Stiefelspitze beheimatet. Ebenso wie heute hatten 'Ndrangheta-Familien in einem bestimmten Dorf oder Stadtviertel das Sagen und ließen für gewöhnlich das Territorium der anderen in Ruhe. Manche der obersten Bosse kannten sich, hatten aber, anders als jetzt, noch keine gemeinsame Führung. »Durch den Wirtschaftsboom in Italien nach dem Zweiten Weltkrieg verlagerte sich der Fokus der Mafia zum Teil auf die Städte, wo sich mehr Geld machen ließ. So entstand, was ein Journalist einmal sehr schön als *la maffia con le scarpe lucide*, die Mafia mit den glänzenden Schuhen, definierte. Auf dem Lande machten sie sich noch mit Erde, Staub und Schlamm die Schuhe schmutzig, in der Stadt konnte das Leder seinen Glanz behalten.«

Dieser Transformationsprozess in eine »Unternehmermafia« verstärkte sich noch, als in den Siebzigerjahren die Santa ins Leben gerufen wurde. Das Interesse der kalabresischen Clans, ebenso wie das der anderen Mafias, hat sich seither stets in Richtung der Beschaffung lukrativer öffentlicher Aufträge bewegt. Immer öfter erpressten sie nicht nur *pizzo*, sondern kauften auch legale Unternehmen auf.

Professor Ciconte: »Heutzutage ist die 'Ndrangheta die reichste der italienischen Mafias, aber es ist wichtig zu verstehen, dass nicht alle Männer der 'Ndrangheta reich sind. Es gibt ein paar Familien, die außerordentlich reich sind, und eine ganze Menge anderer, die nicht so reich sind. Wie in einer Pyramide, so wie im Rest unserer kapitalistischen Gesellschaft auch. Unten befinden sich die ärmeren 'Ndranghetisten, die relativ kleine Beträge an *pizzo* verlangen. Vor allem am Anfang waren viele 'Ndranghetisten arm, aber unter ihnen hat es immer Leute gegeben, die Geld hatten. Und wer Geld hat, entscheidet – überall, auch bei der Mafia.«

Was Schmuggelware betrifft, hatten sich alle drei Mafias in den Fünfziger- und Sechzigerjahren noch auf den Handel mit illegalen Zigaretten konzentriert. Die sizilianische, kalabresische und neapolitanische Mafia arbeiteten dabei sowohl miteinander als auch mit ausländischen Schmugglern zusammen, um die Zigaretten in ihre Häfen zu lenken. In der öffentlichen Meinung galt dies als ein relativ unschuldiges Vergehen, es hatte fast etwas Sympathisches, durch Steuerhinterziehung Rauchern einen niedrigeren Preis für ihre Zigaretten zu ermöglichen. Schon bald setzte jedoch auch der Handel mit Heroin ein, und noch etwas später kam Kokain hinzu. Viele der Kontakte und Schmuggelrouten, die die drei Mafias für die Zigaretten benutzt hatten, kamen ihnen nun auch beim Schmuggel der harten Drogen zustatten.

»In den Siebziger- und Achtzigerjahren wurde die ’Ndrangheta immer gewalttätiger. Ihre Mitglieder trugen damals viele Fehden untereinander aus, bei denen es Hunderte von Toten gab. Die Clans begannen auch, Menschen zu entführen, häufig Kinder. Entführungen sind eine besondere Form der Gewalt. Brutale Gewalt, denn die Kinder blieben endlos lange eingesperrt und angekettet. Die Clans verlangten wahnsinnig hohe Lösegeldsummen und sagten zum Opfer: ›Dein Vater will dich nicht befreien, sonst hätte er das Lösegeld gleich bezahlt.‹ Monate-, manchmal jahrelang wurden sie tief im Aspromonte-Gebirge versteckt, denn selbst für die Polizei und die dortigen Wildhüter ist das ein sehr unwegsames Gelände. Wer in der Gegend lebt, kennt die Berge und die Wälder seit seiner Kindheit, er hat dort gespielt. Es sind Gegenden, in denen ’Ndrangheta-Familien die totale Kontrolle über das Territorium hatten. Es gab einmal ein Entführungsopfer, einen Ingenieur aus Neapel, der sich befreien konnte. Er flüchtete ins nächstgelegene Dorf und traf dort auf ein paar Leute. ›Helfen Sie mir, ich bin entführt worden‹, sagte er. ›Machen Sie sich keine Sorgen, kommen Sie ruhig mit uns mit.‹ Sie brachten ihn zurück zu den Männern der ’Ndrangheta!«

Mithilfe des Geldes, das sie mit den Entführungen einnahmen, konnten die kalabresischen Clans in den Neunzigerjahren immer stärker in den Drogenhandel investieren. Und in dem Moment, als die Justiz begann, gegen die sizilianische Mafia vorzugehen, nachdem diese es mit den Anschlägen auf Falcone und Borsellino allzu bunt getrieben hatte, übernahm die ’Ndrangheta die dominierende Position im Kokainhandel. »Gleichzeitig vollzog sich, was die Popularität von Drogen auf internationalem Niveau betraf, eine bedeutsame Wende: Man ging von Heroin zu Kokain über.« Der Import von Kokain nach Europa fiel in die Hände der 'Ndrangheta und ist bis heute ein wesentlicher Faktor ihrer kriminellen Erfolgsgeschichte geblieben.

Wenn sie sich nicht teilweise in den Norden begeben hätten, wären die italienischen Mafias, und hier insbesondere die 'Ndrangheta, niemals in der Lage gewesen, derart zu wachsen und sich zu entwickeln. Es war ein wesentlicher Schritt, auch was das Waschen der gigantischen Mengen an Schwarzgeld anging, das sie einnahmen. Im Norden Italiens hat man lange geleugnet, dass die Mafias dort aktiv waren, doch die 'Ndrangheta begann sich dort schon in den Fünfzigerjahren einzunisten. Ironischerweise wurde ihre Verankerung im Norden von einer Regelung begünstigt, die eigentlich dafür sorgen sollte, die Mafias zu bekämpfen, nämlich von dem im Jahr 1965 eingeführten Zwangsaufenthalt von Häftlingen fern ihrer Heimat. Männer, die verdächtigt wurden, mafios zu sein, wurden für drei bis fünf Jahre nach Mittel- und Norditalien verbannt, wo sie zwar unter polizeilicher Beobachtung standen, aber beispielsweise Angehörige empfangen durften. Die Idee war, dass Mafiosi, wenn sie sich nicht mehr zwischen anderen Mafiosi im Süden aufhielten, ungefährlich werden würden.

Wie naiv ... Die verbannten Mafiosi verhielten sich oft ruhig, freundlich und unauffällig, doch unterdessen gaben sie persönlich oder telefonisch ihre Anweisungen durch, hielten Versammlungen ab und begannen, ihr Schwarzgeld zu waschen. Zu diesem Zweck knüpften sie Kontakte zu Experten aus dem Wirtschafts- und Finanzsektor. Ciconte nennt diese Experten »Scharniermänner«, da sie als Scharnier zwischen der Welt der Mafiosi und der Welt der lokalen Betriebe, Banken und Finanzierungsgesellschaften fungierten. »Die 'Ndrangheta ist im Norden des Landes und im Ausland erfolgreich, weil sie dort Leute sitzen hat, die die Schlupflöcher im Steuer- und Finanzsystem kennen. Sie wissen, wie sie über Steuerparadiese Geld ins Ausland schleusen und Investitionen an Stellen tätigen können, die vielen ’Ndranghetisten nicht so einfach offenstehen. Diese Mittelsmänner werden gut bezahlt und gehen juristisch nur ein geringes Risiko ein. Die Leute vermuten nämlich nicht so schnell, dass sie bewusst für die Mafia arbeiten, und es ist schwierig, das zu beweisen.«

Während die sizilianischen Mafiosi nach ihrem Zwangsaufenthalt im Norden zurück auf ihre warme Insel gingen, entschieden sich die kalabresischen Mafiosi oft zum Bleiben und ließen einen Teil ihrer Familie für längere Zeit oder auch für immer nachkommen. So entstanden die nördlichen ’Ndrangheta-Niederlassungen als verlängerter Arm einzelner *locali* in Kalabrien. Viele kalabresische Jugendliche zogen in den Norden, um nach Arbeit zu suchen, und konnten so die dortigen Clans mit frischem Blut und billiger Arbeitskraft versorgen. Die ’Ndrangheta ist die einzige Mafia, betont Ciconte, die sich auf diese Weise im Norden Italiens und im Ausland festsetzt, stets durch ein unlösbares Band mit der Heimat Kalabrien verbunden. Man muss nicht wegen jeder Lappalie zu Hause Meldung erstatten, doch die Kalabresen behalten die Clans im Norden und im Ausland stets genau im Auge.

Auch bei der Entscheidung über die Einweihung eines *picciotto* haben laut Ciconte die Kalabresen das letzte Wort. Bevor ein junger Mann im Norden getauft wird, erkundigen sich die nördlichen Clan-Mitglieder bei seiner Familie in Kalabrien, ob es Einwände dagegen gibt. So darf niemand Mitglied der ’Ndrangheta werden, der homosexuell ist, eine ehebrüchige Gattin hat oder bei dem die Ehre der eigenen Familie beschmutzt worden ist und er sie nicht mit harter Hand wiederhergestellt hat. Ferner ist auch keine Einweihung von Gefängniswärtern möglich oder wenn man bei der Polizei arbeitet oder gearbeitet hat. Soldaten und Staatsbedienstete sind ebenfalls von der Weihe ausgeschlossen, denn der mafiose Eid lässt sich nicht mit dem Treueeid zum Staat vereinbaren.

Von Experten höre ich häufig, dass die 'Ndrangheta nicht nur die mächtigste Mafia Italiens, sondern auch die weltweit potenteste sei. Wie kann die kalabresische Mafia mächtiger sein als die russische oder die chinesische, frage ich Ciconte. »Was die Mitgliederzahlen betrifft, sind die russische oder die chinesische Mafia zweifellos stärker. Doch die Organisation der 'Ndrangheta hat, neben ihrer Dominanz im internationalen Kokainhandel, bestimmte Merkmale, die ihr potentiell mehr Macht verleihen. Die 'Ndrangheta ist die einzige Mafia, die von Italien aus in alle Ecken dieser Welt ausgeschwärmt ist und dort Wurzeln geschlagen hat. Sie hat sich in ganz Europa und von Australien bis Kanada breitgemacht.«

Internationale Kontakte knüpft die 'Ndrangheta unter anderem über das Freimaurertum. »Die 'Ndrangheta hat die Freimaurerei infiltriert, in erster Linie, weil es sich um eine internationale Organisation handelt und sie internationale Verbindungen braucht. Ein italienischer Freimaurer kann beispielsweise den Kontakt zu einem niederländischen herstellen und diesem sagen: ›Wir brauchen eine bestimmte Genehmigung. Kannst du da was für uns tun?‹ Der andere Grund ist der, dass sich unter den Freimaurern auch Richter und Staatsanwälte, Militärs und Geheimagenten befinden. Sie können es sich nicht erlauben, in der Öffentlichkeit mit einem Mafioso gesehen zu werden. Aber wenn in der Loge der Freimaurer beispielsweise eine Begegnung zwischen einem Richter und einem Mitglied der Mafia stattfindet, ist das schon möglich, weil beide Freimaurer sind. Viele Freimaurerlogen haben die Mafiosi und ihr Geld mit offenen Armen empfangen.«

Auch zur katholischen Kirche gibt es enge Beziehungen. »Um die Verbindung zwischen der Kirche und der Mafia zu verstehen, muss man bis zur Staatsgründung Italiens zurückgehen«, sagt Ciconte, »als die Mafias immer stärker Fuß fassen konnten. Die Kirche hatte über lange Zeit hinweg zwei wichtige ideologische Feinde: zunächst einmal die Liberalen, die die Einigung Italiens erreicht und das Staatsgebiet des Vatikans drastisch beschnitten hatten, und zweitens die Kommunisten, die atheistisch waren und in Italien eine wichtige politische Strömung darstellten.«

Die Mafia war jedoch keine Gegnerin der Kirche und die Kirche keine Gegnerin der Mafia. Daher bezogen Priester, Bischöfe und Päpste, bis auf wenige Ausnahmen, auch nicht Stellung gegen die Mafia. »Mafiosi bezeichneten sich als katholisch, sie ließen ihre Kinder taufen, nahmen an der Erstkommunion teil und gingen zur Firmung, und sie durften kirchlich heiraten. Wenn sie starben, holte man den Priester dazu, und sie wurden in der Kirche beigesetzt. Sie führten das Leben eines gewöhnlichen Katholiken und daneben das eines Mafioso. Aber sie taten noch mehr: Sie finanzierten die Kirchengemeinde, den Pastor, die Prozessionen und die Dorffeste für den Schutzheiligen. Die Mafiosi waren also bei der Kirche beliebt. Man sah in ihnen einen Freund, nicht einen Feind.«

Auch heute noch kommt es vor, dass bei katholischen Prozessionen die Heiligenstatue von *picciotti* getragen wird und man vor dem Haus eines Mafia-Bosses devot haltmacht. »Mafiosi bezeichnen sich als katholisch. Wie sie ihren katholischen Glauben mit der Tatsache vereinbaren können, dass sie Menschen ermorden, weiß ich nicht. Sie schaffen sich ihren eigenen Gott.«

Priester durften offiziell nicht Mitglied der Mafia werden, doch ein Priester in einer Mafia-Familie kam sehr gelegen, beispielsweise um heimlich die kirchliche Trauung eines flüchtigen Mafioso zu vollziehen, so wie es beim

Boss der sizilianischen Mafia, Totò Riina der Fall war. Als 1992 auf Initiative dieses Riina die beiden Richter Falcone und Borsellino durch Bombenanschläge umgebracht wurden, änderte sich jedoch etwas. »Auch die Kirche begann sich von der Mafia zu distanzieren. Ein Jahr später rief der Papst im Tal der Tempel bei Agrigent auf Sizilien: ›Mafiosi, bekehrt euch!‹ Zwei Priester, die Stellung gegen die Mafia bezogen, wurden kurz darauf ermordet.« Die Angst nahm wieder zu und damit auch die Motivation der Kirche, Mafiosi die Türen offen zu halten. »Leider gibt es noch immer Priester, die enge Verbindungen zu Mafiosi unterhalten.«

Obwohl die Mafias schon seit zwei Jahrhunderten existieren, ist die Definition der Mafia erst vor relativ kurzer Zeit ins italienische Strafgesetzbuch aufgenommen worden. Seit 1982 hat Italien ein weltweit einzigartiges Antimafia-Gesetz. Dieses Gesetz mit dem Artikel 416 zur organisierten Kriminalität wurde in einem Zusatzartikel, dem 416bis, um die Definition des mafiosen Verbrechens erweitert. Dank dieser Gesetzeserweiterung reicht es nun aus zu beweisen, dass jemand Mitglied der Mafia ist, um ihn verurteilen zu können und seinen Besitz zu beschlagnahmen. Als Individuum muss jemand, der einer Mafiamitgliedschaft verdächtigt wird, also nicht unbedingt eine Straftat begangen haben, um angeklagt werden zu können.

Die Einführung des Artikels 416bis kostete Menschenleben: Der sizilianische Politiker Pio La Torre und der Polizeipräfekt Alberto dalla Chiesa, die sich leidenschaftlich für die Durchsetzung des Rechts einsetzten, wurden von der Cosa Nostra ermordet. Das Antimafia-Gesetz trug zunächst auf Sizilien und anschließend auch im Rest Italiens seine Früchte, wo in umfangreichen Prozessen noch immer Dutzende oder sogar Hunderte von Mafiosi gleichzeitig verurteilt werden. Das Gesetz sorgte aber ebenfalls dafür, dass das Ausland für die Mafias noch attraktiver wurde als bisher: Jenseits der Grenze konnten Geld, Unternehmen und Immobilien sehr viel leichter den Blicken der italienischen Justiz entzogen werden. Im restlichen Europa waren die Strafen auch um einiges milder, und außerdem konnte jemand, der der Mitgliedschaft bei der Mafia verdächtigt wurde, dort nur verhaftet werden, wenn es Beweise gab, dass er auch ein anderes Verbrechen begangen hatte.

Nach dem Wortlaut der Definition des Artikels 416bis bedienen sich Personen, die der Mafia angehören oder mit ihr zusammenarbeiten, der einschüchternden Macht der Mafia, beziehungsweise der Omertà, und der Unterwerfung, die von dieser Macht ausgeht, um Straftaten zu begehen, Kontrolle über wirtschaftliche Aktivitäten, öffentliche Ausschreibungen und Einrichtungen des öffentlichen Dienstes zu erlangen und sich auf illegale Weise zu bereichern oder sich andere Vorteile zu verschaffen. Außerdem schränken sie bei Wahlen das freie Wahlrecht ein, um so an Wählerstimmen für sich oder andere zu gelangen.

Es ist wichtig festzuhalten, dass es in dem Gesetz nicht zentral um Gewalt, sondern um Einschüchterung geht. Mitglieder einer Mafia-Gruppierung müssen nämlich nicht unbedingt Gewalt anwenden, um einschüchternd zu wirken. Die Angst vor Gewalt, die sie erzeugen, ergibt sich aus dem Ruf, den sie sich mit ihrem brutalen Vorgehen in der Vergangenheit erworben haben. Ciconte: »Nehmen wir an, Leute würden zu dir kommen und sagen: ›Don Peppino schickt mich.‹ Wenn du weißt, dass das ein Oberhaupt der örtlichen 'Ndrangheta ist, bezahlst du auf der Stelle den *pizzo*. Weil du Angst hast, dass dir, deiner Familie oder deinem Betrieb etwas zustoßen wird, wenn du ihm das Geld nicht gibst.«

Diese implizite Gewalt macht es im Ausland häufig sehr schwer zu beweisen, dass die Mafia dort aktiv ist. Der sechsfache Mord in Duisburg war eine eklatante Ausnahme, ansonsten sorgt die 'Ndrangheta dafür, dass sie keine schlafenden Hunde weckt. »In Europa wollen die Menschen nicht sehen, dass es in ihrem Land mafiose Praktiken gibt«, sagt Ciconte. »Schau, ich bin Kalabrese und finde es nicht schön, so auf der Gefahr der kalabresischen Mafia herumreiten zu müssen. Aber ich würde meiner Heimat damit keinen Dienst erweisen, wenn ich es bleiben ließe. Ich will, dass dieses Phänomen aus meiner Region vertrieben wird. Und das geht nur, indem ich darüber aufkläre und Menschen davon überzeuge, dass sie nicht mit der 'Ndrangheta leben müssen.«

15.

EINE STINKNORMALE FAMILIE

Außerhalb Italiens machen sich Journalisten im eigenen Land eher selten auf die Suche nach der 'Ndrangheta. Sie fahren lieber mal kurz nach Kalabrien, wo sie sich nach Kräften bemühen, 'Ndrangheta-Familien zu interviewen. Dabei stoßen sie ausnahmslos auf die Omertà, auf das wichtigste eiserne Gesetz der 'Ndrangheta, das unter Androhung der Todesstrafe zum Schweigen verpflichtet und allein schon deshalb einen sinnvollen oder verlässlichen Kommentar von vornherein ausschließt.

Kalabresische Journalisten hingegen wissen, dass sie 'Ndrangheta-Angeklagte gar nicht erst zu befragen brauchen. Wenn sie erfahren möchten, welche Argumente zu deren Verteidigung vorgebracht werden, haken sie bei den Anwälten nach. Vor vierzig Jahren gaben *capi* wie Mommo Piromalli zuweilen noch ein kurzes Interview, aber 'Ndranghetisten der heutigen Generation stehen Journalisten meist gar nicht erst zur Verfügung.

Gebannt saß ich vor Bildern der Fernsehsendung *Brandpunt*, deren Macher Ende 2013 in Kalabrien waren, um die 'Ndrangheta ganz aus der Nähe zu filmen. An einem grauen Dezembertag klopften die niederländischen Journalisten bei dem Priester Pino Strangio in San Luca an: Vielleicht könne er sie ja der Familie von Francesco Nirta vorstellen, der erst vor Kurzem in einem niederländischen Imbiss verhaftet worden sei?

Als Mitglied des Nirta-Strangio-Clans hatte Francesco

Nirta bereits sechs Jahre lang auf einer italienischen Fahndungsliste der gefährlichsten, steckbrieflich gesuchten Kriminellen gestanden. Wegen einer von vielen blutigen Abrechnungen in der Fehde von San Luca erwartete ihn eine lebenslange Haftstrafe. Als Nirta verhaftet wurde, aß er gerade mit einem Marokkaner und zwei Niederländern eine Portion Pommes. Sie saßen am Fenster des Imbisslokals, unweit von Nirtas Loft in Nieuwegein. Zu Hause bei Francesco Nirta fand die Polizei vierzig Kilo Kokain und im Auto eines der anderen Verhafteten achtzehntausend Euro in bar.

Das Kamerateam von *Brandpunt* hatte zunächst in Nieuwegein gefilmt. Einer Nachbarin, die im selben Stockwerk wohnte wie Nirta, zeigte es das Foto von einem Vierzigjährigen mit schütterem Haar und einem leeren, leicht schielenden Blick. »Wir könnten uns keinen besseren und ruhigeren Nachbarn wünschen«, lauteten ihre Worte. Durch einen Spalt in Francescos cremefarbenen Jalousien filmte das Kamerateam anschließend die Küche der polizeilich versiegelten Wohnung: nichts Aufregendes zu sehen. Nur ein paar Töpfe auf dem Herd, einige weiße Teller in einem Abtropfgestell aus Plastik und Flaschen mit Olivenöl, Rotwein und Tomatensauce auf der Arbeitsplatte. Den Tisch, auf dem eine Dose Illy-Kaffee stand, zierte eine Decke mit Rosenmotiv, die ich zufälligerweise auch zu Hause habe. Man findet sie auf jedem kalabresischen Markt. Ob seine Mutter sie ihm wohl mitgegeben hat, als er vor Jahren aus San Luca fortzog?

In San Luca konnte sich das Kamerateam der KRO auch kurz bei Francesco Nirta umsehen, denn Priester Don Pino Strangio war durchaus bereit, ein gutes Wort für die Journalisten einzulegen – waren nicht auch sie, die KRO (die »Katholische Rundfunk-Organisation«), ausnahmslos brave Katholiken? Die Niederländer wurden von einem Streifenwagen der Polizei zu dem Haus eskortiert, in dem nur noch die Mutter und der jüngste Bruder Francesco Nirtas lebten. Mit dem dunklen Ledersofa, dem Marmorfußboden, dem massiven Holzmobiliar und den Glasschränken war es ein Haus, wie es viele in Kalabrien gibt. Mutter Palma, eine kleine, runzlige Frau in Schwarz, sah aus, als würde sie seit Jahren nur noch trauern. Am Küchentisch, über den ein sauberes, selbst gehäkeltes Zierdeckchen drapiert war, holten die Niederländer das Foto von Francesco hervor, das sie sich ausgedruckt hatten. Weinend küsste die Mutter das DIN-A4-Blatt. »Ich sehe einen Engel. Mein Sohn ist ein Engel.«

Stefano Nirta, ihr jüngster Sohn, schaute bedrückt zu und ging rasch zur Verteidigung über. Laut Stefano war Francesco bloß in die Niederlande geflohen, weil man ihn in Italien zu Unrecht verurteilt hatte: »Für die Polizei und den Richter sind wir hier schon von Geburt an Verbrecher. In San Luca gibt es jede Menge Familien mit dem Nachnamen Nirta. Die wissen nicht mal, zu welcher wir gehören. Erst waren wir ihnen egal, aber seit 2007 sind wir auf einmal alle Clanchefs, ’Ndranghetisten.«

»Dabei haben wir mit der ’Ndrangheta nichts zu tun«, verkündete Mutter Palma mit erhobenem Zeigefinger und nach unten gezogenen Mundwinkeln, die andere Hand in die Hüfte gestemmt. »Und auch nicht mit der sogenannten Mafia«, schickte sie noch hinterher.

»Wir sind *una famiglia normalissima*«, betonte Stefano erneut.

Eine stinknormale Familie also. Über die vierzig Kilo Koks im Marktwert von mehreren Millionen Euro, die Francesco Nirta in Nieuwegein bei sich gehabt hatte, wurde mit seinem jüngeren Bruder und der Mutter in San Luca nicht gesprochen. Auch nicht über Palmas Mann Giuseppe Nirta, dem Vater ihrer acht Kinder. Er war einige Jahre zuvor in einem Bunker unweit seines Zuhauses verhaftet worden und hatte lebenslänglich bekommen – für dasselbe Verbrechen, für das bereits sein Sohn Francesco verurteilt worden war. Die Ermordung eines Schafhirten war eine der letzten Bluttaten in der berüchtigten Fehde von San Luca, die im Sommer 2007 mit dem sechsfachen Mord in Duisburg endete.

Die Fehde hatte im inzwischen weit zurückliegenden Jahr 1991 an einem tragischen Karnevalsabend begonnen. Francesco, damals gerade siebzehn, zog sich mit einer Eierschlacht den Zorn der Familie Vottari zu. Er wurde zusammengeschlagen und holte drei seiner älteren Brüder zur Verstärkung, die noch am selben Abend in ihrem Auto beschossen wurden. Zwei von ihnen, Gianluca und Sebastiano Nirta, wurden schwer verletzt. Domenico, der dritte Bruder, starb, auch einer der Strangios, der mit im Auto saß.

Während zwischen dem Nirta-Strangio- und dem Pelle-Vottari-Clan Racheakt auf Racheakt folgte, wuchsen Palmas Jungen heran und heirateten Frauen aus der Familie Strangio. Am ersten Weihnachtstag des Jahres 2006 waren sie fast alle bei Palma und ihrem Mann, als das Fest plötzlich brutal gestört wurde. Männer des Pelle-Vottari-Clans drangen ein und schossen mit Pistolen, einer Kalaschnikow und einem Jagdgewehr wild um sich. Palmas Sohn Francesco wurde in die Ferse getroffen und ein fünfjähriger Enkel in den Fuß. Die meisten Kugeln galten dem ältesten Sohn Gianluca, aber es war dessen Frau Maria, die vor ihren drei kleinen Kindern drei Mal in die Brust getroffen wurde: die schöne Maria, deren Tod am nächsten Mariä-Himmelfahrtstag mit sechs Leichen vor dem Restaurant Da Bruno in Duisburg gerächt werden sollte. Palmas Sohn Sebastiano, der seinem Bruder Stefano bis aufs Haar gleicht, musste sich wegen Beteiligung an dem sechsfachen Mord verantworten. Würde er als vierter Sohn Palmas genau wie ihr Mann eine lebenslange Haftstrafe bekommen?

Diese traurige Familienchronik wurde in der *Brandpunt*-Reportage nicht angesprochen. Stattdessen reicherte man den Hausbesuch bei der 'Ndrangheta-Familie mit Aufnahmen der ärmlich wirkenden Straßen San Lucas und einiger böse dreinschauender Passanten an. Am Ende sah der Zuschauer, wie ein Mitglied der italienischen Polizei-Eskorte, die die Journalisten vorher zur Kirche und zum Haus der Familie Nirta begleitet hatte, dem etwas zu lange dort verweilenden Kamerateam riet, seine Ausrüstung rasch zusammenzupacken, um keine Aggressionen bei der Bevölkerung auszulösen. Das Image, das San Luca seit dem Blutbad von Duisburg überall auf der Welt anhaftet, wurde erneut bestätigt: ein potthässliches Dorf, das dazu verdammt zu sein scheint, für immer und ewig ein 'Ndrangheta-Ghetto zu bleiben.

Deutlich aufschlussreicher war da das kurze Interview, das die Niederländer mit dem Priester Don Pino Strangio gefilmt hatten. Gelassen erzählte der, wie er einmal von Kriminellen aus dem Dorf bedroht worden sei: Sie hätten ihm das Auto abgefackelt. Und wie hatte Don Pino auf diese Gewalt reagiert? Er hatte sich bei der nächsten Sonntagsmesse bei seinen »Brüdern« bedankt, ihn nicht ermordet zu haben.

Als Don Pino Strangio den niederländischen Fernsehleuten in einem schwarzen Anzug und mit blütenweißem Priesterkragen zwischen den Bänken seiner Kirche Rede und Antwort stand, war er schon seit mehr als dreißig Jahren Priester in San Luca. Wie vielen Ehen und Taufen hatte Don Pino in all den Jahren nicht schon zur Stärkung der Bande zwischen 'Ndrangheta-Familien seinen Segen gegeben? Wie viele in 'Ndrangheta-Kriegen gefallene Männer jeden Alters hatte er begraben müssen? Und was hatte er schon alles gesehen, gehört und für sich behalten? »Es heißt, dass in San Luca viel Geld zu Hause ist«, erzählte der Priester seinen niederländischen Besuchern. »Ich sehe offen gestanden nichts von diesem Geld, ich sehe nur große Armut. Und Gefangene, die nicht einmal von der eigenen Ehefrau besucht werden dürfen.«

Als Geistlicher tröstete Don Pino nicht nur Witwen, Mütter und Frauen, deren Männer, Söhne und Brüder im Gefängnis saßen, sondern nahm in der näheren Umgebung auch noch andere Aufgaben wahr, wie etwa die, sich um das Heiligtum der Madonna vom Berge in Polsi zu kümmern: um den Wallfahrtsort, an dem die 'Ndrangheta-Anführer alljährlich zusammenkamen und wo einen Monat nach dem Blutbad von Duisburg der Frieden zwischen den Clans wiederhergestellt wurde.

Die Omertà, also Schweigepflicht, galt jahrhundertelang in der katholischen Kirche, und zwar bis in die höchsten Kreise hinein. Der erste Papst, der es wagte, in Kalabrien das Wort »'Ndrangheta« in den Mund zu nehmen, war der Argentinier Jorge Mario Bergoglio, Papst Franziskus. Sein Vorgänger Joseph Ratzinger (Papst Benedikt XVI.) hatte Kalabrien ebenfalls einen Kurzbesuch abgestattet. Er war im abgelegenen Bergdorf Serra San Bruno durchs Kartäuserkloster der Schweigemönche geschlurft und hatte in seiner Predigt die Bedeutung der Stille betont. Kurz danach trat er als erster Papst seit sechshundert Jahren zurück und wurde durch seinen Nachfolger Bergoglio ersetzt.

Die Entscheidung dieses neuen Papstes Franziskus, im Juni 2014 das kalabresische Städtchen Cassano allo Ionio zu besuchen, weckte hohe Erwartungen. In Cassano trauerte man nämlich um ein dreijähriges Kind, das der 'Ndrangheta zum Opfer gefallen war. Die Eltern von Cocò, wie der kleine Junge genannt wurde, saßen im Gefängnis, weshalb sein Großvater, der zweiundfünfzigjährige Giuseppe, der ebenfalls schon wiederholt wegen Drogenhandels Gefängnisstrafen verbüßt hatte, für ihn sorgte. Opa Giuseppe dealte munter weiter und das dermaßen stur, dass er sich den Zorn seiner Konkurrenten zuzog. Er wusste, dass ihm Gefahr drohte, aber mit seinem Enkel auf der Rückbank und seiner Freundin auf dem Beifahrersitz wähnte er sich unantastbar. Wer würde es da schon wagen, ihn anzugreifen? Er sollte sich täuschen. An einem grauen Januartag fand man seinen ausgebrannten Fiat Punto, auf dem Dach lag eine Fünfzig-Cent-Münze zum Zeichen, dass es um eine Abrechnung ging. Im Auto befanden sich drei verkohlte Leichen.

Das traurige Schicksal des kleinen Cocò führte den in der Bevölkerung äußerst beliebten Papst nach Cassano. Ich wollte seinen Besuch auf keinen Fall verpassen. Bergoglio, gerade mal seit einem Jahr Papst, hatte mit seinen Bemerkungen schon viel Staub aufgewirbelt. Kurz nach seinem Amtsantritt hatte er angekündigt, bei der Vatikanbank aufzuräumen, in der Mafiosi bekanntermaßen gern ihr Schwarzgeld parkten. Der Vatikan sollte kein Steuerparadies mehr sein, und der Papst stellte Leute ein, die für legale, transparente Bankgeschäfte sorgen sollten. Das war keine Kleinigkeit. In Italien munkelte man, der ehrgeizige Papst habe sich unter den Mafiosi gefährliche Feinde gemacht. Seitdem schien sich Bergoglio im Ton zu mäßigen, doch sein Kalabrien-Besuch versprach eine weitere Provokation.

Mit einer neuen Videokamera im Gepäck trat ich mit N. auf gut Glück die lange Fahrt nach Cassano an. Als wir überpünktlich den weitläufigen Versammlungsort erreichten, wo der Papst sprechen sollte, hatte sich dort bereits eine riesige Menschenmenge versammelt. Aus ganz Kalabrien waren die Leute mit Bussen angereist – die Medien sollten später von 250 000 Besuchern sprechen, die fünf Fußballstadien hätten füllen können. Sie wurden auf verschiedene, durch Absperrgitter voneinander getrennte Bereiche verteilt. Viele Gruppen hatten sich mit eigens für den Anlass bedruckten T-Shirts, Gitarren, Tamburinen, Picknickkörben und Sonnenmützen eingedeckt. Hier und da wurde getanzt und »Halleluja« gerufen, überall strahlende Gesichter.

Mich mit der Kamera hinten in die überfüllten Zuschauerbereiche einzureihen, war nicht sehr verlockend, deshalb setzte ich all meine Hoffnungen auf meinen Presseausweis. Der brachte uns durch mehrere Kontrollen fast bis zur Bühne, wo uns einer der Organisatoren zur Registrierung mitnahm. Obwohl ich noch gar nicht wusste, ob und wo wir unsere Aufnahmen veröffentlichen würden, bluffte ich und behauptete, der katholische Rundfunk der Niederlande hätte uns geschickt. Genau die richtige Strategie. Und da saßen wir nun, auf der überdachten Pressetribüne, zusammen mit höchstens fünfzehn weiteren Personen – der reinste Segen! Auf der einen Seite die Bühne und auf der anderen ein Meer aus Gläubigen. Die meisten würden ihr Idol gleich lediglich auf einer Großbildleinwand bestaunen können.

Die Bühne auf dem riesigen Feld, auf der mitten in der grellen Sonne bereits der Altar für die Messe wartete, erinnerte an das Setting in Agrigent, wo der polnische Papst Johannes Paul II. 1993 seine emotionale Predigt gegen die Gewalt der sizilianischen Mafia gehalten hatte. Hier, zwischen kalabresischen Mandarinenbäumen und Reisfeldern, fehlten zwar die griechischen Tempel und damit auch die imposante Kulisse von damals, dafür waren Bühne und Zuschauermenge viel größer. Wie weit würde Bergoglio gehen?

Die Regisseure im Umfeld des Stellvertreters Christi auf Erden schenkten uns jedenfalls eine fantastische Anfangsszene. Mit seinem weißen Hubschrauber, der sich deutlich vom blauen Himmel abhob, hatte Papst Franziskus ein beeindruckendes Entrée. Weniger überraschend war, dass das Papamobil vor der Messe erst noch durch die ausgelassene Menschenmenge fuhr. Wie bei solchen Anlässen üblich, reichte man dem Papst durch einen Wald winkender und mit dem Handy fotografierender Hände zahlreiche Kinder an. Er küsste sie alle geduldig auf die Stirn. Mehrere streng dreinblickende Bodyguards umringten ihn, doch Bergoglio überstrahlte sie mit seinem Lächeln.

Danach betrat der Papst die Bühne und begann mit seiner Messe, begleitet von zahlreichen Bischöfen mit Mitra. An diesem Tag war Fronleichnam, und die Lieder und Gebete standen im Zeichen des Corpus Domini, des »Leibes Christi«, dem man in jeder katholischen Messe bei der Eucharistiefeier, wenn die Hostien verteilt werden, begegnet. Vom »Gloria« bis zum »Amen« konnte man alles in dem Heftchen mit der Liturgie nachlesen, das im Vorfeld verteilt worden war. Alles, bis auf die sehnsüchtig erwartete Predigt.

Die Spannung wuchs merklich, als der Papst mit seinen Ausführungen begann. »Wenn man Gott, den Herrn, nicht anbetet, wird man zu Anbetern des Bösen, wie jene es sind, die von Verbrechen und Gewalt leben. Eure Region, die so schön ist, kennt die Zeichen und die Folgen dieser Sünde«, sagte er. »Das ist die ’Ndrangheta: Anbetung des Bösen und Verachtung des Gemeinwohls.«

Der fast kindliche Klang der Stimme Bergoglios dämpfte die Wucht seiner Worte ein wenig. Nach einer kurzen Pause brandete ein lauter, befreiender Applaus auf, und der Papst fuhr mit immer mehr Nachdruck fort: »Dieses Übel muss bekämpft, muss entfernt werden! Man muss dazu Nein sagen! (...) Jene, die in ihrem Leben diesem Weg des Bösen folgen, wie die Mafiosi, stehen nicht in Gemeinschaft mit Gott: Sie sind exkommuniziert!«

Wir saßen schon lange nicht mehr auf der Pressetribüne, sondern filmten zwischen den Zuschauern vor der Bühne. Der Auftritt des Papstes hatte eine leicht euphorisierende Wirkung. Seine Idee, die Mafiosi zu exkommunizieren, sie aus der Gemeinschaft der Gläubigen zu verbannen, war auf den ersten Blick derart simpel und naheliegend, dass man sich ungläubig fragte, warum die Kirche so etwas nicht schon sehr viel früher verkündet hatte. Und obwohl sich die Botschaft des Papstes vor allem an Priester und Bischöfe richtete, wurde ich nachdenklich. Wie wörtlich darf man so eine Exkommunikation nehmen? Würde es in einem kalabresischen Dorf jemals möglich sein, die 'Ndrangheta aus der Kirchengemeinde zu verstoßen? Wie sollten die Priester Kalabriens so etwas bloß praktisch umsetzen? Sollten sie alle mutmaßlichen 'Ndranghetisten von nun an von der Messe ausschließen? Das war leichter gesagt als getan.

Trotzdem machte sich schnell so etwas wie ein Kulturwandel bemerkbar. In der Zeitung wurde Ungewöhnliches von einer Prozession berichtet, bei der zwei Wochen nach der Papstpredigt eine Marienstatue durch das kalabresische Dorf Oppido Mamertina getragen wurde: ein Großereignis mit zig Trägern, einer Blechbläsergruppe und einem langen Zug aus Gläubigen. Wie in den Jahren zuvor blieben die Träger dreißig Sekunden vor dem Haus des lokalen 'Ndrangheta-Bosses stehen. Eine hartnäckige Ehrenbezeugung für den inzwischen zweiundachtzigjährigen Clan-Chef, der dank seines hohen Alters seine lebenslange Haftstrafe wegen Mordes und anderer Verbrechen im Hausarrest absitzen durfte. Kurz schienen alle mitzumachen, doch diesmal verließ ein Carabinieri-Adjutant die Prozession, um sein Missfallen kundzutun. Er wies seine Kollegen an, ein Video vom Priester und den Trägern der Marienstatue zu machen, um es als Beweismaterial zu verwenden.

Wie schwierig es ist, in Kalabrien Priester zu sein, und wie mühsam eine Exkommunikation in die Praxis umzusetzen ist, begriff ich erst einige Jahre nach dem Papst-Auftritt, als ich zum ersten Mal das Heiligtum von Polsi aufsuchte. Es war der Tag der Madonna-Prozession, ein religiöses Fest, tief im Aspromonte-Gebirge, das schon seit über hundert Jahren massenhaft Pilger anzieht und die wichtigsten Männer der 'Ndrangheta zusammenbringt. Ich hatte bereits im Vorfeld Kontakt zum Priester Tonino Saraco aufgenommen, der seit Kurzem für das Heiligtum von Polsi zuständig war, um ein Interview mit ihm zu vereinbaren. Tonino Saraco hatte das Amt von Don Pino Strangio, dem Priester aus San Luca, übernommen. Der hilfsbereite Priester aus der *Brandpunt*-Reportage war inzwischen wegen Zusammenarbeit mit der 'Ndrangheta angeklagt worden. Aufgrund des Strafverfahrens war er in Polsi zurückgetreten, in der Kirche von San Luca predigte er allerdings immer noch.

Don Tonino Saraco, der neue Herrscher über das Heiligtum Polsi, war bereits seit fünfzehn Jahren Priester an der ionischen Küste Kalabriens, wenn auch keiner, der sein Fähnchen nach dem Mafia-Wind hängte. Schon lange bevor Papst Franziskus nach Kalabrien gekommen war, hatte er die Exkommunikation eingeführt, indem er einem 'Ndranghetisten im Küstenort Siderno die *cresima*, die Firmung, verweigert hatte. Kurz darauf fand der junge Priester fünf Kugeln in seinem Auto sowie einen Zettel mit den Worten: »Wenn du so weitermachst, bekommst du die in den Kopf.« Daran musste ich denken, als ich in seinem WhatsApp-Profil las: »Das Leben ist das größte Geschenk.«

Wer am ersten Septemberwochenende an der alljährlichen Prozession zu Ehren der Madonna von Polsi teilnehmen möchte, muss früh aufstehen, denn die Fahrt zum Pilgerort mitten im weitläufigen Aspromonte-Gebirge ist lang, egal, in welcher Ecke Kalabriens man beheimatet ist. Eingefleischte Pilger gehen schon am Vortag zu Fuß dorthin und übernachten im Gästehaus neben der Kirche. Ich brach noch vor Sonnenaufgang auf – allerdings mit dem Auto. Der überwiegende Teil der Gebirgsstraße nach Polsi war nicht asphaltiert, voller Schlaglöcher und Steine. Handys hatten kilometerweit keinen Empfang, aber zum Glück gab es jede Menge Leute mit demselben Ziel. Wegen des Trubels hatte Polsi doch noch eine kurze Pilgerwanderung für uns in petto: Die letzten Kilometer spazierte ich mit anderen, die eher spät dran waren, an den geparkten Autos vorbei, hinter denen wir uns eingereiht hatten. Erst anderthalb Stunden bergauf und dann wieder eine Stunde bergab ins Tal von Polsi.

Es war sonnig und windstill. Ganze Familien waren hier unterwegs, von Jung bis Alt. Väter schoben Kinderwagen, Mütter liefen mit Blumen und Kerzen vor der Madonna her. Musikanten mit Ziehharmonika, Tamburin und kalabresischem Dudelsack spielten am Straßenrand Tarantella, und an den Haarnadelkurven saßen Leute, die neben ihrem Wohnwagen oder Zelt frühstückten. Je näher wir Polsi kamen, desto mehr Staub wurde von dahinbretternden Geländemotorrädern aufgewirbelt. Darauf saßen junge Männer ohne Helm, denn wenn man hier, unweit von San Luca, einen Helm trägt, kann man für einen maskierten Killer gehalten werden, wie man mir erzählte.

Seit jeher war das Heiligtum von Polsi ein Ort, den man als Pilger bewaffnet aufsuchte, weil man nie wusste, was einen in den Bergen erwarten würde. Sünder pilgerten zur Madonna, um Vergebung zu erbitten. Einige Verfehlungen wurden noch an Ort und Stelle gesühnt, so dass nicht alle lebend von diesem Fest zurückkehrten.

Doch im Großen und Ganzen hatte das berüchtigte San Luca auf dem Weg nach Polsi erstaunlich normal und freundlich gewirkt. Bougainvilleen und andere Blumen schmückten die leeren Straßen, und im warmen Licht des Sonnenaufgangs wirkte der kahle Beton vieler Wände gleich viel weniger grau. Kaum hatten wir das Dorf hinter uns gelassen, führte der Weg an Olivenhainen, weidenden Schafen und Ziegen vorbei, hinein in die stillen Wälder des Aspromonte-Gebirges. Nach einer Weile tauchte ein riesiger weißer Fels auf, die Pietra Cappa. Entführungsopfer der 'Ndrangheta hatten diesen großen kahlen Felsen erwähnt – ein Orientierungspunkt in der ansonsten dicht bewaldeten Bergregion, in der man sich kaum zurechtfinden kann.

An der Straße war an einigen Stellen auch Polizei mit

Streifenwagen und Pferden zu sehen. Seit die Carabinieri die Versammlung der 'Ndrangheta-Bosse bei diesem religiösen Fest heimlich gefilmt hatten, lag es auf der Hand, dass das 'Ndrangheta-Gipfeltreffen jetzt irgendwo anders stattfand. Dennoch blieb die Madonna von Polsi die wichtigste Schutzheilige der kalabresischen Mafiosi, und dass diese sich ganz verjagen lassen würden, war wenig wahrscheinlich.

Die meisten Polizisten schoben Wache in Polsi, wo eine merkwürdige Atmosphäre aus religiöser Andacht und lautem Kommerz herrschte. In Holzbuden wurden Unmengen von Souvenirs feilgeboten: Bilder von der Madonna vom Berge, die unter den vielen Goldkettchen fast nicht mehr zu erkennen war, oder vom Erzengel Michael, vom anderen Schutzheiligen der 'Ndrangheta, sowie von Jesus mit einem leuchtenden Herz in der Hand. Halstücher, Lätzchen, Rosenkränze, Tamburine und Kühlschrankmagneten. Vor anderen Buden stieg Rauch auf. Dort wurden Würste und Burger gegrillt, Pommes und Bier verkauft.

Auf einer Bank neben der Kirche sah ich eine Waffe liegen. Ein Kind griff danach, Gott sei Dank eine Wasserpistole! In der Kirche selbst hing der Schweißgeruch der Pilger. Einige hatten die ganze Nacht hier verbracht. In der Tür stand ein junger Mann, der wissen wollte, wo ich herkam. Er selbst stammte aus Scido, einem Dorf in Richtung der Tyrrhenischen Küste. Er war achtzehn und lief seit seinem dreizehnten Geburtstag jedes Jahr die dreißig Kilometer zum Fest der Madonna. Ihm komme es so vor, als wären in den letzten Jahren weniger Leute da als früher. Den Grund dafür kenne er nicht. »Könnte das vielleicht etwas mit den aktuellen Einsätzen gegen die 'Ndrangheta zu tun haben?«, fragte ich. Er schüttelte den Kopf. »Davon weiß ich nichts.«

Die Prozession, bei der die Madonnenstatue um die Kirche getragen wurde, sah aus wie jede andere auch. Ich löste mich aus der Schar der Gläubigen und suchte das Heiligtum nach der Säule mit der kleinen steinernen Madonna ab, unter der Domenico Oppedisano zum Boss der Bosse der 'Ndrangheta ernannt worden war. Die Säule gab es nicht mehr. Dort, wo die im Kreis stehenden 'Ndrangheta-Anführer gefilmt worden waren, stand nun die Büste eines bebrillten Priesters, der Ende der Achtzigerjahre unweit von Polsi erschossen worden war, nachdem er sich für die Befreiung eines entführten Jungen eingesetzt hatte.

Als nach der Prozession immer mehr Menschen in die Kirche drängten, um die Füße der Madonnenstatue zu küssen, stieg ich die alte Klostertreppe hinauf. Don Tonino Saraco hatte mir eine freundliche Nachricht geschickt und mich eingeladen, ihn in seinem kleinen Büro oben im Kloster zu besuchen. Im überdachten Laubengang des obersten Stockwerks reihten sich die Porträts seiner Vorgänger aneinander. Ich fragte mich, wie oft sie hier wohl ein Auge zugedrückt hatten.

Ganz am Ende des Laubengangs stand die Tür zu Don Toninos Büro offen. Der saß am Schreibtisch, hatte sein cremefarbenes Priestergewand abgelegt und rauchte eine Selbstgedrehte. In seinem schwarzen, kurzärmeligen Hemd wirkte er äußerst nahbar. Der weiße Priesterkragen hing ihm lose um den Hals. Er war bestimmt müde und erleichtert, nachdem das wichtigste Event des Jahres geschafft war. An Prozession und Messe hatten nicht nur Hunderte von Gläubigen teilgenommen, sondern auch der Bischof, jede Menge hohe Tiere von der Polizei und ein Kamerateam der Rai. Alles war ruhig und ohne besondere Vorkommnisse verlaufen.

Ich fragte ihn, was sich seit seinem Amtsantritt in Polsi verändert habe.

»Überall hängen Kameras, in der Kirche und davor, außerdem registrieren wir die Pilger jetzt. Anderswo mag das banal sein, aber an diesem Ort ist es vielsagend.« Er redete nicht um den heißen Brei herum: »Ich komme von außen und hatte Angst, von den Einwohnern von San Luca nicht sehr freundlich aufgenommen zu werden. Doch das genaue Gegenteil ist der Fall. Ich wurde mit offenen Armen empfangen. Die Frauen aus San Luca, die mit mir die Messe organisieren, sind fantastische, ganz besondere Menschen. Aus den Medien hat man ein ganz falsches Bild. Natürlich gibt es auch Leute, die Dreck am Stecken haben, aber dass alle Einwohner San Lucas schlechte Menschen wären, kann man wirklich nicht behaupten. Wenn man das tut, nährt man das Böse. Es gibt einen kleinen Prozentsatz schlechter Menschen und einen großen sehr guter.«

Ich fragte ihn, ob er vom Priester in San Luca ebenfalls Unterstützung erfahren habe. Mit zusammengepressten Lippen sah er mich hilflos, ja entschuldigend an. Die Frage könne er nicht beantworten.

Ich erzählte ihm, dass ich wüsste, was in Siderno passiert war, und fragte: »Folgen Sie auch der Linie von Papst Franziskus, der sagt, dass Mafiosi nichts in der Kirche verloren haben?«

»Ich finde die Regel gut«, sagte Don Tonino. »Das Problem ist nur, dass ich hier oft nicht wissen kann, ob jemand mafios ist oder nicht. Ich kann da auch schlecht Nachforschungen anstellen. Für mich sind alle, die nach Polsi kommen, Pilger. Was ich allerdings schon tun kann, ist klarzustellen, dass die Madonna kein offenes Ohr für Dinge hat, die nichts mit Liebe und Barmherzigkeit zu tun haben. Wenn ein 'Ndranghetist nach Polsi kommt, um sich zu bekehren, ist er willkommen. Kommt er aus anderen Gründen hierher, erhört ihn die Madonna nicht.«

Ich fand es wirklich clever, wie Don Tonino die 'Ndrangheta-Exkommunikation der Madonna selbst überließ. Während der Messe, als die Madonnenstatue von Polsi von ihren Trägern kurz abgestellt worden war, hatte ich sie mir ganz genau anschauen können. Sie saß aufrecht auf einem Stuhl, in ein hellrosa Gewand gehüllt. Ihre Knie zeigten etwas nach außen, vermutlich um ihre enorme Krone aus Gold und Silber, die sie auf dem Kopf trug, und das nackte Jesuskind auf ihrem Arm auszubalancieren. Auch das Jesuskind trug solch eine überdimensionierte Krone, in der einen Hand hielt es ein Herz und in der anderen eine goldene Kugel.

Während ich wild drauflos assoziierte, was Herz und Goldkugel für 'Ndranghetisten wohl bedeuten mochten, suchte ich das Publikum nach mürrisch dreinblickenden Männern ab. Ich konnte keine entdecken. Dafür blieb mein Blick an zwei mürrisch dreinblickenden Frauen hängen, die ganz hinten auf der Steintribüne saßen: Aurelia und Teresa Strangio, zwei Schwestern von Giovanni Strangio, dem zu lebenslanger Haft verurteilten »Killer von Duisburg«, der in einem niederländischen Reihenhaus in Diemen verhaftet worden war.

Aurelia fiel mir mit ihrer dunkelblonden Löwenmähne sofort auf. Ich musste wieder an die Fotos denken, die zeigten, wie sie sich während des Prozesses gegen ihren Bruder zusammen mit ihrer Mutter und weiteren Frauen aus der Familie an die Kirchenbänke des Doms von Reggio Calabria gekettet hatte. Giovanni sei unschuldig, so ihre Botschaft, er werde nur wegen seines Nachnamens verfolgt. Auf ihre T-Shirts hatten sie ein Foto von ihm drucken lassen, und in San Luca hing ein Transparent von Giovanni mit seinen blauen Augen, direkt neben dem Bild von einem gekreuzigten Jesus.

Giovannis lebenslängliche Haftstrafe wurde in nächster Instanz vom Kassationsgericht bestätigt. Aus dem Gefängnis heraus ließ er vernehmen, mit dem Papst sprechen zu wollen. »In den Augen, die mir der liebe Gott geschenkt hat, wird er meine Unschuld erkennen.« Nach Deutschland sei er nur gefahren, um Pizza zu backen – einfach, um der Armut in San Luca zu entkommen.

Eines der Restaurants von Giovanni hieß San Michele, benannt nach dem Erzengel Michael. Das Fluchtauto, das nach dem Blutbad vor dem Restaurant Da Bruno von Überwachungskameras gefilmt und im belgischen Gent gefunden wurde, enthielt nicht nur Spuren von Giovanni, sondern auch DNA von seinem Schwager Sebastiano Nirta, dem älteren Bruder des in dem Imbiss von Nieuwegein verhafteten Francesco Nirta. Auch Sebastiano Nirtas Beteiligung am Blutbad von Duisburg sollte einige Jahre nach Giovannis Schuldspruch vom Kassationsgericht bestätigt werden.

Ironischerweise waren es Giovanni Strangios Schwestern, die den Anklägern im Strafverfahren rund um die Fehde von San Luca viele wertvolle Informationen lieferten. Sie bekamen ein paar Jahre Hausarrest für mafiose Verbrechen wie illegalen Waffenbesitz und das Überbringen von Clan-Botschaften. Mit Taschen voller Lebensmittel, Geld und Waffen waren sie 2008 zu ihren Männern und ihrem Bruder in die Niederlande gefahren und hatten die Polizei so zur Deckadresse von Aurelias flüchtigem Mann Giuseppe Nirta in Amsterdam geführt. Teresas ebenfalls steckbrieflich gesuchten Gatten, Francesco Romeo, traf die Polizei ein halbes Jahr später bei der Familie ihres Bruders Giovanni Strangio in Diemen an.

Missmutig saßen Aurelia und Teresa in der hintersten Ecke der steinernen Tribüne, die sich an die Kirche von Polsi anschließt, und lauschten der Messe. Mit ihren schwarzen T-Shirts und den schwarzen Jeans hoben sie sich deutlich vom bunt gekleideten Publikum ab. Sie wirkten isoliert: Um sie herum waren viele Plätze leer. Zwischen ihnen eingezwängt saß eine jüngere Frau, die ihnen stark ähnelte, vermutlich die Tochter einer der beiden. Sie hatte sich heute zu Ehren des Festes der Madonna von Polsi nicht einfach ein schwarzes T-Shirt angezogen, sondern eines mit Glitzer und dem Motiv einer neumodischen Ikone: der eines Totenkopfes mit roten, herzförmigen Augen.

Die Kommunion begann, und der Priester verkündete, auch an Menschen mit Glutenallergie sei gedacht worden. Während viele von der Tribüne strömten und sich eine lange Schlange vor dem Altar bildete, schaute ich mir unverwandt die drei Frauen an. Sie gingen nicht nach unten und verzichteten damit auch auf die Hostie – sogar auf die glutenfreie.

16.

ALLES UNTER KONTROLLE

So langsam fiel es auf, wie oft die Niederlande mit der 'Ndrangheta in Verbindung gebracht wurden. Wie oft sich in Kalabrien Drogenimporte über die Niederlande auf 'Ndrangheta-Clans zurückführen ließen. Und wie außergewöhnlich viele ihrer gefährlichsten, steckbrieflich gesuchten Verbrecher in den Niederlanden verhaftet wurden, nachdem sie dort jahrelang unbehelligt hatten leben und ihren Geschäften nachgehen können. Experten wiesen darauf hin, dass die 'Ndrangheta sehr wahrscheinlich in niederländische Firmen und Immobilien investierte. Es gab Hinweise auf Geldwäsche und eine Unterwanderung der legalen Wirtschaft, denen die niederländische Justiz allerdings bisher nicht nachgegangen war.

Trotz der vielen beunruhigenden Warnzeichen für eine Präsenz der mächtigsten Mafia Europas in den Niederlanden wurde noch immer kaum darüber gesprochen oder geschrieben. In den niederländischen Medien fasste man sich kurz, was die 'Ndrangheta anging, man hielt sich da raus. So als ginge es ausschließlich um Angelegenheiten zwischen süditalienischen Kriminellen, die unser Land nicht wirklich zu interessieren hatten. Glaubten die Niederlande, so wie es Norditalien lange getan hatte, immun gegen die Mafia zu sein?

In Amsterdam wurde am 31. Juli 2014 Marc B. verhaftet, ein Mann um die vierzig, der in Rom geboren war, aber zusammen mit seinem Bruder ein schickes, gut gehendes italienisches Restaurant am Amsterdamer Singel führte. Der italienischen Polizei zufolge belieferte er die ’Ndrangheta, genauer gesagt den Cacciola-Clan aus Rosarno, die Familie der mit Salzsäure ermordeten Zeugin Maria Concetta Cacciola, mit Kokain. Zusammen mit Marc B. wurden noch fünfzehn weitere Verdächtige in Deutschland und Kalabrien festgenommen. Sie blieben in Untersuchungshaft, doch das Amsterdamer Gericht gelangte zu dem Schluss, dass bei Marc B. keine Fluchtgefahr bestehe. Man ließ ihn frei, woraufhin er sofort das Weite suchte.

Hinter den Verhaftungen steckte erstaunlicherweise erneut die Zeugenaussage einer jungen Frau aus Rosarno: Giuseppina Multari, eine angeheiratete entfernte Cousine von Maria Concetta Cacciola. Diese Giuseppina war mit Antonio Cacciola verheiratet, der ein Sicherheitsrisiko für die Familie darstellte, weil er depressiv und alkoholsüchtig war. Eines Abends beging er Selbstmord – so erklärte man es wenigstens Giuseppina. Von da an wurde sie im Haus ihrer Schwiegerfamilie gefangen gehalten. Sie nahm all ihren Mut zusammen und bat ihren Vater, der Polizei einen Brief zu übergeben, in dem sie anbot, gegen ihre Schwiegerfamilie auszusagen. Während ihrer Geiselhaft im Haus der Cacciolas hatte sie nämlich gut aufgepasst. Deshalb konnte sie berichten, dass eine kalabresische Frau aus Deutschland regelmäßig Kokain und Waffen nach Rosarno bringe. Giuseppinas Schwäger streckten die Drogen dann mithilfe ihrer Küchenmaschine, um sie anschließend weiterzuverkaufen. Wer genau vorbeischaute, um mit ihrer Schwiegerfamilie Geschäfte zu machen, hatte sie sich ebenfalls gemerkt. Von einem Mann aus San Luca wusste sie, dass er neben Drogen auch religiöse Andenken in Polsi verkaufte: Sie hatte ihn einmal mit ihrem Mann beim Heiligtum der Madonna getroffen.

Dank Giuseppina kam die Polizei einem Waffenarsenal

und einem Bunker der Cacciolas auf die Spur, außerdem konnte sie die Route, die das Kokain von Amsterdam nach Rosarno nahm, rekonstruieren. Die Frau, die das Kokain und die Waffen nach Rosarno transportierte, war Besitzerin zweier Restaurants und einer Eisdiele in Düsseldorf. Zwei Jahre lang hatte sie nach Erkenntnissen des Gerichts von Reggio monatlich fünfzehn bis zwanzig Kilo Kokain bei Marc B. in Amsterdam abgeholt und es mit einem Mietwagen über Deutschland nach Kalabrien gebracht. Die italienische Polizei ortete ihr Handysignal und ertappte sie in Rosarno auf frischer Tat.

Giuseppina Multari lebt heute mit ihren Eltern und Kindern an einem geheimen Ort. Marc B. ist flüchtig, in Kalabrien läuft noch ein Strafverfahren gegen ihn. Er wird zwar nicht der 'Ndrangheta-Mitgliedschaft verdächtigt, aber man wirft ihm vor, systematisch mit ihr zusammengearbeitet zu haben, indem er ihnen Drogen lieferte. Die anderen fünfzehn Angeklagten wurden vom Gericht von Reggio Calabria wegen Drogen- und Waffenhandels sowie wegen Mafia-Mitgliedschaft zu acht- bis dreizehnjährigen Haftstrafen verurteilt.

Ein paar Wochen nach der Festnahme in Amsterdam wurde ich plötzlich Zeugin mehrerer Verhaftungen in meinem Dorf. Es war ein extrem heißer August, und immer wieder hing der Qualm von Waldbränden über den Hügeln. Zusehen zu müssen, wie Bäume verbrannten, als wären sie Streichhölzer, und Ascheflocken durchs offene Fenster hereinwehten, wollte so gar nicht zu der Unbeschwertheit des Sommers passen. Zum Löschen wurden Hubschrauber eingesetzt. Feuerwehrleute füllten ein riesiges Reservoir mit Meerwasser und flogen so lange zwischen Meer und Bergen hin und her, bis der Brand unter Kontrolle war. Sobald ich, wie auch an diesem Nachmittag Ende August, einen Hubschrauber hörte, ging ich auf den Balkon, um zu sehen, wohin er flog, denn manchmal kam das Feuer den Häusern beängstigend nah. Diesmal aber war weder Rauch noch Feuer zu sehen, dafür ein Polizeihubschrauber, der mit einem Scharfschützen in der offenen Tür über dem Dorf schwebte. Der Gewehrlauf des Polizisten war auf die Straße gerichtet: Er gab Rückendeckung.

Wie ich am nächsten Tag las, waren achtzehn Männer verhaftet worden, auch in Dörfern der Umgebung. Auf den Fotos von den achtzehn Verhafteten erkannte ich drei, einer von ihnen war Schäfer. Ich hatte ihn regelmäßig auf der Straße gegrüßt, gern seinen Ziegenkäse und frischen Ricotta gekauft, und sein Sohn hatte bei meinem Umbau Zement gemischt.

Über das, was da passiert war, konnte ich mit so gut wie niemandem reden. Aber dafür umso mehr lesen. Mit großen Bauchschmerzen. Die polizeilichen Ermittlungen kreisten noch immer um den 'Ndrangheta-Anführer meines Dorfes, der vor vier Jahren in einem Ferienlokal am Meer verhaftet worden war. Obwohl er seitdem hinter Gittern saß, hatte er sich wie jeder 'Ndranghetist, der etwas auf sich hält, nicht damit abgefunden. Verwandtenbesuche im Gefängnis fungierten als inoffizielle Clan-Versammlungen. So beauftragte er einen Bruder damit, das Hoheitsgebiet nicht aus der Hand zu geben. Seine Familie bekam von ihm den Auftrag, den Clan-Mitgliedern, die noch auf freiem Fuß waren, Botschaften zu überbringen. Auf diese Weise gingen die Schutzgelderpressungen weiter, nicht nur bei Unternehmern, sondern auch bei der Gemeinde, wo seine Leute den Auftrag für die Friedhoferweiterung einforderten. Sein Schwager, der Schäfer, bekam über Umwege den Befehl, seine Waffen zu verstecken, an einem Ort, an dem er Schafe und Ziegen hielt. Der gefasste Boss wollte verhindern, dass die Polizei die Waffen, die vermutlich schon bei einem anderen Anschlag benutzt worden waren, bei ihm finden würde.

Außerdem regte sich der Boss über die Unverfrorenheit eines Journalisten aus dem Dorf auf, der über seine Probleme mit der Justiz berichtet hatte. Darüber konnte er keinesfalls einfach hinwegsehen! Eine seiner Töchter suchte den Journalisten beherzt zu Hause auf, um ihm klarzumachen, was ihren Vater so verärgert hatte. Anschließend musste sie sich wegen mafioser Einschüchterung vor dem Jugendrichter verantworten. Die Botschaft war mittlerweile auch so angekommen, sogar bei mir.

Was hatte ich mir bloß dabei gedacht, nach Kalabrien zu ziehen und ausgerechnet dort über die 'Ndrangheta schreiben zu wollen? Bisher hatte ich mich in diesem Dorf nie unsicher gefühlt – es war schließlich nicht San Luca oder Rosarno, kein Ort, an dem man den Gesichtern auf der Straße ansehen konnte, welch starker Druck der Clans auf den Menschen lastete. Oder hatte ich mich da etwa getäuscht?

In den Wochen nach den Verhaftungen war die Atmosphäre angespannter als sonst. Am Rand der steilen Zufahrtsstraße zum Dorf sah ich häufiger parkende Autos und Männer, die ein Stück weiter miteinander tuschelten. Hatten sie sich hier fern irgendwelcher Wanzen verabredet, um ihre nächsten Schritte zu planen?

Vielleicht sollte ich zur Abwechslung lieber mal über Themen schreiben, auf die die Kalabresen stolz sind, und über die sie durchaus gern reden? Kalabrien konnte die Werbung gut gebrauchen, denn von der Schönheit der Region hatten ausländische Touristen noch viel zu wenig gehört. Und ohne eine Würdigung des Schönen hier bekommt die Hässlichkeit der 'Ndrangheta nur noch mehr Gewicht.

Auf einmal fiel mir wieder ein, wie ich mich vor langer Zeit, als ich in der Schule die italienische Topographie lernen musste, gefragt hatte, wer wohl in dieser seltsam geformten Stiefelspitze lebt, in der es kaum nennenswerte Städte gibt. Auf nächtlichen Satellitenfotos verströmt Kalabrien bis heute kaum Licht, und dennoch liegen hier zahlreiche Fundamente der italienischen Zivilisation. Vor fast dreitausend Jahren, zur Zeit der Magna Graecia, also Großgriechenlands, fuhren griechische Siedler über das Meer und fanden hier das Ackerland, nach dem sie gesucht hatten. Der Name Kalabrien stammt vom griechischen *kalon brion*, was fruchtbares Land bedeutet.

Hier hatten die Griechen ihre Stadtstaaten gegründet, Olivenbäume und Tempel, philosophische Ideen und Weinrezepturen hinterlassen. Das wunderbare Fischerdorf Scilla trägt noch heute den Namen einer Meeresnymphe aus Homers *Odyssee*, und es gibt noch viel mehr solcher Spuren des Sagenhelden Odysseus, der die kalabresische Küste bereist haben soll. Fest steht jedenfalls, dass der Philosoph Platon in Locri Rechtsgelehrte beriet. Und dass Pythagoras in Crotone, damals eine mächtige Polis, die zahlreiche Olympiasieger hervorbrachte, Mathematik und Ethik lehrte. Dort wurde auch, zu Ehren Heras, der griechische Tempel errichtet, von dem nur noch eine einzige Säule übrig geblieben ist, die fürsorglich über das Ionische Meer wacht. Weil so wenig Geld für das Kulturerbe in Kalabrien ankommt, ruht noch unvorstellbar viel Geschichte unter der Erde.

N. und ich beschlossen, uns vorläufig auf die Schönheiten Kalabriens zu konzentrieren – nicht zuletzt auch, um uns von der auf einmal so bedrückenden Stille im Dorf abzulenken. Auf einer unserer touristischen Entdeckungstouren fuhren wir nach Musaba, dem Museumspark von Nik Spatari, einem kalabresischen Künstler, der zwar bereits weit über achtzig war, aber immer noch unermüdlich arbeitete. Seine modernen knallbunten Riesenmosaiken und lebensgroßen Gemälde hoben meine Stimmung, und wir tranken gerade in der Sonne Kaffee, als plötzlich ein Kamerateam auftauchte. Der Regisseur hielt nicht viel von Smalltalk. Ohne konkreten Anlass erzählte er, dass sie neulich etwas Heftiges erlebt hätten: Der Fernsehsender hatte im Hafen von Gioia Tauro den umstrittenen Umschlag der achtzig Container mit chemischen Waffen aus Syrien gefilmt, und zwar von Anfang bis Ende. Doch nur ein winziges Fragment schaffte es in die Nachrichten. Den Rest hatten sie nicht mehr verwenden können, denn bald danach waren Hacker in die Räume des Fernsehsenders eingebrochen und hatten auf den Servern alles gelöscht. Manche Mächte seien in Kalabrien eben einfach zu stark, um kritischen Journalismus zu dulden, meinte der Regisseur resigniert. Da sei es besser, von nun an nur noch Sendungen über Kunst und Kultur zu machen.

17.

SAG'S MIT BLUMEN

Vincenzo Crupi lebt in einer Doppelhaushälfte in der Willem Alexanderstraat in Aalsmeer. Das Oranje-Viertel ist relativ farblos, aber für einen weltweit tätigen Unternehmer wie Crupi ideal gelegen: Von seinem Haus aus ist er mit dem Auto in einer Viertelstunde am Flughafen Schiphol und in fünf Minuten in seiner Firma bei der größten Blumenauktion der Welt. Schon seine Eltern kamen wegen des Blumenhandels in die Niederlande, wohnten aber weiterhin im sonnigen Siderno, einem kleinen Städtchen an der ionischen Küste Kalabriens. Vincenzo gestaltete die Familiengeschäfte effizienter, indem er sich Ende der Achtzigerjahre in den Niederlanden niederließ. Gemeinsam mit seinen jüngeren Brüdern Rocco und Giuseppe hat er inzwischen für eine gut geölte Lieferkette zwischen den Niederlanden und Italien gesorgt. Die Blumen gelangen über Fresh Export, Vincenzos Firma in Aalsmeer, zu Roccos Vertriebsfirma in Latina, unweit von Rom, und schließlich zu Giuseppes Großhandel in Kalabrien.

Die Fresh BV preist sich online als idealer Makler zwischen den Niederlanden und Italien an. »ReF.R.E.S.H the world« steht ganz oben auf der grobkörnigen Webseite, neben der Abbildung einer rosa Tulpe. Ein reichlich laienhafter Slogan für eine Firma, die Blumen exportiert, vielleicht aber auch ein Insiderwitz.

Dass Vincenzo Crupi aus dem in Italien berüchtigten Siderno stammt, dürfte Niederländern egal sei. Von der

’Ndrangheta haben die meisten vermutlich noch nie etwas gehört, und dass er mit Concetta Macrì, der Tochter eines Oberbosses der kalabresischen Mafia, verheiratet ist, weckt daher in Aalsmeer keinerlei Misstrauen. Außerdem entspricht Vincenzo so gar nicht dem typischen Bild eines Mafioso: Er kleidet sich bescheiden, wirkt gutmütig und zeigt sich zuverlässig.

Die niederländische Polizei lässt ihn in Ruhe, und das ist praktisch, weil er so ungestört Geschäfte machen kann – etwa, zusammen mit den Blumentransporten Kokain nach Italien zu schmuggeln. Pro Fahrt nicht mehr als rund zehn Kilo, damit das Risiko nicht allzu groß ist – trotzdem hat so eine Lieferung immer noch einen Gegenwert von etwa fünfhunderttausend Euro. Einen Teil des Bargelds, das seine Familie mit den leeren Blumenlastern aus Italien zurückschickt, benutzt Vincenzo Crupi, um seine niederländischen Blumenlieferanten zu bezahlen. Die haben schließlich auch keine Lust, dem Finanzamt alle ihre Einkünfte anzugeben.

Da es zusätzliche Steuervorteile bringt, führen Niederländer für Vincenzo Crupi eine Reihe von Briefkastenfirmen, darunter eine auf Madeira. Sprich: Er bekommt alle nur erdenkliche professionelle Unterstützung und hat jede Menge Freiheiten. Er geht bei der Royal Flora Holland, dem größten Blumenauktionshaus der Welt, ein und aus – selbst, nachdem seine Leute Blumenhändler um Millionen betrogen haben. Das Korps Landelijke Politiediensten hat das schon 2011 in *De ’Ndrangheta in Nederland* (Die ’Ndrangheta in den Niederlanden), dem ersten Polizeihandbuch über die kalabresische Mafia, beschrieben. »Die Firma, über die das ’Ndrangheta-Mitglied im Auftrag niederländischer Unternehmen im Blumenhandel den Kontakt zu Italien herstellte, bezahlte die erste Lieferung. Anschließend kam aus Italien eine große Bestellung, die zwar geliefert, aber nie bezahlt wurde. In Italien wurden die

Blumen an andere Firmen weiterverkauft. Die drei niederländischen Unternehmen erlitten einen Gesamtschaden von ungefähr zwei Millionen Euro. Ein Vertreter einer dieser Firmen fuhr nach Italien, um sich zu erkundigen, wo das Geld blieb. Ihm wurde geraten, sich nie wieder dort blicken zu lassen, ansonsten könne er sich seines Lebens nicht mehr sicher sein.«

Das »'Ndrangheta-Mitglied«, das in diesem Polizeihandbuch erwähnt wird, ist nicht Vincenzo Crupi, sondern sein »Fixer« Gianluca. Der war zwar in Italien wegen Drogenhandels und Mordes verurteilt worden, lebt aber seit 2000 mit einem falschen Pass in Hoofddorp, wo er anscheinend prima für Vincenzo Crupi arbeiten kann. Für Fresh warb er bei nichtsahnenden niederländischen Blumenzüchtern Kunden, bis er im Sommer 2009 verhaftet wurde. »Danach begann das Auslieferungsverfahren nach Italien, und er wurde nicht mehr verhört«, so das Handbuch. Über die Betrugsmasche heißt es dort: »Den Ermittlern zufolge gibt es keine ›knallharten Beweise‹ dafür, sie gehen aber davon aus, dass mehrere 'Ndrangheta-Mitglieder daran beteiligt waren. Laut den Kriminalbeamten ist dies nur die Spitze des Eisbergs. Allein bei dieser Auktion sollen zig niederländische Betriebe betrügerischen Praktiken aus Italien zum Opfer gefallen sein. Diese würden allerdings keine Anzeige erstatten, ›weil dort sowieso nichts zu holen ist‹.«

Warum dort nichts zu holen ist? Weil die Gebrüder Crupi ihre Papiere in Ordnung haben. Mit Hilfe von Insolvenzbetrug und sogenannten »Turbo-Liquidationen«, bei denen eine Firma aufgelöst und erklärt wird, dass keine Vermögenswerte mehr vorhanden sind, schaffen sie für die Gläubiger ein regelrechtes Labyrinth. Das sorgt dafür, dass bei ihnen niemals Polizei vor der Tür stehen wird.

Weitere vier Jahre vergehen, und noch mehr Blumenlieferanten machen Pleite, bis die niederländische Polizei endlich anfängt zu ermitteln. Italien warnt, dass Domenico, ein durchtrainierter Vierzigjähriger aus Siderno, der in das kleine Dorf Kudelstaart gezogen ist, plant, jemanden auf der Blumenauktion zu ermorden. Er ist der Schwager Vincenzo Crupis und Nachfolger des Fixers Gianluca, außerdem ein Kontaktmann von Francesco Nirta, dem Flüchtigen aus San Luca, der in dem Imbiss in Nieuwegein verhaftet wurde. Domenico ist von zwei Männern zusammengeschlagen worden und glaubt, der von ihm betrogene Blumenhändler stecke dahinter. Er nimmt bei Fresh kein Blatt vor den Mund und sagt offen, dass er große Lust habe, seine Pistole zu benutzen. Sein Schwager Vincenzo Crupi kann ihm die Vergeltungsaktion jedoch ausreden, denn zu einer erfolgreichen 'Ndrangheta-Firma passt kein Blutvergießen, schon gar nicht im Ausland. In der Zeitung etwas über Betrug, Steuerhinterziehung oder Kokainhandel zu lesen, ist etwas ganz anderes als über Mord zu lesen. Das weiß auch die niederländische Polizei. Ende 2013 schaut sie bei Domenico vorbei, um ihm zu sagen, dass er unter Beobachtung steht.

Es bleibt eine Weile ruhig um Fresh, bis zum Sommer 2014. Der in Albanien geborene Arben fährt für die Crupis regelmäßig Lkws nach Italien und wieder zurück in die Niederlande. Er weiß nicht, dass die Polizei seine SMS mitliest und sein Führerhaus verwanzt hat. Arben verabredet sich auf seinen Fahrten für die Crupis nachts oft an Tankstellen bei Mailand und Rom mit Männern, die er »*amore*« nennt. Die italienische Polizei geht stark davon aus, dass es sich hier nicht um Lover handelt, sondern um Leute, die Kokain bei ihm abholen. Eines ihrer Fahrzeuge wird nach einem Kurz-Rendezvous mit Arben angehalten, darin finden sich sechs Kilo Koks und vier Handys.

Obwohl Arben selbst nicht verhaftet worden ist, entscheiden sich die Crupis bei der nächsten Italientour für einen anderen Fahrer. Die niederländische Polizei beobachtet, wie dieser neue italienische Lkw-Fahrer mit den Blumen in Rotterdam Halt macht und von einem Marokkaner eine Tasche entgegennimmt. Bei Bergamo wird er mit elf Kilo Kokain angehalten.

Vincenco Crupi glaubt, jemand in Italien habe sie verraten. Er benutzt ein spezielles Smartphone, um nicht abgehört zu werden, wähnt sich aber in seiner Firma in Aalsmeer unbeobachtet. Doch ausgerechnet dort verstecken die niederländischen Ermittler auf Bitten ihrer italienischen Kollegen im Herbst 2014 Überwachungskameras und Mikrofone. Und die zeichnen spannende Gespräche auf, vor allem zwischen Vincenzo Crupi und einem anderen Vincenzo, seinem Schwager Vincenzo Macrì.

Dieser Vincenzo Macrì, Sohn eines legendären Capocrimine der 'Ndrangheta, hat in den USA eine dreizehnjährige Haftstrafe wegen Drogenhandels abgesessen. Er wohnt vorübergehend in einem Haus seines Schwagers in derselben Straße in Aalsmeer und arbeitet mit ihm zusammen. In den Büroräumen von Fresh besprechen sie in kalabresischem Dialekt, wo sich Macrì in Südamerika zum Einkauf niederlassen könnte. Macrì will am liebsten nach Venezuela, wo er eine nette Frau kennt und sich zu Hause fühlt. Doch laut Crupi wäre ein Büro in Kolumbien praktischer, dann hätte er gleich einen guten Grund, öfter dorthin zu fliegen. Auch in Bulgarien und Serbien könne er Macrì gut als Vertrauensmann brauchen, »denn wir müssen in Europa noch jede Menge Geld scheffeln«.

Crupi und Macrì plaudern auch gern über ihr Netzwerk in Kalabrien und Kanada. Sie verwenden Spitznamen wie »der Auserwählte« und »der Runde«. Sie unterhalten sich darüber, wen sie mögen und wen nicht, wer Geld unterschlägt und wer versucht, andere anzuschwärzen. Viele Gespräche kreisen um das Chaos, das in Toronto nach dem Mord an Carmine Verduci herrscht, einer prominenten 'Ndrangheta-Figur fortgeschrittenen Alters, die sie gut kannten. Die Schwäger Crupi und Macrì brainstormen nicht nur zum Täter und zum Motiv, sondern beschließen auch, dass einer von ihnen dorthin müsse, um die Gemüter zu beruhigen und zu entscheiden, auf wessen Seite man sich schlägt. Letztlich ist es Vincenzo Crupi, der nach Kanada reist, um dafür zu sorgen, dass es keinen Krieg zwischen den Familien gibt.

In Gesprächen über eine Riesenfracht gestohlener Lindt-Schokolade enthüllen die Crupis erneut einen Teil ihres internationalen Netzwerks. In Italien wurde aus einem Lager der Firma Lindt im Laufe mehrerer Monate Milchschokolade im Wert von 7,5 Millionen Euro entwendet: 250 Tonnen Schokokugeln mit zartschmelzender Füllung in rotweißem Zellophanpapier. Die meisten davon befinden sich im Besitz der Crupis, aber so gut wie niemand möchte ihnen die Pralinen ohne Papiere abkaufen. Ein Großteil wird nach Kanada verschifft, wo Vincenzo Crupis Söhne versuchen, sie an den Mann zu bringen. Ein anderer Teil wird im kalabresischen Siderno und der Rest in Aalsmeer eingelagert.

Je länger die Schokolade in den Räumen der Firma Fresh bleibt, desto verzweifelter bemühen Crupi und Macrì ihre Kontakte, um Abnehmer zu finden. Im Dezember 2014 finden sie endlich einen Interessenten in Ungarn. Macrì schaltet eine niederländische Spedition ein, weil niederländische Lkws bei der Durchfahrt durch Deutschland normalerweise nicht kontrolliert werden. Doch der Laster mit 15 040 Kilo Schokolade wird bereits auf der A2 bei Utrecht angehalten. Macrì fällt aus allen Wolken, als er erfährt, dass die Beamten dem Fahrer des Transports mitgeteilt haben, sie wüssten, welche Fracht er transportiere, und dass die gestohlene Schokolade bei einer Blumenfirma geladen worden sei. Macrì ist sich sicher: Ihre Telefone werden abgehört. Aber warum wurde die Schokolade dann nicht gleich bei Fresh beschlagnahmt? Vincenzo Crupi weiß genau, warum: »Das ist die größte Blumenauktion der Welt! Da wollen sie natürlich nicht erwähnen, dass die gestohlene Schokolade dort gefunden wurde. Sie wollten sie zuerst weghaben und einen erst anhalten, wenn man damit unterwegs ist.«

Erst im März 2015 gibt es einen Einsatz der niederländischen Polizei, in den Büroräumen von Fresh und bei Crupi und Macrì zu Hause wegen des Verdachts auf Betrug, Vortäuschung von Insolvenz, Steuerhinterziehung, Geldwäsche und Hehlerei. Bei Fresh werden noch ein paar Kartons mit der gestohlenen Lindt-Schokolade gefunden.

Auch Crupis anderer Schwager Domenico bekommt in Kudelstaart nach anderthalb Jahren erneut Besuch von der niederländischen Polizei. Bei ihm zu Hause findet sie eine Pistole, so dass er wegen unerlaubten Waffenbesitzes in Handschellen gelegt wird.

Und auch bei einer weiteren Wohnung in Aalsmeer hat die Polizei vorbeigeschaut, der von Massimo Dalla Valle, einem Händler, der ebenfalls für Vincenzo Crupi arbeitet. Dalla Valle managt bereits seit einer ganzen Weile den Verkauf von Tiefkühlware, vor allem nach Osteuropa. In Antwerpen hatte er Erfahrung mit Dole-Bananen und -Ananas gesammelt, bevor er für die Crupis aktiv wurde. Er ist kein Kalabrese, sondern entstammt einer wohlhabenden Familie aus Padua. Seine Mutter hatte ein wichtiges politisches Amt bei der Separatistenpartei Lega Nord inne. In einem abgehörten Gespräch brüstet er sich damit, »schon seit 25 Jahren die Sprache der ’Ndrangheta zu sprechen«. Dalla Valle bleibt in den Niederlanden vorläufig auf freiem Fuß, ebenso wie die Schwäger Macrì und Crupi, die sich am Nachmittag nach dem Polizeibesuch schon wieder ganz normal in der Firma treffen.

Im September 2015, ein halbes Jahr nach den Einsätzen der Niederländer, wurden die Gebrüder Crupi in Italien verhaftet, zusammen mit Massimo Dalla Valle und vierzig weiteren Verdächtigen. 2017 sollten sie dann vom Gericht von Reggio Calabria in erster Instanz wegen 'Ndrangheta-Mitgliedschaft verurteilt werden. Das Verfahren gegen Vincenzo Macrì verzögerte sich, weil er kurz nach den Einsätzen in Aalsmeer mit einem falschen Pass nach Südamerika gereist war. Er wurde dann in Brasilien verhaftet, an Italien ausgeliefert und 2019 wegen 'Ndrangheta-Mitgliedschaft verurteilt. Alle legten Berufung ein.

Durch die Verhaftungen in Italien kam den Niederlanden dann unerwartet doch noch zu Ohren, dass sich auf der Blumenauktion, im logistischen Zentrum der heimischen Wirtschaft, 'Ndrangheta-Mitglieder wie die Fische im Wasser getummelt hatten. Nur ein einziger der in die Pleite getriebenen Blumenzüchter trat vor die Kameras, wütend und traurig, dass seine schöne Firma von der heimtückischen kalabresischen Mafia zugrunde gerichtet worden war. Ein Mann hingegen verteidigte Vincenzo Crupi: sein Geschäftspartner John van Tol. Ihm gehört ein großer Blumenhandel, der außerdem Blumentöpfe und Körbe aus China importiert sowie Geschenkverpackungen produziert. Bei den Einsätzen im März 2015 hatte die Polizei auch in seinem Unternehmen ein paar Kartons mit gestohlener Lindt-Schokolade gefunden.

Ich traf John van Tol bei Aufnahmen für einen Podcast, als die Crupis gerade in erster Instanz vom Gericht in Reggio Calabria verurteilt worden waren. Es war ein nasskalter Dezemberabend, und wir saßen im Wintermantel in der Teeküche seiner Firma im Polder. John, ein stämmiger Mann um die fünfzig mit millimeterkurzem Haar und dunkler Bomberjacke, war bester Laune und erzählte bereitwillig seine Version der Geschichte.

»Ich habe Vincenzo Crupi 2013 kennengelernt und Fresh rund zwei Jahre lang auf Kommissionsbasis Blumen geliefert. Er hat vor allem Rosen nach Italien exportiert. Unglaublich viele Rosen, und auch einen Haufen Chrysanthemen und Orchideen. Ich dürfte um die achtzig Prozent seiner Blumen geliefert haben.«

Als John Vincenzo kennenlernte, war der schon lange im Blumen- und Pflanzengeschäft: »Erst hat Vincenzo rund zwanzig Jahre für jemand anderen gearbeitet. Anschließend hat er Fresh gegründet, vor ungefähr zehn Jahren. Fresh war eine Weile eine Riesenfirma bei der Auktion, erst recht im Blumenhandel. Es würde mich nicht wundern, wenn sie einen Umsatz von zwanzig oder dreißig Millionen gemacht hätte.«

Da Vincenzo kein Niederländisch und John kein Italienisch sprach, unterhielten sie sich auf Englisch. »Wir haben uns auf Anhieb gut verstanden. Ich finde immer noch, dass er ein netter Kerl ist, schade, dass er in Haft sitzt«, sagte John. »Ich weiß auch nicht, ob es wirklich stimmt, was sie da in Italien sagen. Für mich ist er einfach bloß ein äußerst liebenswürdiger, bescheidener Mann.«

John traf Vincenzo nicht nur in der Firma, sondern war auch bei ihm zu Hause eingeladen. »Ich war regelmäßig zum Essen bei ihm. Er hatte einen Privatkoch in Aalsmeer.«

Wie passte das für John zu Vincenzos »bescheidenem« Image? »Ich glaube, dass man das aus der kulturellen Perspektive südlicher Länder und daher etwas anders betrachten muss. Seine Frau lebte nämlich nicht in den Niederlanden, sondern in Latina, nicht weit von Rom. Vincenzo besuchte sie an den Wochenenden, er flog jeden Freitag nach Rom und sonntagabends oder montagmorgens zurück nach Schiphol. Ansonsten fuhr er ein altes Auto, trug keine teure Kleidung und wohnte in einem Haus, das man schon fast armselig nennen könnte.«

Über Vincenzo Crupi lernte John auch dessen Schwager Vincenzo Macrì kennen, der in derselben Straße wohnte. »Wir nannten ihn Enzo. Er ist der Bruder von Concetta, der Frau von Vincenzo Crupi. Wenn ich das aus der Zeitung richtig verstanden habe, war Concettas und Enzos Vater ein ziemlich berühmter Mafioso. Die Crupis haben mir erzählt, dass dieser Vater erschossen wurde, weil er eben *nicht* wollte, dass die 'Ndrangheta in den Drogenhandel einsteigt.«

Wusste John denn, dass Enzo bereits wegen Drogenhandels gesessen hatte? »Ja, das hat er mir erzählt. Enzo sprach fließend Spanisch, das hat er während der Haft in den USA gelernt. Er meinte, dass er nie mehr ins Gefängnis will und deshalb auch nie mehr krumme Dinger drehen wird.«

Vincenzo Crupi schuldete John van Tol im Lauf der Zeit viel Geld. »Die Zahlungsmoral ist natürlich in Italien eine ganz andere als hier, aber die Auktion findet nun mal jeden Tag statt. Wir haben ihn auch schon mal ausgelistet, so dass er vorübergehend keine Blumen mehr kaufen konnte. Dann gibt es Stress, aber das habe ich schon bei mehreren Kunden erlebt. Irgendwann habe ich als Sicherheit die Hypothek auf eines der beiden Häuser von Vincenzo in Aalsmeer bekommen. Für den Fall, dass die Rechnung nicht bezahlt würde.«

Das Haus gehörte inzwischen John, der es an seine polnischen Mitarbeiter vermietet. Das andere Haus in derselben Straße war nach wie vor Eigentum der Familie Crupi und wurde ebenfalls von John vermietet.

Aufgrund der Schulden, die Vincenzo Crupi noch bei ihm hatte, hielt John es für unwahrscheinlich, dass dieser Kokain geschmuggelt hatte: »Wenn man wirklich mit so was handelt, spielt Geld doch keine Rolle? Dann will man doch keinen Ärger? Beim ersten Polizeieinsatz hat er zu mir gesagt: ›Junge, ich habe nichts getan.‹ Anschließend habe ich viele Gerüchte gehört, und manchmal frage ich mich schon: Was stimmt denn nun? Aber niemand konnte mir beweisen, dass man Kokain zwischen den Blumen gefunden hat. Sie haben das Zeug zweimal in oder bei seinen Lastern gefunden. Das heißt nicht, dass Vincenzo nichts davon wusste, aber eben auch nicht, dass er das alles organisiert hat. Bei mir haben sie bestimmt kein Gramm Koks zugeladen, das hätte ich sonst auf den Überwachungskameras gesehen.«

Vincenzo sei alles andere als ein Angeber, betonte John erneut. »Wenn er Drogenhändler ist, hätte er doch die teuersten Klamotten tragen können, aber Vincenzo und seine Frau sind ganz normal. Ich trage sehr viel teurere Kleidung, seine stammte eher vom Textildiscounter. Ich habe sein Haus ausgeräumt. Sagen wir mal so: Im Pfandhaus würde ich nichts dafür bekommen.«

Auch in Kalabrien konnte John keinerlei Wohlstand entdecken, als er die Familie Crupi dort 2014 zwischen Weihnachten und Silvester mit seiner Freundin besuchte: »Vincenzo Crupi war in Kanada, aber Giuseppe und seine Mutter waren zu Hause. Wir haben zusammen Heiligabend und Silvester gefeiert. Nicht lange, bis kurz nach zwölf. Wir haben dort gut gegessen, aber es wurden keine Champagnerflaschen geköpft oder so.«

Alles in allem fand John die Geschichten über die Crupis übertrieben. Außerdem sah er die Vorgehensweise der niederländischen Behörden in diesem Fall sehr kritisch: »Sie waren bei ihrem Einsatz auch hier bei mir, mit fünfundzwanzig Mann, und haben den ganzen Laden auf den Kopf gestellt. Meine Buchhaltung haben sie einfach mitgenommen und erst ein Jahr später wieder zurückgegeben: ›Tschuldigung.‹ Außerdem haben sie sämtliche Unterlagen nach Italien geschickt. Warum hat die niederländische Justiz nichts unternommen?«

Zu der gestohlenen Schokolade, die die Polizei in Johns Firma entdeckte, sagte er: »Ich habe mit dieser Schokolade vor den Feiertagen Schmuckverpackungen gemacht, die Vincenzo für Kundengeschenke benutzt hat. Deshalb standen die Kartons hier. Dann hab ich in der Zeitung gelesen, dass ein Riesenposten Schokolade gestohlen worden sein soll. Aber was soll ich machen, wenn ich hier zehn Kartons stehen habe?«

John erzählte, dass er vor allem Kontakt zu Vincenzo Crupis Sohn in Kanada habe. »Wenn irgendwas ist, ruf ich ihn an. Bei Ärger mit einem Mieter von Vincenzos Haus zum Beispiel. Ich bin nach wie vor ein Freund der Familie. Ob ich deshalb auch ein Freund der 'Ndrangheta bin? Davon weiß ich nichts und möchte es vielleicht auch gar nicht so genau wissen.«

Da hakte ich nach: Ob John denn wisse, dass der junge Mann, mit dem er telefoniere, vom Gericht von Reggio Calabria in Abwesenheit in erster Instanz wegen Hehlerei und Zusammenarbeit mit der 'Ndrangheta verurteilt worden sei und von daher nach italienischem Gesetz als flüchtiger Straftäter in Kanada lebe? John schaute überrascht auf. »Ich kann kein Italienisch lesen. Alles, was ich weiß, habe ich aus dem Fernsehen und von den Crupis selbst.« Er grinste ein wenig, als er seine Schlussfolgerung zog: »Aber na ja, die erzählen mir natürlich auch nicht alles.«

18.

IN DER TOGA KRIEG FÜHREN

»Dass sie andere davon überzeugen kann, ganz normal und überhaupt nicht gefährlich zu sein, ist genau der Grund, warum die 'Ndrangheta so mächtig ist«, sagt Staatsanwalt Antonio De Bernardo, der die Crupis in Reggio Calabria angeklagt hat. Er ist um die vierzig, hat eine wie in Stein gemeißelte Figur und ein markantes Gesicht. Seine Frisur mit den langen Koteletten erinnert mich an einen Gladiatorenhelm. De Bernardo begann 2006 bei der Staatsanwaltschaft von Reggio Calabria und arbeitete von Anfang an bei den wichtigsten Strafverfahren mit, die je gegen die 'Ndrangheta geführt worden sind. Bei dem Maxi-Prozess Crimine enttarnten er und seine Kollegen die Anführer auf Provinzebene sowie verschiedene nationale und internationale Verzweigungen der 'Ndrangheta. Wegen Morddrohungen wird er rund um die Uhr von vier Leibwächtern geschützt.

2017 unterhalte ich mich in seinem Büro im Justizpalast von Reggio Calabria mit ihm und erfahre, dass ihn bisher noch keiner meiner Landsleute aufgesucht hat. Ich möchte mehr über die Familie Crupi und ihre Stellung innerhalb der 'Ndrangheta erfahren. Ist Crupi hier ein Name, der in direktem Zusammenhang mit einem kalabresischen Clan steht? De Bernardo: »Weniger als andere Namen. Aber wenn man weiß, mit welchen Familien die Crupis verbandelt sind, dürften sofort alle Alarmglocken läuten. Nicht nur, weil Vincenzo Crupi mit der Tochter von Antonio Macrì verheiratet war, dem höchsten Boss der 'Ndrangheta, sondern auch, weil sein Onkel ein wichtiger 'Ndrangheta-Mann in Kanada ist.«

Bis zu ihrer Verhaftung im Jahr 2015 waren die Crupis zwar noch nicht vorbestraft, fünfzehn Jahre zuvor jedoch schon bei Ermittlungen aufgefallen, weil man in Siderno Waffen bei ihnen gefunden hatte. Hätte man damals untersucht, mit welchen Leuten sie zu tun hatten, wäre man sofort hellhörig geworden. Wie konnten die Crupis dann trotzdem in den Niederlanden so lange unbehelligt ihren Geschäften nachgehen? »Vermutlich weil sie keiner auf dem Schirm hatte«, so De Bernardo. »Meine Kollegen in Latina haben die Brüder 2013 ins Visier genommen und anschließend mit den Niederlanden zusammengearbeitet. Wir in Reggio sind eingestiegen, als die Crupis im Rahmen weiterer Ermittlungen zu 'Ndrangheta-Clans in Siderno und Toronto auftauchten.«

Bei seinen eigenen Ermittlungen erkundigte sich De Bernardo bei zwei 'Ndrangheta-Leuten, die inzwischen mit der Justiz zusammenarbeiteten. Ob sie wüssten, wer die Familie Crupi aus Siderno sei? Ihnen zufolge waren die Crupis schon seit Ende der Achtzigerjahre als erfolgreiche Kokainschmuggler bekannt, die ihren Blumenhandel als Deckmantel nutzen. Nicht nur in Siderno, sondern auch bei Clans, die anderswo an der Ionischen Küste das Sagen hatten.

Um die Stellung der Crupis innerhalb der 'Ndrangheta zu verstehen, müssen wir einen Blick in die Vergangenheit werfen. In den Sechzigerjahren war Antonio Macrì, Vincenzo Crupis Schwiegervater, nicht nur 'Ndrangheta-Boss in Siderno, sondern auch Capocrimine und daher der Oberboss auf der Führungsebene, zu der damals beispielsweise auch Mommo Piromalli aus der Hafenstadt Gioia Tauro zählte, der Mann, der ihn später aus dem Weg räumen lassen sollte. Macrì hatte gute Verbindungen zur sizilianischen Mafia und kannte Totò Riina persönlich. Er wurde auch »Boss zweier Welten« genannt, weil er in Nordamerika kriminelle Ableger gründete, zum Beispiel um Zigaretten zu schmuggeln. Antonio Macrì gehörte noch zur alten 'Ndrangheta-Garde, die zwar nicht vor Erpressung und Mord zurückschreckte, aber keine Befürworterin des Drogenhandels war. Er war über siebzig, als er 1975 von Mitstreitern Piromallis erschossen wurde. Zu Macrìs Beerdigung kamen Tausende, darunter Geschäftskontakte aus den Vereinigten Staaten, Kanada und Australien.

Antonio Macrì hatte noch bis ins hohe Alter Kinder bekommen: sieben Töchter und zwei Söhne. Als er ermordet wurde, war sein ältester Sohn gerade mal sechzehn und der jüngste, Vincenzo Macrì, der später mit den Crupis zusammenarbeiten sollte, sogar erst zehn, beide also noch viel zu jung, um die Familienehre zu verteidigen. Francesco Commisso, die ehemalige rechte Hand des Vaters, übernahm schließlich das Zepter, so dass die Commissos zur prominentesten 'Ndrangheta-Familie in Siderno wurden. Sie verstärkten ihre Kontakte nach Kanada und Australien und begannen, in den Drogenhandel zu investieren.

Als Erwachsener bekam Vincenzo Macrì, vielleicht wegen seines rötlichen Teints, den wenig schmeichelhaften Spitznamen »*pumadoru*« verpasst, was im Dialekt »Tomate« bedeutet. Es war sein Nachname, der ihn für die Commissos so wertvoll machte. In internationalen Verbrecherkreisen sorgte der Name Macrì nämlich immer noch für Respekt und Vertrauen.

In Toronto wurde der Onkel von Vincenzo Crupi Anführer der dortigen 'Ndrangheta-Familien aus Siderno. Deshalb war Vincenzo Crupi ein interessanter Heiratskandidat für Concetta Macrì, die Tochter des alten Capocrimine und Schwester von »*pumadoru*«. Vincenzos Brüder Giuseppe und Rocco heirateten junge Frauen aus den beiden anderen wichtigsten 'Ndrangheta-Familien von Siderno und Toronto.

Nicht alle 'Ndranghetisten können gleich gut mit einer arrangierten Heirat umgehen, und das Liebesleben Giuseppe Crupis – mit seiner sportlichen Figur der attraktivste der drei Brüder – sollte die Bande zwischen den Commissos und den Crupis noch stark gefährden. Das ging aus abgehörten Gesprächen hervor, in denen ein ziemlich rätselhafter Satz die Erklärung bot: »Peppe ist nicht mehr Peppe von Peppe, sondern Peppe von Sandro.«

Antonio De Bernardo: »Es dauerte, bis wir raushatten, was das bedeutete. Anscheinend hatte Giuseppe Crupi, kurz Peppe, der mit der Schwester des Bosses Giuseppe Commisso verheiratet war – ein wichtiger anderer Peppe –, ein Verhältnis mit der Tochter von Alessandro Figliomeni, kurz Sandro.« Dieser Sandro war ein Santist, also ein höherrangiger 'Ndrangheta-Mann und Bürgermeister von Siderno. Durch seine Affäre war Giuseppe Crupi sozusagen zu einer anderen 'Ndrangheta-Familie übergewechselt: Peppe (Crupi) gehörte nicht mehr zu Peppe (Commisso), sondern zu Sandro (Figliomeni). Dass sich Giuseppe bereits in Scheidung befand, galt nicht als mildernder Umstand: Er hatte die Commissos zum Gespött gemacht und wurde zur Strafe vorübergehend aus dem Clan verbannt. Die Commissos zogen ihre Unterstützung für Bürgermeister Sandro Figliomeni zurück, und es dauerte nicht lange, bis dieser zurücktreten musste. Seine Tochter machte mit Giuseppe Crupi Schluss und zog an die Elfenbeinküste.

Ein weiteres abgehörtes Gespräch ergab, dass Vincenzo Crupi sich schon bald für das Benehmen seines Bruders bei der Clan-Führung entschuldigte und zu verstehen gab, gern weiterhin für die Commissos arbeiten zu wollen. Die Crupis und ihre Geschäfte waren zu wichtig, um sie für immer fallen zu lassen, und die Verbindung zwischen den beiden Familien wurde wiederhergestellt.

Noch Jahre später sollte sich Crupi in Aalsmeer allerdings ausgiebig bei seinem Schwager Macrì beschweren, dass er sich wegen des Privatlebens seines Bruders so vor der Clan-Führung in den Staub hatte werfen müssen. De Bernardo: »Bei 'Ndranghetisten kommen interne Konflikte oft immer wieder zur Sprache. Das ist wichtig für unsere Ermittlungen, da man daraus viel über die Beziehungen zwischen den Familien lernen kann.« Die Videoaufzeichnungen, die die niederländische Polizei von Besprechungen bei der Firma Fresh machte, spielten bei der Staatsanwaltschaft von Reggio eine wichtige Rolle. »Und das Tolle war, dass wir den niederländischen Kollegen die Bedeutung dessen, was da gesagt wurde, erklären konnten. Ohne den nötigen Kontext, ohne den kalabresischen Dialekt und ohne Erklärungen zu den Spitznamen war das alles unverständlich für sie gewesen. Um zu begreifen, um wen es überhaupt geht, muss man wissen, wer die wichtigsten Leute und Aufsteiger innerhalb des Clans sind und wie die Familiendynamiken früher waren. Es gehört zu unserer täglichen Arbeit, diese Zusammenhänge und das viele Material zu erhellen. Wenn man ein neues Mosaiksteinchen entdeckt und es schafft, das Bild weiter zu vervollständigen, kann das enorm befriedigend sein.«

Die Interpretation solcher Gespräche auf Seiten der Mafia-Ankläger ist nicht nur notwendig, um die Verwicklung einer Person in bestimmte Verbrechen zu beweisen oder eventuelle Verbrechen zu verhindern, so wie es bei dem geplanten Gewaltakt von Crupis Handlanger in Aalsmeer der Fall war: Die italienischen Staatsanwälte können auf diese Weise auch feststellen, welche Stellung und welche Rolle der Verdächtige innerhalb der mafiosen Organisation innehat. »Die 'Ndrangheta beruht auf Verschwiegenheit, auf Omertà, darauf, dass Informationen *nicht* geteilt werden«, erklärt De Bernardo. »Wenn ein Verdächtiger bestimmte Dinge über den 'Ndrangheta-Clan weiß, dann deshalb, weil er dazugehört. Je mehr Informationen er besitzt, desto höher ist seine Stellung innerhalb der Organisation.«

Allein schon, dass Vincenzo Crupi nach Kanada ging, weil dort ein betagtes Clan-Mitglied ermordet worden war und die Gemüter beruhigt werden mussten, um weitere Gewalt zu verhindern – allein, dass er diese Aufgabe übernahm, beweist laut De Bernardo seinen hohen Status. »Er hatte die Rolle eines Managers inne, eines Organisators im Commisso-Clan.«

Vincenzo Crupi wurde in Reggio Calabria nur wegen Mafia-Mitgliedschaft angeklagt und verurteilt. »Wenn man beweisen kann, dass jemand offizielles Mitglied der 'Ndrangheta geworden ist, zum Beispiel weil mehrere Mitarbeiter der Justiz seine Mitgliedschaft bestätigen oder es Beweise dafür gibt, dass die Person an Ritualen oder Besprechungen teilgenommen und beim Clan Karriere gemacht hat, kann man denjenigen dafür verurteilen. Selbst wenn sich nicht beweisen lässt, dass er noch andere Verbrechen begangen hat«, erklärt De Bernardo. »Die Strafe für Mafia-Mitgliedschaft ist in Italien so hoch, dass das die effizienteste Herangehensweise ist. Über Verbrechen wie Drogenschmuggel, Betrug, Geldwäsche, Steuerhinterziehung und Insolvenzbetrug, die in den Niederlanden begangen worden sind, wurde bei Gericht bloß gesprochen, um zu beweisen, dass die Angeklagten zur selben Gruppierung gehört und zusammengearbeitet haben.«

Es geht der italienischen Staatsanwaltschaft vor allem darum, sich einen Überblick über die 'Ndrangheta zu verschaffen. De Bernardo: »Zu Beginn meiner Laufbahn als Staatsanwalt bekam ich mit, dass viele 'Ndrangheta-Verfahren mit einem Freispruch endeten. Es gab fast keine juristische Grundlage, auf der man aufbauen konnte.« Es geht also darum, diese Grundlage zu schaffen. Denn erst wenn man bestimmte Mitglieder der Gruppierung verurteilt hat und ihre Rolle innerhalb der Organisation kennt, kann man auch die Stellung der anderen beweisen.

Als Antonio De Bernardo anfing, für die Staatsanwaltschaft von Reggio zu arbeiten, hatte es gegen die Commissos noch sehr wenige Verfahren gegeben. Eines davon, bei dem es um eine blutige Fehde Ende der Achtzigerjahre in Siderno ging, enttarnte die nach Kanada geflohenen Clan-Mitglieder. Viel mehr war damals noch nicht bekannt. »Nach einigen gründlichen Ermittlungen wissen wir heute wesentlich mehr«, so De Bernardo. »Wir wissen, wer in Siderno der Boss ist, wir wissen, welche Clan-Mitglieder hier und welche im Ausland sind. Ohne diese Vorkenntnisse hätten wir die Stellung der Crupis innerhalb dieser Gruppe niemals verstehen und sie nicht juristisch belangen können.«

So gern der Mafia-Ankläger auch über seine Arbeit spricht, manche Fragen beantwortet er nur sehr zurückhaltend. Was auch durchaus verständlich ist: Als ich mit ihm spreche, sind die Urteile noch nicht in Kraft getreten, der Fall muss erst noch in Berufung gehen. Seine Antworten helfen mir vor allem dabei, mehr über die juristische Praxis der Strafverfolgungsmaßnahmen gegen die 'Ndrangheta zu erfahren. Und da ich über eine mehr als zweitausend Seiten starke Anklageschrift gegen die Crupis und weitere sechsundvierzig Angeklagte verfüge, kann ich mir gut vorstellen, was er alles über die Clans aus Siderno herausfinden konnte.

Die schiere Menge an Personen und Ereignissen, die Gegenstand dieser Ermittlungen sind, ist fast schon schwindelerregend. Ein Teil davon handelt von Drogen- und Waffenfunden. Ein anderer, größerer Teil von den Beziehungen untereinander. Die Bedeutung der Treffen und Gespräche, die manchmal in Aalsmeer, manchmal telefonisch zwischen Italien, den Niederlanden und Kanada, aber oft auch in Siderno stattfinden, wird im Kontext der traditionellen Regeln ersichtlich, an die sich die 'Ndrangheta-Mitglieder halten müssen. Es geht um ihre Verpflichtungen gegenüber anderen Clan-Mitgliedern, um die Gefälligkeiten, die sie sich gegenseitig erweisen und um den Respekt, den sie gegenüber höherrangigeren 'Ndranghetisten ausdrücken müssen.

Nicht nur innerhalb des Clans werden Gefälligkeiten und Grüße ausgetauscht: Die Anklageschrift beschreibt auch die Beziehungen, die die Commissos zu anderen Clans wie den Strangios aus San Luca unterhalten.

Außerdem illustriert sie die Rolle der 'Ndrangheta als Kokain-Lieferantin für andere italienische Mafias: Sowohl ein Camorra-Clan als auch sizilianische Kriminelle, denen die Drogen geliefert worden sein sollen, kommen darin vor.

Ich staune, wie weit der Einfluss der Kontakte der Crupis und Commissos reicht. Es sind 'Ndranghetisten darunter, die sich Aufträge beim Bau der Weltausstellung Expo von 2015 in Mailand sicherten, auf der zwanzig Millionen Menschen kulinarische Spezialitäten aus aller Welt verkosten konnten. Ein Prestigeobjekt.

Andere Mitglieder des direkten Netzwerks der Crupis investierten ihr Schwarzgeld in baufällige Ferienhäuser oder protzige Hotels, natürlich auf notwendigen Umwegen über Strohmänner und Steuerparadiese. An eines dieser Hotels mit seiner langen, von Palmen gesäumten Auffahrt und den rosa Springbrunnen im Restaurant kann ich mich noch lebhaft erinnern. Ich war dort zu einem Hochzeitsessen eingeladen, kurz bevor es von der Justiz beschlagnahmt wurde.

Eine Passage in den Ermittlungsakten, die ebenfalls Bände spricht, handelt von einem Angeklagten, den Vincenzo Crupi gut kannte. Dieser Mann ist laut den Anklägern Oberhaupt einer verwandten 'Ndrangheta-Familie. In der Anklageschrift steht, dass er bei dem Versuch, einen Richter in Reggio Calabria zu bestechen, einen Senator der Berlusconi-Partei eingeschaltet habe. Der gewünschte Gefallen – eine deutlich mildere Strafe im Berufungsverfahren – war nicht für ihn selbst, sondern für einen seiner wichtigsten kriminellen Freunde gedacht. Interessanterweise hatte der Senator, der die Sache deichseln sollte, eine Kontrollfunktion bei Europol. Darüber hinaus war dieser Politiker Geschäftsführer eines kalabresischen Flughafens und besaß Zement- sowie Baufirmen. Dem abgehörten 'Ndranghetisten zufolge habe er der kalabresischen Mafia so einiges zu verdanken und könne die Bitte daher nicht abschlagen. Dass jemand vom Clan mit dem Senator gesprochen hat, konnten die Ankläger bis ins Detail beweisen. Ob der Senator dann auch an den Richter am Berufungsgericht von Reggio Calabria herangetreten ist, ist unbekannt.

Auf Antonio De Bernardos Schreibtisch steht zwischen beeindruckenden Papierbergen ein schwarzer Globus, und der Bildschirmschoner seines Computers zeigt das weit aufgerissene Maul eines Hais. Mein Blick bleibt jedoch vor allem an einem Plakat hinter ihm an der Wand hängen. Es zeigt einen surrealistischen Schwarm aus zig identischen Männern mit vornehmen Hüten und dunklen Regenmänteln, die vor hohen Gebäuden und einem hellblauen Himmel schweben. Das Motiv stammt von Magritte, dem belgischen Künstler, der eine Pfeife malte und in Schönschrift darunterschrieb, dass es gar keine Pfeife sei: *»Ceci n'est pas une pipe.«* Während ich dem Mafia-Ankläger zuhöre, nehmen die braven Herren im Anzug verschiedene Identitäten an, die von Richtern, Beamten, Anwälten, Geschäftsleuten, Ärzten, Professoren, Treuhändern, Politikern, Mafiosi.

Draußen auf dem Flur sitzen De Bernardos Wachleute. Morddrohungen gehörten schon sehr bald an zu seinem Beruf, und damit auch Polizeischutz. »In den allerersten Jahren hatte ich noch mehr Bewegungsfreiheit«, sagt er. »Dann bekam ich mit der Post Kugelbriefe, und meine Bewachung wurde verstärkt.« Die Sicherheitskräfte sind den ganzen Tag da. Sie eskortieren ihn mit zwei gepanzerten Wagen zum Gericht, begleiten ihn in den Supermarkt, warten im Fitnessstudio und beim Zahnarzt auf ihn oder wenn er sich mit Freunden verabredet. Anschließend bringen sie ihn wieder nach Hause, bis hinter die gepanzerte Wohnungstür. In einer Stadt wie Reggio Calabria, in der 'Ndrangheta-Clans stark vertreten sind, wären manche Viertel als Wohnadresse für ihn nicht sicher. In seinem Alltag muss er ständig neue Abwägungen in Bezug auf seine Sicherheit und die der anderen treffen. Nur bei Ferien im Ausland kann De Bernardo kurz ohne Leibwächter leben. Noch einige Monate vor der Verhaftung der Crupis spazierte er an Amsterdamer Grachten entlang. »Eine schöne Stadt«, sagt er höflich.

Ich finde die Vorstellung seltsam, dass viele der zu langen Haftstrafen verurteilten Angeklagten bis zu ihrer endgültigen Verurteilung frei herumlaufen. Giuseppe Crupi zum Beispiel: Der Haftrichter von Reggio Calabria befand, dass keine Fluchtgefahr bestehe. »Wir sind gegen dieses Urteil in Berufung gegangen, aber das hat nichts genutzt«, sagt De Bernardo. In diesem Fall hat ein wegen Mafia-Mitgliedschaft Verurteilter eine größere Bewegungsfreiheit als sein Ankläger.

De Bernardo betont, wie sehr er seine Arbeit liebt. Er selbst ist kein Kalabrese, sondern stammt aus Santa Maria Capua Vetere, etwas nördlich von Neapel. Eine kleine Stadt mit einem Amphitheater, das fast so groß ist wie das Kolosseum. Der aufständische Gladiator Spartakus hat dort gekämpft. Ich muss an Filme über Gladiatoren denken, die vor zweitausend Jahren gegen wilde Tiere oder Kriminelle kämpften, umringt von einer johlenden Menge. De Bernardo dürfte bei seinen Auftritten in kalabresischen Gerichtssälen und schwer bewachten Bunkern eher keine Unterstützung oder Wertschätzung von Seiten des Publikums erfahren. In Kalabrien sind bei 'Ndrangheta-Prozessen nämlich fast nie Außenstehende anwesend. Denn sie wissen, dass Neugierige nicht geduldet werden. »Mafia-Prozesse sind hierzulande ausschließlich etwas für Mafiosi und deren Verwandte«, erzählt De Bernardo. »Ich versuche, das zu meinem Vorteil zu nutzen, indem ich genau hinschaue, wer mit wem verkehrt.«

Anders als in den Niederlanden sitzt in Italien der Staatsanwalt den Richtern gegenüber, hinter demselben Tisch wie die Angeklagten und deren Anwälte. Manchmal hocken alle direkt nebeneinander. Am Ende des Saals ist Platz für die Familienmitglieder und Verwandten der Angeklagten. Bei einem Maxi-Prozess wie »Crimine« mit mehr als hundert Angeklagten ist der Saal brechend voll. In einigen Gerichtssälen sind sich die Angeklagten in ihren Käfigen und das Publikum so nah, dass man sich gegenseitig durchs Gitter anfassen könnte. Doch selbst wenn sie keinen Finger herausstrecken, sorgen die Angeklagten so oder so dafür, dass man ihre Präsenz spürt. »Wenn ich einen Kronzeugen vernehme, brüllt immer einer der Angeklagten oder einer von der Familie, was für ein Unsinn das alles ist«, erzählt De Bernardo. Er lässt sich nicht davon beirren. »Ich debattiere gern. Auch das Gefühl, in einer Arena zu stehen und es ganz allein mit allen aufzunehmen, motiviert mich.«

Ich selbst habe verschiedenen Verhandlungen im Rahmen von ’Ndrangheta-Prozessen beigewohnt und war jedes Mal froh, wenn ich anschließend wieder draußen stand. Stets drängte sich mir die Frage auf, ob es womöglich Folgen für mich haben könnte, als Außenstehende einen ’Ndrangheta-Prozess zu besuchen. »Wenn sich Ihre Anwesenheit nicht erklären lässt, fällt sie auf, und das kann Probleme geben«, warnt De Bernardo. »Bei ›Crimine‹ waren immer wieder dieselben Lokaljournalisten da, aber eines Tages reiste ein Journalist aus Rom an. Er machte Aufnahmen fürs kanadische Fernsehen. Bei ihm wurde anschließend zu Hause eingebrochen und seine Geräte und Computer gestohlen.«

Wie schafft es De Bernardo, sich im Gerichtssaal nicht einschüchtern zu lassen? »Ich betrachte die Angeklagten als ganz normale Menschen mit zahlreichen Schwächen. Das funktioniert, solange man sie als Individuen betrachtet und nicht als Teil einer Gruppe. Spricht man mit Mafiosi und hört ihnen zu, merkt man, dass es Menschen mit enormen Einschränkungen sind. Das macht das Ganze übrigens noch faszinierender, weil man sich dann fragt, wie es sein kann, dass einige von ihnen so viel Macht haben.«

Ich muss an Domenico Oppedisano denken, an den Mann, den De Bernardo und seine Kollegen als Capocrimine der ’Ndrangheta angeklagt haben. Laut De Bernardo personifiziert nicht unbedingt der Anführer die Stärke der kalabresischen Clans. Die liegt vielmehr darin, wie er gewählt wird. Diese Wahl hat De Bernardo während der Ermittlungen im Rahmen von Crimine mehr oder weniger live verfolgt. In wohlgemerkt einem Waschsalon der Commissos in Siderno, Clan-Genossen der Crupis, wurde besprochen, wer neuer Oberboss werden soll. Die mächtigsten ’Ndrangheta-Clans wollten jeder selbst den Capocrimine stellen, und es gab Gerangel, aber letztlich schickten sich alle in die Wahl Oppedisanos.

»Wenn man jemanden wie Oppedisano mit Totò Riina vergleicht, macht einem Letzterer instinktiv gleich sehr viel mehr Angst«, so De Bernardo. »Aber wenn ich daran denke, wofür Oppedisano steht, finde ich das viel beunruhigender. Riina hat die Macht bei der Cosa Nostra mit Gewalt an sich gerissen, ja fast schon mit militärischer Gewalt. Das war nicht umsonst der Anfang vom Ende der sizilianischen Mafia. Eine militaristische Herangehensweise sorgt für Tote, für Polizeiermittlungen und für Unruhe innerhalb der Organisation, für Spaltungen und für Leute, die mit der Justiz zusammenarbeiten. Die ’Ndrangheta hingegen fängt alle Erschütterungen ab und sucht fast schon auf einem demokratischen Weg nach der besten Lösung. Gestern hat sie Oppedisano gewählt, um weiterhin eine Einheit zu bilden, und wenn es nötig ist, wird sie morgen einen anderen wählen, um dasselbe Ziel zu erreichen. Das macht die Organisation so raffiniert, so stabil und solide – und damit so unheimlich.«

Man merkt deutlich, dass De Bernardo die Mission hat, auch dem Ausland zu erklären, wie verräterisch unauffällig die ’Ndrangheta auftreten kann – damit sie in Zukunft besser und rascher bekämpft werden kann. Die erwähnte Zusammenarbeit mit den Niederlanden gab ihm Gelegenheit dazu. In Deutschland und der Schweiz wurden bereits viele *locali*, also Stützpunkte der ’Ndrangheta, entdeckt. Ob er glaube, dass es in den Niederlanden ein konkretes ’Ndrangheta-*locale* gibt? »Noch ist das nicht bewiesen. Die ’Ndrangheta zieht es wegen der dortigen Chancen im Drogenhandel und der satten Gewinne in die Niederlande. Sie hat dort keine historischen Wurzeln wie in anderen Ländern, in die schon vor Langem viele Kalabresen ausgewandert sind. Aber man muss auf der Hut bleiben. Die ’Ndrangheta entwickelt sich rasend schnell, und allein schon die Anwesenheit mafioser Unternehmer kann viel ausmachen. Ein mafioser Unternehmer ist nämlich nicht nur ein Unternehmer, der mafiose Verbrechen verübt, sondern auch ein skrupelloser Geschäftemacher. Den mafiosen Geschäftsmethoden der Crupis, ihrer Betrugsmasche und ihrer Steuerhinterziehung sind leider viele Niederländer zum Opfer gefallen. Die hatten vielleicht nicht alle direkt mit Vincenzo Crupi zu tun, weil der oft nicht offiziell im Namen seiner Firma Fresh oder unter eigenem Namen auftrat. Sie konnten auch nicht wissen, wie kriminell er ist, da er in Italien noch nicht vorbestraft war und deshalb ein ganz normaler Unternehmer hätte sein können.«

Ich frage, ob es denkbar ist, dass auch niederländische Unternehmer, zum Beispiel ein Spediteur, wegen Zusammenarbeit mit der ’Ndrangheta in Kalabrien strafrechtlich verfolgt werden. »Einfach ist das nicht, aber durchaus möglich. Dann muss man beweisen, dass sie der Mafia wissentlich geholfen haben.«

Wir befinden uns inzwischen auf dem schwierigen Terrain der Grauzonen, »die eigentliche Stärke der Mafias«, so De Bernardo. »Eine bewaffnete Bande, die Überfälle begeht, kann gefährlich sein, steht aber außerhalb der Gesellschaft und ist daher leichter zu bekämpfen. Bei der Mafia gibt es sozusagen einen harten Kern von Mitgliedern, die Insider der Organisation. Diese wiederum sind von einem Nebel, einer grauen Wolke umgeben, die sich an manchen Orten so stark ausdehnen kann, dass es keinen Platz mehr für einen unangetasteten, legalen Raum gibt. In diese Grauzone fällt auch ein niederländischer Unternehmer, der bereit ist, bestimmte Zugeständnisse zu machen, ein Politiker, der einem Mafioso einen Gefallen tut, damit dieser ihm Wählerstimmen organisiert, oder ein Gemeindemitarbeiter, der ein Auge zudrückt. Die Mafia wuchert wie ein Krebsgeschwür *innerhalb* eines Körpers und nicht davon losgelöst, sie benutzt die gesunden Zellen, um zu wachsen. Die Mafia wächst und gedeiht, eben *weil* sie Teil der Gesellschaft ist. Das ist die Realität, der wir uns stellen und die wir ausrotten müssen.«

Das Schwierige daran ist, dass sich die 'Ndrangheta in immer mehr Bereichen perfekt zu tarnen weiß. Vor allem die neue Generation ist in der internationalen Geschäftswelt kaum noch von nicht-mafiosen Karrieristen zu unterscheiden. Googelt man beispielsweise die Namen der Söhne und Töchter von Bossen aus Siderno, stößt man auf beeindruckende Linked-In-Seiten. Sie haben an renommierten MBA-Universitäten studiert, leben in Hongkong oder Westafrika, werden Consultants für Cyber-Sicherheit oder spezialisieren sich auf internationales Recht.

»Die neue, studierte Generation ist ganz anders als die Generationen davor«, so De Bernardo. »Das hebt die Mafia auf eine völlig neue Stufe, zu der vermutlich auch ganz neue Einschüchterungsmethoden gehören. Gleichzeitig ist interessant, dass es heute fast kein Kind aus einer 'Ndrangheta-Familie mehr gibt, das keinen Facebook- oder Instagram-Account hat. Das mag banal klingen, dürfte aber nicht ohne Folgen für die 'Ndrangheta bleiben, wo normalerweise so viel wie möglich innerhalb der Familie bleibt. Die 'Ndrangheta ist eine kriminelle Organisation, die ausschließlich auf Verwandtschaftsbeziehungen und dem sogenannten Ehrenkodex beruht, bestehend aus Verschwiegenheit, Diskretion und dem Bemühen, immer schön unter dem Radar zu bleiben. Die 'Ndrangheta ist nicht umsonst in Dörfern tief in den Bergen entstanden, in Gemeinschaften, die es nicht gewohnt sind, Informationen und Erfahrungen mit anderen Orten auszutauschen. Dass die jüngere Generation in den sozialen Medien miteinander teilt, was sie tut und mit wem sie verkehrt, steht in einem krassen Gegensatz zu dieser Logik, zu den Bräuchen und Grundlagen ihres kriminellen Systems. Für uns ist das eine zusätzliche Informationsquelle, macht die 'Ndrangheta also verletzlicher. 'Ndranghetisten aus früheren Generationen wissen das und haben dazu ihre Meinung, können ihre Kinder aber nicht daran hindern. Die von ihnen verspürte Notwendigkeit, ihr Leben mit der ganzen Welt zu teilen, wird die 'Ndrangheta verändern.«

19.

DIE SCHLACHT UM RIACE

Die Nachricht, dass die 'Ndrangheta im Herzen unserer Wirtschaft ihr Unwesen getrieben hatte, geriet in den Niederlanden rasch in Vergessenheit. Es war das Jahr, in dem eine Million Menschen übers Mittelmeer nach Europa flohen. Die Zeitungen waren voll mit Artikeln, die beschrieben, wer von den seeuntüchtigen Schlauchbooten gerettet und an der süditalienischen Küste in Empfang genommen wurde und wer die Überfahrt nicht überlebt hatte. Während die Dringlichkeit, sichere Lösungen für Geflüchete zu finden, von Tag zu Tag offensichtlicher wurde, fehlte es in Europa an politischem Willen zu konkreter Solidarität. Die Angst vor einer Flut hilfsbedürftiger Geflüchteter beherrschte die Öffentlichkeit, hinzu kam die wachsende Furcht vor islamistischem Terror aufgrund der immer häufigeren Anschläge. 2015 sah es so aus, als wäre die italienische Mafia noch das geringste Problem Europas.

Ganz in meiner Nähe war gerade ein Dorf dabei, weltberühmt zu werden, und zwar für die enorme Kreativität und Gastfreundschaft, mit der es Geflüchtete aufnahm: Riace. Das jahrhundertealte Dorf an der ionischen Küste Kalabriens sah Geflüchtete als Chance, als Rettung vor der Landflucht. Verlassene Häuser wurden renoviert, um von denjenigen bewohnt zu werden, die in Italien um Asyl baten. Auf den Straßen waren wieder junge Familien zu sehen. Die afrikanischen und asiatischen Neuankömmlinge sorgten dafür, dass die Grundschule wieder aufmachte, dass Läden und Cafés Kundschaft bekamen. Um die kalabresischen Traditionen am Leben zu erhalten und gleichzeitig die wechselseitige Integration zu unterstützen, saßen Einheimische und Asylbewerber täglich in Werkstätten zusammen, um zu weben, Glas zu blasen und Keramik zu brennen. Ihre Produkte wurden als Souvenirs an Touristen verkauft. Das hörte sich an wie die reinste Utopie und machte auch mich neugierig. Bevor das Dorf im Sommer 2015 von der internationalen Presse überrannt wurde, hatte ich mich mit N. schon mehrfach dort umgesehen.

In der kleinen Töpferei in einer Gasse von Riace lernten wir die Pakistanerin Umme Kulsoom kennen. Sie ritzte gewellte Locken in einen Tonbecher und erzählte: »Ich bin mit meiner Familie aus Pakistan geflohen, weil wir dort von der Mafia, von den Taliban bedroht worden sind. Wir hatten einen Laden in Karachi, und die Taliban kamen ständig vorbei, um Geld zu verlangen. Als mein Mann sagte, dass wir ihnen kein Geld mehr geben können, schossen sie auf unser Haus und drohten, unsere Kinder zu entführen. Ich hatte immer eine Riesenangst, wenn sie in der Schule waren. Irgendwann haben wir all unser Hab und Gut verkauft und die drei Monate lange Reise angetreten.«

Dass Taliban-Kämpfer ebenso wie Mafiosi Menschen erpressen, wusste ich nicht, aber Kulsoom verglich sie miteinander, als wäre es das Selbstverständlichste der Welt. Hier musste sie das vermutlich niemandem groß erklären, denn ihre neuen Nachbarn in Kalabrien konnten sich bestimmt sehr gut vorstellen, was es heißt, wenn eine verbrecherische Organisation religiösen Fanatismus mit teuflischer Gewalt kombiniert. Unweit der Töpferwerkstatt erinnerten zwei Einschusslöcher in der Panoramascheibe eines Restaurants an den terroristischen Ehrgeiz hiesiger Krimineller. Sie stammten noch aus einer Zeit vor Kulsooms Ankunft, aus dem Wahlkampf von 2009. Bürgermeister Domenico Lucano, die Gallionsfigur der

Geflüchteten-Aufnahme in Riace, stellte sich damals erneut zur Wahl und entlockte seinen Gegnern diese Reaktion. Wenn öffentliches Geld zur Verwirklichung von Idealen verwendet wird und lokale Clans nichts davon abbekommen, werden sie sich das nicht so schnell bieten lassen.

Domenico Lucano wurde immer wieder zum Bürgermeister gewählt, und die Einschusslöcher in der Panoramascheibe des Restaurants seiner Stiftung *Città Futura,* »Stadt der Zukunft«, wurden triumphierend mit Handabdrücken in Weiß, Grün und Gelb überdeckt. Zur Sicherheit stand an einer gegenüberliegenden Wand in kalabresischem Dialekt: »Wir malen gegen die 'Ndrangheta an.«

Diese Gastfreundschaft geht auf die Ankuft eines Segelboots mit türkischen Kunden zurück, das den Strand von Riace vor vielen Jahren erreicht hat. Einige Einwohner nahmen die Geflüchteten ganz selbstverständlich auf. Ich sprach mit Bahram, der damals dabei gewesen war. »Als wir hier ankamen, gab es keinerlei offizielle Aufnahmeeinrichtungen, aber die Menschen haben uns ein Dach über dem Kopf und etwas zu essen gegeben«, erzählt er. Viele Asylbewerber schliefen in einem Pfarreigebäude, aber langfristig wurde eine andere Unterkunft benötigt. »All die alten, leerstehenden Häuser. Können wir nicht darin wohnen?«, hatte sich einer der Kurden laut gefragt.

Bahram bestand darauf, uns seine erste italienische Adresse am Rand des Dorfes zu zeigen. »Hier haben wir zu dritt gewohnt. Ich weiß noch gut, wie ich morgens von Vogelgezwitscher und blökenden Ziegen geweckt wurde. Dann ging ich auf den Balkon und schaute aufs Meer, auf die Berge und das Tal unter mir mit seinen Tieren. Es ist schön hier, die Luft ist sauber. Ich liebe die Landschaft, sie erinnert mich an Zuhause.«

Die meisten von Bahrams Leidensgenossen reisten nach

Deutschland weiter, aber er blieb in Riace und arbeitete dort als Zimmermann auf dem Bau. Als Asylbewerber bekam er eine Aufenthaltserlaubnis und wurde nach zehn Jahren italienischer Staatsbürger.

Diese spontan in Riace entstandene Geflüchteten-Aufnahme in winzigstem Maßstab stand Modell für ein offizielles staatliches Programm, das sich auf mehr als tausend Dörfer im Süden und in anderen dünn besiedelten Regionen Italiens ausweitete. Zu Inspirationszwecken schaute man immer wieder nach Riace, wo einfach alles möglich zu sein schien. Zum Beispiel verwendete man Esel – vor fünfzig Jahren noch ein ganz alltägliches Transportmittel in Kalabrien –, um den getrennten Müll aus den steilen Gassen abzuholen. Von den 1600 Einwohnern Riaces stammte ein Viertel aus dem Ausland.

Bürgermeister Lucano ließ sich in den Räumen der Stiftung Città Futura in einem Haus aus dem neunzehnten Jahrhundert interviewen, vor dem gerahmten Foto vom Schiffswrack der Kurden. »Wir sind seit jeher eine Gemeinschaft aus Hirten, Bauern und Handwerkern gewesen, mit den jahrhundertealten Problemen des Südens. Wir haben schon immer mit anderen Völkern zusammengelebt: mit Römern, Sarazenen, Normannen, Spaniern. Diese Erfahrung verbindet uns mit der Welt – mal ganz davon abgesehen, dass wir alle Verwandte haben, die aus wirtschaftlichen Gründen ins Ausland gegangen sind. Das spüren auch die Menschen, die mit ihren traumatischen Erfahrungen hierherkommen. Vielleicht denken sie erst: Schade, wir haben eine große Stadt erwartet. Aber einige bleiben dann doch hier. Sie sehnen sich nach Ruhe und möchten wieder lernen, anderen Menschen zu vertrauen.«

Nach Abschluss des Asylverfahrens jedoch fiel das finanzielle Auffangnetz in Italien damals sofort weg. Konnten die Migranten anschließend trotzdem in Riace bleiben? »Dieser Ort ist für die meisten nur eine Zwischenstation«, so Lucano. »Man kann nicht erwarten, dass alle hierbleiben. Dafür gibt es in Kalabrien einfach zu wenig Arbeitsmöglichkeiten.«

Trotz der Einschränkungen, mit denen Riace zu kämpfen hatte, eilte dem Dorf auch weiterhin ein optimistisch stimmender Ruf voraus. 2016 wurde Bürgermeister Lucano von der Zeitschrift *Fortune* zu den fünfzig einflussreichsten Persönlichkeiten der Welt gezählt, und im Jahr darauf drehte man in dem gefeierten Multikulti-Dorf eine Rai-Fernsehserie, in der Leinwandstars Seite an Seite mit den Einwohnern Riaces spielten.

Um dieselbe Zeit herum gab es andernorts an der ionischen Küste Kalabriens ein riesiges Asylbewerberzentrum mit tausendfünfhundert Schlafplätzen, das andere Ende des Spektrums einer »Aufnahmeeinrichtung«. Hier waren keine Kameras erlaubt, und es herrschte ein völlig anderes Geschäftsmodell. Das Asylbewerberzentrum in Isola di Capo Rizzuto wurde nämlich vom lokalen 'Ndrangheta-Clan gemanagt, der es bewusst verkommen ließ und in elf Jahren dreißig Millionen Euro an europäischen Subventionen kassierte. Saubergemacht wurde dort nie, und laut Staatsanwaltschaft gab es Viehfutter zu essen. Zu den fast siebzig Personen, die 2017 wegen des Verdachts der Zusammenarbeit mit der 'Ndrangheta verhaftet wurden, gehört auch der örtliche Priester, der mit seiner katholischen Hilfsorganisation Misericordia das Asylbewerberzentrum leitete.

Nach seinen Erfahrungen mit Unmengen von Bootsflüchtlingen, ohne jede konkrete Solidarität von Seiten anderer europäischer Regierungen, hatte Italien seine Asylbewerber-Gesetzgebung ein Stück weit verschärft. Kamen Geflüchtete nicht für eine Aufenthaltserlaubnis infrage, landeten sie in Kalabrien oft in einem Zeltlager unweit des Hafens von Gioia Tauro, das ein regelrechtes Ghetto war.

Auch Becky Moses, eine sechsundzwanzigjährige Nigerianerin, die vom italienischen Amt für Migration und Flüchtlinge keine Papiere bekam und deshalb nicht in Riace bleiben konnte, war hier gestrandet. Kaum in dem Zeltlager angekommen, starb sie nachts bei einem Brand. Ihr Zelt wurde durch ein Feuer vernichtet, das gegen die Eiseskälte entzündet worden war. Sie wurde von Freunden und Nachbarn in Riace begraben.

In Italien waren die politischen Dilemmata rund um die Aufnahme von Bootsflüchtlingen Wasser auf die Mühlen der rechtspopulistischen Parteien, und 2018 wurde Matteo Salvini, Parteichef der Lega, Vize-Premier und Innenminister. Obwohl Salvinis Partei davor in Kalabrien kaum Stimmen bekommen hatte, stammten bei den Wahlen 2018 auffallend viele Stimmen aus Rosarno und Reggio Calabria. Dass die Wahlkampfteams der Lega in diesen Städten enge Kontakte zur ’Ndrangheta pflegten, überraschte mich nicht.

Salvini war gerade mal einen Tag im Amt, als es unweit des Zeltlagers erneut einen Toten zu beklagen gab. Soumaila Sacko, ein Neunundzwanzigjähriger aus Mali, wurde erschossen, als er auf dem Gelände einer verlassenen Fabrik nach Wellblech suchte. Das war nicht einmal für ihn selbst bestimmt, sondern für Freunde, die im Zeltlager lebten und sich ein sichereres und feuerbeständigeres Dach über dem Kopf wünschten. Das verlassene Fabrikgelände war kein Ort, den man mit Waffengewalt hätte verteidigen müssen: Es wartete schon seit neun Jahren auf eine Sanierung durch den Staat, nachdem man dort bescheidene 134 000 Tonnen Industrie- und Giftmüll deponiert hatte.

Der Ermordete Soumaila Sacko hatte übrigens durchaus eine Aufenthaltsgenehmigung und engagierte sich bei der Gewerkschaft, die sich für die Rechte von Saisonarbeitern einsetzte. Von denen lebten Hunderte im Zeltlager. Sie pflückten für einen Hungerlohn und unter unmenschlichen Bedingungen Orangen in den Plantagen von Rosarno. Sie hatten so gut wie keine andere Wahl.

Während der Umgang Italiens mit Ausländern unter dem eindeutig rassistischen Minister Salvini stets schlimmer wurde, ahnten nur wenige, dass Bürgermeister Lucano in Riace die Verhaftung drohte. Das Bezirksgericht verbannte ihn 2018 sogar aus seinem Dorf. Laut Anklageschrift war er bei seinen Bemühungen, Asylbewerbern zu helfen, zu weit gegangen. Er habe die »heimliche Zuwanderung« gefördert und mit seinem Aufnahmeprogramm gegen das Gesetz verstoßen. Aus abgehörten Gesprächen wisse man, dass der Bürgermeister bereit gewesen sei, jemandem, der nach einem abgelehnten Asylantrag mit seinem Latein am Ende war, einen falschen Personalausweis auszustellen. Beide hatten den Tod von Becky Moses durch den Brand im Zeltlager noch frisch im Gedächtnis gehabt.

Ex-Bürgermeister Lucano wurde nach seiner Verhaftung nicht im Stich gelassen, sondern haufenweise umarmt und mit Widerstandsliedern wie »*Bella Ciao*« von Menschen aus ganz Italien unterstützt. Außerdem gab es heftige Proteste gegen die plötzliche Aufhebung des Aufnahmeprogramms, die auf seine Verhaftung folgte.

Nach elf Monaten durfte der ehemalige Bürgermeister Lucano wieder in sein Haus in Riace zurückkehren. Inzwischen war ein anderer Bürgermeister gewählt worden, Trifoli, dessen Partei von der Lega unterstützt wurde. Seine Liste hatte er »Transparenz und Legalität« getauft – was reichlich kurios ist, wenn man bedenkt, dass eines der Gemeinderatsmitglieder aus Trifolis Partei gleich nach der Wahl im Zusammenhang mit einer früheren Verurteilung wegen Insolvenzbetrugs abtreten musste. Das Gericht urteilte ebenfalls, dass auch die Wahl des neuen Bürgermeisters eigentlich nicht legal gewesen war. Er legte Berufung gegen das Urteil ein und durfte vorläufig im Amt bleiben.

In den ersten Tagen seiner Amtszeit beeilte sich Trifoli vor allem, jegliche Erinnerung an das weltberühmte Aufnahmeprogramm zu tilgen. Zum Beispiel entfernte er ein weithin sichtbares Schild am Anfang des Dorfes. Unter den Worten »Riace: Dorf der Gastfreundschaft« sah man einen Verweis auf den berühmten Antimafia-Aktivisten Peppino Impastato, der durch eine schwarze Silhouette und das Wort »Radio« auf seinem T-Shirt verkörpert wurde. Der neue Bürgermeister entfernte das Schild und ersetzte es gemeinsam mit einem erfreuten Priester durch ein christlich angehauchtes: »Riace, das Dorf der heiligen Märtyrer Kosmas und Damian.«

Solange das Verfahren gegen Domenico Lucano noch lief, wurde die Ausstrahlung der Rai-Fernsehserie auf unbestimmte Zeit verschoben. Ein Verwaltungsgericht urteilte 2020, dass die Entscheidung des Innenministeriums, das Aufnahmeprogramm von Riace sterben zu lassen, im Nachhinein nicht haltbar gewesen sei. Doch da waren die Asylbewerber längst in riesige Auffanglager gebracht worden.

Bei meinem letzten Besuch in Riace sah ich nicht mehr viele Leute auf der Straße, doch ansonsten bot sich mir dasselbe Bild wie damals, als hier noch jeden Tag gefilmt wurde. Die bunten Wandmalereien mit den positiven Sprüchen und den Geschichten von Revolutionären waren noch nicht überstrichen worden. Auf dem Kinderbauernhof konnte man Eselfohlen sehen, die bei ihren Müttern Milch tranken. Ein paar von ihnen kamen zu mir und stupsten meine Hand an. Genau wie die Webstühle, Werkstätten und Häuser schienen sie auf eine neue Chance zu warten.

20.

LÜGEN, UM DIE WAHRHEIT ZU ERZÄHLEN

Im Frühsommer 2015 endete meine Beziehung zu N. Kulturelle Unterschiede verstärkten die auf der Charakterebene, und vielleicht stand unsere Verbindung auch zu sehr im Zeichen der Suche nach der ’Ndrangheta. Der idealistische Kampf gegen einen gemeinsamen Feind hatte uns zusammengeführt, war aber bei Weitem nicht genug für eine gemeinsame Zukunft.

Im selben Sommer erhält ein Unternehmer in meinem Dorf Polizeischutz, nachdem er die örtlichen Clans wegen Schutzgelderpressung, unter der er anscheinend schon seit zwanzig Jahren litt, angezeigt hat. Seine Geschichte und sein trauriger Blick konfrontieren mich brutal mit der Tatsache, dass auch er als Kronzeuge sozial isoliert wird. Ich weiß nicht genau, ob ich hier alleine weiterhin über die ’Ndrangheta schreiben will, und versuche das Thema bei niederländischen Nachrichtenredaktionen unterzubringen, stoße aber auf Denkweisen, Formate und Budgets, die sich mit meinen Vorstellungen nicht vereinen lassen.

Ich halte es für eine gute Idee, Abstand von dem zu nehmen, was ich in den letzten Jahren so alles in Kalabrien erlebt habe, möchte wieder näher bei meiner Familie, bei alten Freunden sein. In Amsterdam finde ich eine winzige, aber dafür bezahlbare Mietwohnung. Doch so sehr ich mich auch bemühe, mich dort wieder heimisch zu fühlen, merke ich nach einem Jahr, dass mein Herz nach wie vor Kalabrien gehört. Ich vermisse das warme Sonnenlicht, den Zauber des über dem Meer aufgehenden Mondes und die Menschen, die an ein Leben mit viel Ruhe und Weite gewöhnt sind, wodurch sie so manches klarer hören und sehen.

Ende 2017 beschließe ich, wieder für längere Zeit nach Kalabrien zurückzukehren. Endlich werde ich mein ruhiges Haus mit der tollen Aussicht einmal so richtig nutzen. Ich will dort ein Buch schreiben.

Die Nachbarn im Dorf begrüßen mich begeistert und ohne die mitleidigen Blicke, die ich noch aus früheren Jahren in Erinnerung habe. Fast so, als beruhigte sie meine Rückkehr, auch wenn ich hier als alleinstehende Frau nach wie vor eine Ausnahmeerscheinung bin. Um den Frieden zu wahren, erzähle ich niemandem im Dorf, worüber ich schreibe.

Wenn mich die Leute fragen, ob ich es nicht riskant finde, über die Mafia zu schreiben, denken sie meist an das Schicksal Roberto Savianos, des Neapolitaners, der seit dem Erscheinen seines weltweiten Bestsellers *Gomorrha* mit Leibwächtern lebt. Ich denke da eher an die deutsche Autorin Petra Reski, die auch unter Polizeischutz auf die Straße musste – nicht etwa in Süditalien oder an ihrem Wohnort Venedig, sondern in Deutschland. Petra Reski ist eine Enthüllungsjournalistin, die sich nach dem Blutbad von Duisburg gründlich mit den Grenzen der deutschen Pressefreiheit in Bezug auf die 'Ndrangheta beschäftigt hat. Sie wurde in ihrer Heimat bedroht, verklagt und dazu verurteilt, ihre Arbeit zu zensieren.

Ende 2018 fahre ich über die Feiertage zurück in die Niederlande und mache unterwegs auf halber Strecke Halt in Venedig, um sie dort zu treffen. Ich verlasse die kalabresische Ebene, wo es tagsüber noch mild und sonnig ist und abends in meinem Dorf nach verbranntem Olivenholz duftet, und nehme den Flieger nach Norden. Vom bewölkten Himmel aus kommt mir Norditalien mit seiner Industrie, mit seinen abgezirkelten Feldern und kastenförmigen Häusern bereits wie Ausland vor. Im Bus nach Venedig staune ich über die Sauberkeit auf den Straßen, die Fahrräder, die funkelnden Autos, die Luxusgeschäfte und Villen, die klare Beschilderung und die allgemeine Ordnung. An den Bushaltestellen hängen neue Plakate für Tanzvorstellungen und Yogakurse, die so ganz anders aussehen als die verwitterten Aushänge für Tarantella-Konzerte und den Sommerzirkus, der in Kalabrien meist das ganze Jahr an Ort und Stelle bleibt.

Meine Reise findet zu keinem besonders günstigen Zeitpunkt statt, denn in Venedig wurde in den letzten Tagen der höchste Wasserstand seit Jahren gemessen. In zwei Dritteln der Stadt stehen Häuser, Läden, Museen, Hotels, Kirchen, Restaurants, Ateliers und Schulen unter Wasser. Laut Wetterbericht ist das Schlimmste überstanden, aber die Venezianer bereiten sich nach wie vor Tag für Tag auf Hochwasser vor. Wegen der drohenden Überschwemmungen haben viele Touristen ihren Besuch storniert, so dass es etwas weniger voll ist als sonst. Auf einem Spaziergang sehe ich, wie schnell und geschickt die Venezianer Wände und Böden reinigen und ihre Habe retten. Bis auf ein paar Feuchtigkeitsflecken ist kaum noch etwas von den Schäden zu sehen, die das Meerwasser angerichtet hat.

Auch Petra Reski, die im Herzen von Venedig lebt, hat zu Hause aufwischen müssen. Wir haben uns für den späten Vormittag verabredet, auf ihre Bitte hin an der Oper La Fenice, Der Phönix. Ich warte kurz, dann taucht sie auch schon auf, eine attraktive, knapp sechzigjährige Frau, charmant und cool zugleich. Ich kenne ihr gepflegtes Äußeres, ihre kurzen, blondierten Locken, den knallroten Lippenstift und die Lederjacke von Fotos. Es wundert mich nicht, dass an ihr sogar noch schwarze Gummistiefel glamourös aussehen.

Sie führt mich in ein ruhiges, alteingesessenes Café-Restaurant neben der Oper. Ein altmodischer Kellner bringt

Kaffee und Tee in barocken Porzellantassen, dazu ein Schälchen mit köstlichen Keksen. Nach Monaten im bäuerlichen Kalabrien ist die venezianische Raffinesse nichts weniger als ein Kulturschock für mich. Petra Reski kennt den Kellner und ist hier sichtlich zu Hause. Schon seit fast dreißig Jahren lebt sie in Venedig. Kalabrien hingegen ist wegen ihrer Erfahrungen mit ’Ndranghetisten kein Ort, an dem sie sich sicher fühlt.

Nach Sizilien reist sie aber gern. Das war die Region Italiens, die sie vor langer Zeit als erstes besuchte. »Mit zwanzig, im Sommer 1979, war ich das allererste Mal in Italien im Urlaub«, erzählt sie. »Mit meinem damaligen Freund fuhr ich vom deutschen Ruhrgebiet nach Corleone.« Sie machten nicht in Venedig, Florenz oder Rom Station, sondern nahmen den kürzesten Weg zu dem sizilianischen Dorf aus *Der Pate.* »Ich hatte hohe Erwartungen, denn ich hatte den Film gesehen und das Buch gelesen. Aber als wir in Corleone ankamen, war ich enttäuscht. Es war ein langweiliges, kleines Dorf, in dem es nichts Besonderes zu sehen gab.«

Das war Petra Reskis Erstkontakt mit dem, was sie für die Mafia hielt. »Die Mafia war für mich damals noch faszinierende Folklore. Mich fesselte vor allem das Familienbild in *Der Pate*, die Macht der Blutsbande. Meine Eltern stammten aus Ostpreußen und Schlesien – Gebiete, die heute teils zu Polen und teils zur Russischen Föderation gehören. Nach dem Zweiten Weltkrieg waren sie nach Westdeutschland geflüchtet. Unsere Familienkultur war eine ganz andere als die deutsche, eher so wie die einer italienischen Familie – zumindest damals, als die Italiener noch große Familien hatten. Man war ganz eng miteinander, und dazu gehörte auch eine Moral, die von manchen Soziologen als Fundament der Mafia betrachtet wurde, ein *familismo amorale*, ein amoralischer Familialismus: Man entscheidet nicht nach dem, was gut oder schlecht ist, sondern nur danach, was gut für die Familie ist. Das rechtfertigt alles. In meiner Familie war das nicht so spürbar wie in einer Mafiafamilie. Aber trotzdem. Das kam mir bekannt vor: Stolz und Ehre, das Gefühl, dass Familie eine Art Clan ist. Freunde von mir konnten sich nichts darunter vorstellen, aber mir war das vertraut.«

Es dauerte zehn Jahre, bis Petra Reski nach ihrem ersten Besuch nach Sizilien zurückkehrte. »Zu Beginn meiner journalistischen Laufbahn im Juni 1989 wurde ich nach Sizilien geschickt, um über den sogenannten ›Frühling von Palermo‹ zu berichten, über den neuen Wind, der dort mit Falcone und Borsellino wehte, die gerade ihren Maxi-Prozess gegen die Cosa Nostra vorbereiteten. Ich sprach damals schon ein wenig Italienisch, nicht wirklich fließend, aber gut genug. Das war kurz vor dem Mauerfall, und es herrschte eine Atmosphäre, die große Veränderungen verhieß. Und da dachte ich mir: Wenn die Berliner Mauer womöglich fallen kann, warum sollte man dann nicht auch der Mafia das Fundament entziehen können? Zumal es nun Leute wie Falcone und Borsellino gab.«

Der »Frühling von Palermo« sollte 1992 durch Bomben der Cosa Nostra knallhart zunichtegemacht werden, denn sie löschten die beiden unerschrockenen Streiter gegen die Mafia innerhalb von zwei Monaten aus. Welche ominösen Figuren aus Politik, Polizei und Geheimdiensten an diesen Anschlägen beteiligt waren, wird bis zum heutigen Tag gerichtlich aufgearbeitet. Aber *dass* sie daran beteiligt waren, daran zweifelt in Italien niemand mehr.

In Palermo kam Petra Reski auf ihrer ersten Reportagereise mit Leuten in Kontakt, die ihr viel über die Mafia erzählen konnten. Darunter befand sich auch die weltberühmte Fotografin Letizia Battaglia, die das Blutvergießen in Palermo damals unermüdlich auf ihren Bildern festhielt und als Politaktivistin den Stadtrat von mafiosen Eigeninteressen befreien wollte. Auf dieser ersten sizilianischen Reportagereise lernte Reski auch einen Ermittler kennen, der sie in einem gepanzerten Auto durch Palermo fuhr. »Das hat mich beeindruckt: ein Polizist, der selbst beschützt werden musste ... Wer wurde da vor wem beschützt? Und wer vertrat hier eigentlich die Politik? Das war ein ganz seltsames Erlebnis für mich, und seitdem hat mich das Thema einfach nicht mehr losgelassen.«

Nach ihrem Palermo-Besuch fuhr Reski direkt weiter nach Venedig. Sie wollte dort ein Interview führen, zu dem es dann allerdings nicht kam, dafür lernte sie dort ihren späteren Mann, einen Venezianer, kennen. »Zwei Jahre später lebte ich als Italienkorrespondentin für die deutsche Presse in Venedig. Die Mafia hatte ich sozusagen mit im Gepäck.«

Sie staunte, dass man in Norditalien so gut wie nichts über die Mafia wusste. »Das war hier beinahe so wie in Deutschland. Man wähnte sich immun gegen die Mafia. Sowohl in Venedig als auch in Deutschland glauben viele immer noch, dass sie nie mit der Mafia in Berührung kommen werden. Im Allgemeinen interessiert man sich bloß für die Mafia, wenn Blut fließt, sogar in Italien. Die Leute wissen gar nicht, was das eigentlich ist.«

Im August 2007 wurden die Deutschen durch die lautstarke Abrechnung in Duisburg wachgerüttelt. »Ein Blutbad im Stile Hollywoods. Die Deutschen reagierten schockiert: die Mafia, hier bei uns? Warum hat uns das bloß keiner gesagt?«

Damals hatte sich Reski bereits seit fünfzehn Jahren bemüht, den Deutschen das weniger bekannte europäische Gesicht der Mafia zu zeigen. Doch das war nie auf großes Interesse gestoßen. »Und damals tat mir die Mafia mit dem sechsfachen Mord in Duisburg fast schon einen Gefallen. Sofort wurde ich gebeten, ein Buch zu schreiben.«

Petra Reskis Buch *Mafia: von Paten, Pizzerien und falschen Priestern* wirbelte viel Staub auf. Was sie da enthüllte, gefiel einigen italienischen Geschäftsleuten ganz und gar nicht. Zwei von ihnen verklagten sie. Der deutsche Richter ließ die Anklagen zu und sorgte dafür, dass die von ihnen handelnden Passagen im Buch zensiert werden mussten. Reskis Buch wurde einschließlich der geschwärzten Stellen nachgedruckt. Auch in den niederländischen, englischen, spanischen und polnischen Übersetzungen, die bald darauf erschienen, gibt es geschwärzte Zeilen. Trotz – oder vielleicht sogar wegen – der geschwärzten, zensierten Seiten gibt das Buch beeindruckende Einblicke in die Tarnmethoden der Mafia.

Obwohl viele Deutsche das Wort 'Ndrangheta im Sommer 2007 zum ersten Mal hörten, hatte diese in Deutschland schon lange vorher Beziehungen zu allen Gesellschaftsschichten geknüpft. Wegen der dadurch hervorgerufenen medialen Aufmerksamkeit war das Blutbad von Duisburg ein ziemlich unkluger Schachzug, ein lästiger Blutfleck auf der makellosen Weste, in der sich die 'Ndrangheta in Deutschland vorzugsweise zeigt. Laut Reski ging es bei der Blutrache der Nirta-Strangios aus San Luca übrigens weniger um den menschlichen Faktor als um geschäftlichen Neid. »Sie wollten vor allem den Geschäftsinteressen der Pelle-Vottari schaden, ihnen das Geschäft vermiesen. Und das ist ihnen auch ein Stück weit gelungen.«

Die 'Ndrangheta ließ sich in den Siebzigerjahren in deutschen Industriestädten etwa im Ruhrgebiet nieder, wohin viele Kalabresen ausgewandert waren. »'Ndrangheta-Clans investieren noch heute im großen Stil in ganz Deutschland und besitzen unzählige Restaurants – auch wegen des Einkommens, das solche Gastronomiebetriebe generiert, aber vor allem, um darüber ihr Drogengeld zu waschen. Duisburg war und ist ein interessanter Stützpunkt, da es von dort aus nur eine halbe Stunde mit dem Auto bis in die Niederlande ist, wo der Großteil ihres Kokains in Europa ankommt.«

Jemand wie Giovanni Strangio, der im Ruhrgebiet Pizza backte und nach dem von ihm angerichteten Blutbad von Duisburg mit seiner Familie in den Niederlanden untertauchte, ist laut Reski kein Typ, der persönlich damit betraut ist, Geld aus Drogengeschäften reinzuwaschen. »Es sind oft ausgerechnet Deutsche, die mit Italienern zusammenarbeiten. Am liebsten saubere, nicht vorbestrafte Deutsche, damit bei der Gründung von Firmen, die oft Tarnfirmen sind, durch italienische Namen kein Argwohn geweckt wird.« Ich muss an die auf Niederländer angemeldeten Unternehmen denken, die zugunsten von Vincenzo Crupi gegründet wurden.

Ich bitte Reski, mir mehr über die Leute zu erzählen, die sie verklagt haben. »Einer von ihnen ist ein Kalabrese, der in Duisburg ein Luxushotel führt. Er hat beste Beziehungen zur High Society, zu Filmstars, Fußballern und Politikern. Und dann steht sein Hotel auch noch an einem kleinen See, mitten in einem Stück geschützter Natur im Ruhrgebiet. Er bekam die Genehmigung, in diesem Naturschutzgebiet zu bauen, und finanzielle Unterstützung. Auch europäische Fördergelder.« In Reskis Buch steht, dass in diesem Hotel nicht nur die italienische Fußball-Nationalelf abstieg, sondern auch ein flüchtiger ’Ndranghetist sowie der Priester Don Pino Strangio aus San Luca.

Der andere italienische Geschäftsmann, der Petra Reski verklagte, ist zufälligerweise wenige Tage vor unserer Verabredung gestorben. Er stammte aus der Toskana und war einer der früheren Besitzer des Restaurants Da Bruno. 1994 wurde der Mann in Deutschland wegen Drogenhandels verurteilt. Danach führte er mehrere elegante Lokale, darunter eines in einem unter Denkmalschutz stehenden Gebäude auf dem zentralen Marktplatz der ostdeutschen Stadt Erfurt. Wie auch der andere Kläger gegen Reski verfügte er über gute Kontakte bis hinauf in die höchsten Kreise.

»Beide Männer kamen in meinem Buch vor, weil ich ein

Kapitel über die Beziehungen zwischen Mafia und Politik geschrieben hatte. Ich wollte den deutschen Lesern erklären, dass so etwas gar nicht so weit von ihnen weg ist, wie sie vielleicht glauben. Ich brachte Beispiele für die engen Bande zwischen Politikern und … na ja … sagen wir mal ›erfolgreichen italienischen Unternehmern‹. Das hat mir jede Menge Probleme beschert.«

Dass Reski sich mit ihrem Buch mächtige Feinde gemacht hatte, wurde ihr spätestens da klar, als sie es in Erfurt präsentierte. »Erfurt ist eine Bastion der 'Ndrangheta. Ein Clan aus Duisburg ist direkt nach dem Mauerfall nach Erfurt gezogen. Die Familien hatten auf Anhieb gute Startbedingungen für ihre Geschäfte in Ostdeutschland, nicht zuletzt dank guter Kontakte zu Politikern und Geheimdienstlern aus der ehemaligen DDR. Als ich mein Buch in Erfurt vorstellte, wusste ich, dass es nicht einfach werden würde. Aber mit dem, was dann geschah, hätte ich nie gerechnet.«

Direkt nach ihrer Ankunft und kurz vor ihrer Buchpräsentation in einer Erfurter Buchhandlung bekam sie einen Brief mit einer einstweiligen Verfügung ausgehändigt. Darin hieß es, dass bestimmte Passagen ihres Buches ein Gerichtsverfahren nach sich ziehen würden. »Das ist psychologisch nicht so toll, direkt, bevor man sein Buch vorstellt, aber na ja … Doch das war erst der Anfang. Der Journalist, der mich ankündigen und interviewen sollte, meinte, er sei ein guter Freund desjenigen, der mein Buch zensieren wollte. ›Was Sie da geschrieben haben, stimmt so nicht‹, meinte er, ›das haben Sie erfunden.‹ Daraufhin ich: ›Das glauben Sie vielleicht, aber ich habe natürlich Unterlagen, die das belegen. Das ist nicht meine Privatmeinung.‹«

Der Saal war bereits voll, und Reski blieb keine Zeit mehr, ihm zu sagen, dass er das Buch ja nicht vorstellen müsse, wenn es ihm nicht gefalle. »Es waren ziemlich viele Zuschauer da, und weil ich im Scheinwerferlicht stand und sie im Dunkeln saßen, konnte ich ihre Gesichter nicht erkennen. Ich las aus dem Buch, wie vereinbart. Anschließend wurde eine Art Schmierenkomödie aufgeführt, die offensichtlich schon im Vorfeld genau geplant worden war. Erst griff mich der ehemalige Bürgermeister von Erfurt an: wegen eines Dokumentarfilms über die Stadt Erfurt und ihre Verbindungen zur Mafia. Er glaubte, ich hätte den Film gemacht oder dazu inspiriert. Ich sagte, dass er mich da überschätze, dass dem mitnichten so sei, doch er blieb bei seiner Schlussfolgerung. Dann behauptete ein Anwalt in einem langen Monolog, dass Geldwäsche in Deutschland gar nicht möglich wäre. Er hatte Unterstützer dabei, und am Ende stand jemand auf, der eine lange Rede hielt, in der er die beiden Männer, die mich verklagt hatten, verteidigte. Er endete damit, dass ich deren Ruf geschädigt hätte und meinte: ›Ich bewundere Ihren Mut, Frau Reski. Ich bewundere Ihren Mut wirklich sehr.‹ Da war mir klar, was los war. Ich bin schon oft für meinen Mut gelobt worden, aber nicht so …«

Über die Anklage an sich machte sich Reski noch die geringsten Sorgen. Ihre Informationen stammten von deutschen und italienischen Staatsanwälten, aus Anklageschriften und Vernehmungen von Seiten der deutschen Polizei. Die Männer, die sie verklagten, waren außerdem in der italienischen Presse schon oft mit der Mafia in Verbindung gebracht worden. »Die deutsche Richterin meinte, ich hätte nicht über sie schreiben dürfen, weil die Dokumente in meinem Besitz nicht öffentlich einsehbar, sondern nur für internen Gebrauch gedacht seien. Ich erklärte ihr, dass die Aufgabe von Investigativjournalisten darin besteht, mögliche Gefahren für die Demokratie aufzuzeigen und nicht erst darüber zu schreiben, wenn bereits etwas gerichtlich geklärt oder beseitigt worden ist.«

In einer der Gerichtsverhandlungen rügte die Richterin Reski: Der Mann, der sie verklage, sei nie wegen Mafia-Mitgliedschaft verurteilt worden. »Aber das geht in Deutschland auch gar nicht! Nach deutschem Gesetz konnte dieser Mann nur wegen Drogenhandels verurteilt werden. Außerdem hatte ich nirgendwo geschrieben, dass er ein verurteilter Mafioso ist, sondern nur die Einschätzung von Ermittlern des BKA und von sowohl italienischen als auch deutschen Staatsanwälten zitiert. Die Richterin fragte ihn bei einer Verhandlung: ›Sind Sie 'Ndrangheta-Mitglied?‹ Darauf er: ›Nein, ich bin kein Mitglied.‹ Anschließend fragte sie: ›Können Sie mir erklären, wie Sie in diesen Ermittlungsakten gelandet sind?‹ Darauf er: ›Nein, das kann ich nicht erklären.‹ Es war idiotisch und ziemlich frustrierend für mich mitzuerleben, wie es da bei Gericht zugeht.« Reski dreht an der Lünette ihrer Uhr. Sie ist viel zu selbstbewusst für nervöse Ticks, aber man merkt, dass ihr diese Erfahrung immer noch stark zu schaffen macht.

Die deutsche Richterin hatte während der Verhandlung Polizeischutz angeordnet. »Eine absurde Situation für ein Zivilgericht«, so Reski. »Ich war fassungslos, als ich zwei Beamte im Gerichtssaal sitzen sah. Die hatte die Richterin eindeutig zu ihrem eigenen Schutz bestellt, denn auf meinen wurde kein so großer Wert gelegt. Der erfolgreiche italienische Unternehmer, der mich und meinen Verlag verklagt hatte, hielt es beispielsweise für nötig, unserem Anwalt im Gerichtssaal mitzuteilen – und zwar auf Deutsch, damit es auch ja jeder versteht: ›Sagen Sie ihr, dass sie das nächste Mal nicht mit zwei, sondern lieber mit sechs Polizeibeamten kommen soll.‹«

Auch in Italien ist Petra Reski mehrmals bedroht worden, in Corleone und in San Luca. Dort ging sie das Risiko mehr oder weniger bewusst ein, weil sie Mafioso-Terrain betrat. Was die Drohung in einem deutschen Gerichtssaal ihrer Meinung nach zeigt, ist, wie heimisch sich die kalabresischen Mafiosi in Deutschland fühlen. Auch das ist offensichtlich ihr Territorium, sie können dort tun und sagen, was sie wollen. Reski wurde noch eine ganze Weile von Polizisten begleitet, wenn sie in Deutschland Lesungen gab. Heute ist das ihr zufolge nicht mehr nötig. Mafiosi scheinen Journalisten inzwischen lieber mit Klagen als mit Schusswaffen anzugreifen.

Andererseits kann man sich da nie so sicher sein. Ich muss an den jungen slowakischen Enthüllungsjournalisten Ján Kuciak denken. Er recherchierte zu Verbindungen von 'Ndranghetisten zur slowakischen Regierung und dazu, wie 'Ndrangheta-Clans in der Slowakei europäische Agrarsubventionen kassiert hatten. Im Februar 2018 wurde er in seinem Haus erschossen, zusammen mit seiner Freundin. »Das Schockierende daran ist, dass das mitten in Europa geschieht«, sagt Reski. »Die Leute kümmern sich oft nicht so um Italien, weil sie glauben, dass es dort immer ein und dasselbe ist, dabei hat sich die Mafia längst auf ganz Europa ausgeweitet. Der Mord an Kuciak ist eine an die Journalisten der Slowakei gerichtete Mahnung, dass sie auch dort nicht darüber schreiben dürfen.«

Ein paar Tage nach Erscheinen der italienischen Übersetzung ihres Buches bekam Reski noch eine Nachricht von Marcello dell'Utri, dem politischen Partner Berlusconis und ehemaligem Mitglied des Europaparlaments. Er verkündete in den Medien, dass er Reski verklagen werde. »An dem Tag hörte mein Telefon gar nicht mehr auf zu klingeln. Es waren vor allem Journalisten, die sagten: ›Willkommen im Club.‹ Es war eine große Erleichterung für mich, so viel Unterstützung zu erfahren. Eine komplett andere Erfahrung als in Deutschland, wo die Leute sagten: Was hat sie nur immer mit der Mafia? Sie wird schon was geschrieben haben, was sie nicht hätte schreiben dürfen. In Italien war das ganz anders, da gab es sofort jede Menge Solidarität. Zum Glück hatte Marcello dell'Utri keine Zeit, mich zu verklagen, weil er selbst wegen zahlreicher Verbrechen strafrechtlich belangt und dann auch verhaftet wurde.«

Dell'Utri wurde schließlich wegen der zentralen Rolle, die er in Verhandlungen zwischen Berlusconi und der sizilianischen Mafia gespielt hat, zu einer siebenjährigen Haftstrafe verurteilt, die er teilweise in Hausarrest absitzen durfte. Es sind noch einige Verfahren gegen ihn anhängig, auch wegen Zusammenarbeit mit der 'Ndrangheta.

Schaut man sich die alljährliche Rangliste der Pressefreiheit an, steht Italien stets weit hinter den Niederlanden und Deutschland, die vergleichsweise weit oben auf der Liste rangieren. Ich frage Petra Reski, ob sie ebenfalls findet, dass das dem italienischen Enthüllungsjournalismus nicht gerecht wird. »In Deutschland bildet man sich ein, was Besseres zu sein, auch in Bezug auf die italienische Pressefreiheit. Und Italien hat da sicherlich ein Problem, was den Einfluss der Politik auf Journalisten angeht. Aber tatsächlich ist der Enthüllungsjournalismus in Italien viel freier als in Deutschland, zumindest soweit ich das beurteilen kann. Wenn man in Italien wissen möchte, wer irgendwo Mafia-Geschäfte macht, kann man das herausfinden. Italienische Journalisten, die solche Dinge enthüllen, werden zwar auch durchaus oft vor den Kadi gezerrt, verlieren aber zum Glück fast nie. Natürlich können auch sie nicht einfach schreiben, was sie wollen, aber wenn sie in der Lage sind, ihre Vorwürfe zu belegen, werden sie freigesprochen. In Deutschland verlieren Journalisten immer. Selbst dann, wenn sie ihre Vorwürfe belegen können.«

In Deutschland ist Reski übrigens nicht die Einzige, die zu Zensur verurteilt wurde, nur weil sie über die 'Ndrangheta schrieb. Dasselbe geschah auch Francesco Forgione, dem Präsidenten der Antimafia-Kommission des italienischen Parlaments. Die deutsche Übersetzung seines Buches *Mafia Export* wurde zensiert. Auch ein Buch des deutschen Journalisten Jürgen Roth war betroffen. In seinem Fall wurden sogar Buchhändler bedroht. »Seine Kläger sagten den Buchhändlern: Wenn ihr das Buch trotzdem verkauft, werden wir euch vor Gericht bringen. Zensur kann Buchhandlungen natürlich schaden, nämlich wenn sie den Titel bereits bestellt haben und er dann unverkäuflich wird.«

Wie war das eigentlich bei Petra Reski selbst gewesen, frage ich mich. »Wir hatten schon viele Bücher gedruckt. Die waren irgendwo gelagert. Was also hat der Verleger getan, um sie nicht einstampfen zu müssen? Er hat Studenten dafür bezahlt, die Zeilen stundenlang mit einem schwarzen Marker auszustreichen. Ich habe immer noch welche von diesen Exemplaren.«

Reski ließ das übrigens nicht auf sich beruhen. In ihrem nächsten Buch zog sie energisch gegen die Ignoranz, das Unverständnis und die Gleichgültigkeit gegenüber 'Ndrangheta-Einflüssen in Deutschland zu Felde. Dennoch habe sie sich ein bisschen zusammengerissen, sagt sie. »Beim Schreiben meines zweiten Buches über Mafia-Einflüsse in Deutschland mit dem Titel *Von Kamen nach Corleone* fiel mir auf, dass ich Selbstzensur betrieb. Ich war vorsichtiger geworden, was das Nennen von Namen angeht.« Reski schildert in diesem Buch auch die Angst, mit der sie gelebt hat, seit sie in Deutschland bedroht wurde. Sie schreibt: »Es ist, als hätte mir jemand Gift ins Herz geträufelt, nur ein paar Tropfen. Ganz winzige.«

Trotz der stärkeren Selbstzensur musste sie sich neulich erneut in Deutschland gegen eine Klage zur Wehr setzen, zu der es ironischerweise kam, weil Reski zeigen wollte, wie unfrei die deutschen Medien immer noch sind, wenn sie über Mafia-Angelegenheiten berichten wollen. Ein deutscher Fernsehsender, der einen Dokumentarfilm über die 'Ndrangheta in Erfurt gedreht hatte, war verklagt worden und hatte den Fall verloren. Reski schrieb einen Artikel in der Wochenzeitung *Der Freitag* darüber. »Ich habe ganz bewusst nur aus einem öffentlich zugänglichen Gerichtsurteil zitiert und ausschließlich den Namen des Mannes genannt, der den deutschen Fernsehsender verklagt hat. Anschließend verklagte dieser Mann mich, wieder jemand aus Erfurt, ein Geschäftsfreund des Mannes, der mich schon zuvor verklagt hatte.«

Reskis Fassungslosigkeit erreichte ein ganz neues Niveau. »Der Chefredakteur, ein Nachkomme des SPIEGEL-Eigentümers, also ein wohlhabender Mann, wollte mich nicht unterstützen. Und auf Twitter schrieb er, ich hätte vermutlich nicht gründlich genug recherchiert. Sehr seltsam und auch besorgniserregend, da es eine echt nette Geste Richtung Mafia ist, zu zeigen, dass man von ihr verklagte Journalisten nicht unterstützt. Freiberufler wie ich, die mit so einem Artikel gerade mal ein paar hundert Euro verdienen, werden so ein Risiko kein zweites Mal eingehen.« Reski veröffentlichte weiterhin Texte über den Verlauf des Verfahrens und startete eine erfolgreiche Crowdfunding-Kampagne, um Geld für ihre Verteidigung vor Gericht zu sammeln. Da spürte sie zum ersten Mal, wie empört die Deutschen waren. »Sie dachten, in Deutschland herrsche Pressefreiheit.«

Petra Reski beschloss, keine Sachbücher oder Artikel mehr über die Mafia zu schreiben, sondern nur noch Belletristik. Inzwischen hat sie drei Romane veröffentlicht. Sie nennt das »Lügen, um die Wahrheit zu erzählen«. »In meinen Romanen versuche ich, die italienische und die deutsche Mafia-Realität miteinander zu kombinieren. Ich schreibe über *la Trattativa*, die Verhandlungen zwischen dem Staat und der Mafia in den Neunzigerjahren – im Grunde *seit* den Neunzigerjahren, da diese Verhandlungen bis heute andauern. Und ich schreibe über die Medien in Deutschland, die die Mafia am liebsten als etwas Folkloristisches betrachten.«

Reskis Romane handeln auch von Mafia-Einflüssen auf

den Gebieten der Windenergie und Migrantenunterbringung. Sie darf zwar keine Namen mehr nennen, aber bei beiden Themen muss ich sofort an den Arena-Clan aus dem kalabresischen Küstenstädtchen Isola di Capo Rizzuto denken, der Millionen an europäischen Fördergeldern für ein Asylbewerberzentrum in die eigene Tasche wirtschaftete. Derselbe Clan, der mit einem riesigen Windpark in Verbindung gebracht wird, gebaut mit deutschem Geld, der Bucht gegenüber, auf die ich von meinem Haus aus schaue. An einem klaren Abend kann ich die roten Lämpchen der Windräder in der Ferne blinken sehen. Ich erzähle es ihr. »Diese Windräder wurden tatsächlich von einer deutschen Bank finanziert«, sagt Reski. »Und diese Bank wurde wiederum vom deutschen Staat gerettet. Das ist etwas, das Deutsche übrigens höchst erstaunlich finden, nämlich dass die Mafia auch Windräder aufstellt. Sie glauben, dass die Mafia bloß in schmutzige Dinge investiert und nicht in saubere wie grüne Energie.«

Reski recherchiert noch genauso wie früher: »Ich wühle mich durch Hunderte von juristischen Unterlagen. Aber in dem, was ich schreiben will, fühle ich mich frei. So kann ich auch zeigen, wie Journalismus funktioniert und unter welchem Druck Journalisten stehen. Wie sie missbraucht oder aber bezahlt werden, um PR für die Mafia zu machen. Man denke nur an die Musik der Mafia. Das ist so ähnlich wie mit den Nazi-Liedern im Krieg. Auch die Mafia hat ihre eigene Musik, in der sie Morde verherrlicht. Sie hat sie auch in Deutschland veröffentlicht. Zusammen mit den dazugehörigen Texten, auf Italienisch und Deutsch. Die Deutschen können also nicht behaupten, sie wüssten nicht, worum es geht. Der Produzent hat deutsche Journalisten zu Werbezwecken nach Kalabrien geholt, um ihnen zu zeigen, dass die Mafia im Grunde nichts anderes ist als eine Art ursprüngliche Kultur. Kompletter Unsinn natürlich, aber genau das möchte die Mafia die Welt gern glauben lassen.

Weil man eine Kultur natürlich nicht vor Gericht bringen kann.«

Hinter der Folklore-Fassade wirkt die Mafia deutlich harmloser. Ein Journalist, der mit folkloristischen Begriffen über sie schreibt, tut der Mafia also einen Gefallen. »Aber auch die romantische Interpretation in *Der Pate* hat der Mafia große Freude gemacht. Das tun auch Filme und Serien, die sich auf die Gewalt der Mafia konzentrieren, weil sie ihr beängstigendes Image so noch verstärken. Das berücksichtige ich ebenfalls, denn wenn man die Gewalt betont – was bei neunundneunzig Prozent aller Mafiaromane der Fall ist –, verstärkt man die Angst vor Mafiagewalt, obwohl die meisten Mafiosi es gar nicht mehr nötig haben, zu Gewalt zu greifen.«

Laut Bundeskriminalamt ist die kalabresische Mafia die größte Verbrecherorganisation in Deutschland und besteht aus mindestens neunhundert Mitgliedern. »Aber so eine Zahl ist nicht besonders aussagekräftig«, meint Reski. »Denn das sind nur die aktenkundigen Leute, von denen sich die italienischen Behörden sicher sind, dass sie zu einem bestimmten Clan gehören. Viele Mafiosi leben in Deutschland, obwohl sie noch in Italien gemeldet sind. Und um all diese Clan-Mitglieder gibt es auch in Deutschland eine riesige Grauzone aus Leuten, die ihnen zuarbeiten.«

Anfang 2018 wurde ein in Deutschland lebender 'Ndranghetist verhaftet, der mit Günther Oettinger, bis Ende 2019 EU-Kommissar, befreundet war. »Mario Lavorato war in meinem Buch das dritte Beispiel für einen 'Ndranghetisten mit Verbindungen zur deutschen Politik, aber der Einzige, der mich nicht verklagt hat«, so Reski. In den Neunzigerjahren ging der Christdemokrat Oettinger, als er noch im Parlament von Baden-Württemberg saß, regelmäßig in Mario Lavoratos Lokal unweit von Stuttgart essen. Lavorato organisierte auch einen Abend für das Wahlkampfteam des

Politikers. Um einen politischen Skandal zu vermeiden, wurde Oettinger vom deutschen Justizminister, einem Parteigenossen, gewarnt: Er solle lieber nicht mehr in dieses Restaurant gehen, da Lavorato in Italien der 'Ndrangheta-Mitgliedschaft verdächtigt werde. Günther Oettinger wurde 2010 EU-Kommissar für Energie, dann für Digitale Wirtschaft und anschließend für den Europa-Haushalt. Er gibt an, schon lange keinen Kontakt mehr zu Mario Lavorato zu haben, der in Italien wegen seiner 'Ndrangheta-Beziehungen inzwischen verurteilt worden ist.

Die Straftaten, für die Lavorato verurteilt worden ist, beweisen, dass sich die 'Ndrangheta in Deutschland verhält, als wäre sie in Kalabrien. So wie die Clans in Kalabrien heute kein Schutzgeld mehr erpressen, sondern Unternehmer unter Druck setzen, indem sie sie zwingen, zu überteuerten Preisen in ihrem Großhandel einzukaufen, scheinen sie das auch in Deutschland zu tun. In Stuttgart zum Beispiel wurde italienischen Cafés und Restaurants von 'Ndrangheta-Familien für viel Geld importierter Wein, Brot und Pasta aufgezwungen. Petra Reski: »Die Staatsanwälte haben mir erzählt, dass ihnen die italienische Gemeinde in Stuttgart nie etwas davon erzählt hat. Auch wer nicht zur Mafia gehört, muss also den Mund halten. Die Italiener in Stuttgart wussten alles, haben aber nicht darüber geredet. Sie wurden bedroht und haben häufig Verwandte in Italien, die sie schützen wollen.«

Ein früherer Prozess deckte auf, wie ein italienischer Senator, der dank gekaufter Stimmen von nach Stuttgart ausgewanderten Kalabresen gewählt wurde, der 'Ndrangheta dabei half, zwei Milliarden Euro zu waschen. Die 'Ndrangheta ist in Deutschland nicht nur im Erpressen von Schutzgeld und im Drogen- und Waffenschmuggel aktiv, sondern macht Menschen auch mundtot und manipuliert ihr Wahlverhalten. Ganz so als wäre sie in Kalabrien, könnte man fast sagen. In einer neuen Anklageschrift lässt sich nachlesen, wie ein 'Ndranghetist betont: »In Deutschland können wir *alles* machen.«

»Interessant ist auch, dass die 'Ndranghetisten, die in Deutschland verhaftet worden sind, nur dank der italienischen Antimafia-Gesetze und eines europäischen Haftbefehls festgenommen werden konnten«, so Reski. »Ein Polizist hat mir erzählt, wie froh er darüber war, weil die deutsche Polizei diese Typen nach deutschem Gesetz nie hätte verhaften können.«

Petra Reski erzählt, dass ihr nächstes Buch zur Abwechslung in Venedig spielen wird. »Es wird nur indirekt von der Mafia handeln«, sagt sie.

Ich muss an den Mose-Damm denken, der Venedig vor Überschwemmungen schützen soll. »Das Flutsperrwerk hat acht Milliarden gekostet, davon allein eine Milliarde an Bestechungsgeldern. Schon als mit dem Bau begonnen wurde, war das Projekt veraltet.« Die Wassersperre soll bei Hochwasser eine Stahlbarriere errichten, damit die Stadt nicht mehr überschwemmt werden kann. »Die Verwendung von Stahl unter Wasser macht immer Probleme. Niederländer sind auf so etwas spezialisiert und wären das zweifellos anders angegangen«, so Reski. »Ich war mal so naiv zu glauben, dass das Konsortium, das in den Achtzigerjahren extra für Mose gegründet wurde, aus Wissenschaftlern und Experten bestünde, die nur das Beste für die Lagune und die Stadt im Sinn haben. Aber es gab nicht mal eine öffentliche Ausschreibung. Private Bauunternehmen haben über dieses Projekt befunden. Privatfirmen, gestützt von italienischen Politikern. Es ist eine Art legalisierte Mafia, ein Problem der neoliberalen Wirtschaft: Alles wird in Privathand gegeben. Auch der Hafen von Venedig ist verkauft worden – an Kreuzfahrtunternehmen, das muss man sich mal vorstellen!«

Die Probleme, die der Mose lösen soll, sprich: die immer häufigeren und heftigeren Überschwemmungen, haben deutlich weniger mit dem Klimawandel und einem steigenden Meeresspiegel zu tun als die heutige Stadtregierung glauben machen will, so Reski. »Das liegt vielmehr an den Kanälen, die für die Schifffahrt ausgehoben wurden, weil die Lagune eher flach ist. Wenn man einen Kanal tiefer gräbt, und der Wind bei Hochwasser Wasser in die Lagune drückt, strömt in kürzerer Zeit sehr viel mehr Wasser ein. Deshalb gibt es heute viel schneller Hochwasser, das auch weniger schnell ins Meer zurückfließt.«

In den Sechzigerjahren kam es zur ersten katastrophalen Überschwemmung, die schon damals damit erklärt wurde, dass ein Kanal eigens für Öltanker zur petrochemischen Fabrik am Ufer Venedigs vertieft worden war. Dennoch hat man die Lagune stets tiefer gegraben, auch um die Durchfahrt von Kreuzfahrtschiffen zu ermöglichen. »Und als man dann mit dem Bau von Mose begann, wurde erneut an der Grenze zwischen Lagune und Meer gegraben. Das hat das Problem nur noch verschlimmert.«

Fünfunddreißig Personen sind rund um den Bau des Mose-Flutsperrwerks wegen Verdachts auf Korruption und Machtmissbrauch verhaftet worden, darunter auch der ehemalige Bürgermeister von Venedig. »Er hat ein bisschen was gestanden, um eine niedrigere Strafe zu bekommen«, seufzt Reski. »Den anderen Politikern, die vor vier Jahren verhaftet worden sind, ist eigentlich gar nichts passiert. Sie bekamen nur milde Strafen. Absurd. Ganz Venedig wurde gekauft. Deshalb möchte ich ein Buch über Venedig schreiben.«

Als wir wieder draußen sind, steht der Platz vor der Oper bereits tief unter Wasser. Zum Glück kommt ein Straßenverkäufer mit Gummigaloschen im Angebot angelaufen. Reski handelt ihn netterweise für mich von fünfzehn auf zehn Euro herunter, und gemeinsam waten wir ein Stück in dieselbe Richtung.

Bevor mein Flieger nach Amsterdam geht, habe ich noch etwas Zeit, um Venedig auf mich wirken zu lassen. Und das ist auch gut so, denn bei Hochwasser geht im tiefer gelegenen Teil von Venedig alles nur noch im Schneckentempo. In trockeneren Gassen komme ich an Schneidereien mit handgemachten Karnevalskostümen vorbei sowie an einer Werkstatt, in der Kinder eigene Masken bemalen. Die Originalität ist eine willkommene Abwechslung zwischen all den Souvenirläden, die das Zentrum mit ihren Selfie-Sticks und mit Murano-Glas in allen Regenbogenfarben beherrschen. Im Schaufenster eines solchen Geschäfts entdecke ich neben Regalen mit Feuerzeugen, Kaffeebechern und Kühlschrankmagneten in Form der italienischen Flagge auch ein Kinder-T-Shirt. Es ist mit einem Baby im Nadelstreifenanzug bedruckt, mit Hut auf dem Kopf und Zigarre im Mund, darunter die Worte *Italia, Venezia* und *I'm the boss.*

21.

WER SUCHET, DER FINDET

In Amsterdam falle ich mit meinen blonden Haaren nicht weiter auf – nach einem halben Jahr in Kalabrien fühlt sich das an wie ein Privileg. Ich bestaune die Grachten wie ein Tourist, und mit Venedig im Hinterkopf bin ich froh, dass das Wasser noch weit unter Straßenniveau ist. Froh bin ich auch über den kalabresischen Laden, in dem ich Mandarinen und Orangen kaufe, wenn ich Heimweh nach dem Süden bekomme. Dort bin ich gut aufgehoben: Das Obst stammt von einer Kooperative von Bio-Bauern, die gegen die Ausbeutung der Saisonarbeiter kämpfen.

Auch einige niederländische Leckereien habe ich vermisst. In einer Bäckerei, in der Touristen im Wintermantel aus Pappbechern trinken, kaufe ich ein Käsecroissant. Als ich höre, was ich zahlen soll, möchte ich meinen Spontankauf am liebsten gleich wieder rückgängig machen, aber nun war es schon zu spät. Die Mieten im Zentrum steigen wie verrückt – kein Wunder, dass die Läden entsprechend kalkulieren müssen. Ich frage, ob es ein Problem ist, wenn ich mit großen Scheinen zahle.

»Wie groß?«, fragt der Bäckereibesitzer. Als ich fünfzig Euro hinlege, lacht er. »Hier kommen die Leute manchmal mit Fünfhunderteuroscheinen an!«

»Tatsächlich?«, frage ich. »Können Sie die gebrauchen, oder nehmen Sie die lieber nicht an?«

»Das sind meist Drogendealer«, erwidert er mit der Abgebrühtheit eines Amsterdamers. »Die versuchen es oft genug. Ich finde die fünfhundert Euro sogar praktisch, dann habe ich kleinere Stapel. Aber manchmal kann ich so einen Schein nicht annehmen, dann habe ich einfach nicht genug Wechselgeld in der Kasse.«

Hätte ich dem Mann erzählen sollen, woran mich seine Geschichte erinnert? Ich sehe das Gesicht von Gioacchino Bonarrigo vor mir, ein unauffälliger junger Mann Anfang dreißig, der verdächtigt wird, für 'Ndrangheta-Clans aus Rosarno und San Luca Drogen geschmuggelt zu haben. Im September 2017 hat man ihn unweit des Amsterdamer Waterlooplein mit einem europäischen Haftbefehl festgenommen. Das jüngste Strafverfahren gegen ihn läuft noch in Italien. Gioacchino Bonarrigo war bereits 2006, elf Jahre zuvor, in Amsterdam verhaftet und an Italien ausgeliefert worden. Kurz darauf floh er dort aus dem Hausarrest und wiederholte sein »Entfesselungskunststück«, indem er sich erneut in die Niederlande absetzte.

Bonarrigo hatte eine deutliche Vorliebe für unser Land und sprach Niederländisch. In einer italienischen Anklageschrift sind Fotos abgebildet, die Überwachungsteams der Polizei in Amsterdam von ihm und seinen Mitangeklagten, Mitglieder verschiedener 'Ndrangheta-Clans, gemacht haben. Sie waren Teil einer Lieferkette, die über die Niederlande, Belgien und Deutschland Drogen und Waffen nach Italien schmuggelte. Auf einer Karte in der Anklageschrift ist das Dreiländereck eingezeichnet, um zu zeigen, wie mühelos sich die flüchtigen 'Ndranghetisten ständig über Landesgrenzen hinweg bewegen konnten, um der trägen Bürokratie internationaler Rechtshilfeersuchen immer einen Schritt voraus zu sein. Auf diese Weise konnten sie ihrer Verhaftung jahrelang entgehen.

Gioacchino Bonarrigo wurde als in der Heimat Gesuchter an Italien ausgeliefert, aber wer als 'Ndrangheta-Verdächtiger länger als fünf Jahre in den Niederlanden gemeldet ist und beweisen kann, dort auch legal Geld verdient zu haben, kommt vor einen niederländischen Richter. Dieses Glück wurde auch Rocco Gasperoni zuteil, der in Scheveningen eine beliebte Pizzeria besaß. In Italien war er 2001 wegen Haschisch-Schmuggels zwischen Italien, Spanien und den Niederlanden zu vierzehn Jahren Haft verurteilt worden. Außerdem wurde er verdächtigt, dem Mörder eines Turiner Staatsanwalts Unterschlupf gewährt zu haben. Obwohl er in den Niederlanden ganz normal unter seinem richtigen Namen lebte und arbeitete, wollte es mit seiner Verhaftung und Auslieferung einfach nie so richtig klappen. Bis zum Mai 2016, als er bereits siebzig war. Dem Auslieferungsgesuch Italiens wurde wegen seines langen Aufenthalts in den Niederlanden nicht stattgegeben, und sein Strafmaß wurde nach niederländischen Maßstäben festgesetzt. Das grenzte fast schon an Zauberei: Statt einer Haftstrafe von vierzehn Jahren gab es achtzehn Monate elektronisch überwachten Hausarrest.

Alles in allem machten der niederländische und europäische Kampf gegen die ’Ndrangheta aus meiner Sicht noch keine großen Fortschritte, aber dann gab es eine Riesenüberraschung: Am Morgen des 5. Dezember 2018, dem Sinterklaas-Tag, höre ich beim Aufwachen in den Nachrichten, dass in der vorangegangenen Nacht in den Niederlanden, Deutschland, Belgien und Italien insgesamt mehr als achtzig Menschen verhaftet worden sind. Die Operation »Pollino« ist die größte gemeinsame europäische Polizeioperation, die es je gegen die ’Ndrangheta gegeben hat. Ich eile nach Den Haag zu einer Pressekonferenz von Eurojust.

Die Verantwortlichen bei Polizei und Justiz der kooperierenden Länder sitzen nebeneinander und erzählen vor den Kameras und Mikrofonen zahlreicher Journalisten ihre Geschichte. Wie ich zu meinem Erstaunen erfahre, hatten die Ermittlungen in den Niederlanden begonnen. Die

Steuerfahndung hatte beschlossen, ein paar 'Ndranghetisten zu überwachen, die anscheinend Restaurants in Limburg zur Geldwäsche benutzten. Schon bald gerieten Drogenhändler ins Visier, die sich in einem der Restaurants trafen. Der verdächtigte Restaurantbesitzer fuhr regelmäßig nach Deutschland, wo er noch weitere Restaurants und Eisdielen besaß, außerdem nach Kalabrien. Deshalb nahm die Steuerfahndung Kontakt zu Deutschland und Italien auf, und zum ersten Mal kam es zu einem gemeinsamen europäischen Ermittlerteam, zu einer breit aufgestellten internationalen Kooperation mit dem Ziel, der 'Ndrangheta einen empfindlichen Schlag zu versetzen. Das hatte den großen Vorteil, dass die träge Praxis der Rechtshilfeersuchen umgangen wurde und die Länder direkt Informationen austauschen konnten. So gelang es den europäischen Fahndern endlich, die ständig über irgendwelche Landesgrenzen entwischenden 'Ndranghetisten zu überrumpeln – statt umgekehrt.

Auf der Pressekonferenz erfahre ich, dass in den Niederlanden fünf Personen verhaftet und acht Hausdurchsuchungen durchgeführt worden sind: in Amsterdam, Amstelveen, Velsen, Zoetermeer, Den Haag, Rotterdam, Tegelen und Sittard, sprich: übers ganze Land verteilt. In Belgien wurden weitere vier Personen verhaftet, aber das Gros der achtzig Verdächtigen wurde von der italienischen und deutschen Polizei, dort schwerpunktmäßig in Nordrhein-Westfalen, festgenommen. Es geht um Personen, die Mitglied des Pelle-Vottari-Clans aus San Luca sind oder mit ihm zusammenarbeiten. Die üblichen Verdächtigen also.

Die Mengen an beschlagnahmtem Koks und Ecstasy, an Autos und Rolex-Uhren habe ich schnell wieder vergessen. Dafür spitze ich die Ohren, als der oberste Mafia-Jäger Italiens, der nationale Antimafia-Staatsanwalt Federico Cafiero De Raho, sagt: »Sie brauchen sich nicht einzubilden, dass die 'Ndrangheta in diesem Markt nur aus eigenen

Leuten besteht, das läuft immer über Profis, über Treuhänder, Anwälte und so. Und zwar nicht nur in Italien, sondern auch in anderen Ländern. Die Menschen, die sie repräsentieren, haben einen guten Ruf und werden auf ihrem Gebiet respektiert. Das ist das kultivierte, hochgebildete Bürgertum der 'Ndrangheta, die selbst unsichtbar bleibt, während sie gleichzeitig eine weitreichende Unterwanderung der Wirtschaft ermöglicht – nicht nur in Italien, sondern in ganz Europa, auch in Ihrem Land.«

Nach der Pressekonferenz frage ich ihn, ob diese *White-Collar*-Kriminellen der 'Ndrangheta in Europa derzeit effektiv bekämpft werden können. »Dafür müsste man die Investitionen von schmutzigem Geld in die Gesellschaft viel genauer in den Blick nehmen.« Auch die anderen Repräsentanten der Operation »Pollino« frage ich, ob die Grauzone, also die mitverantwortliche 'Ndrangheta-Entourage, ihrer Meinung nach mit den heutigen Gesetzen, Vorschriften und Mitteln in Europa adäquat bekämpft werden könne.

Alle verneinen.

Einige Wochen danach habe ich eine Verabredung mit zwei Personen, die ich bei der Pressekonferenz kennengelernt hatte: dem niederländischen Steuerfahnder, der die Ermittlungen in Gang gebracht hatte, und der Staatsanwältin, mit der er zusammengearbeitet hat. Sie wollen zu ihrer eigenen Sicherheit anonym bleiben. Der Mann von der Steuerfahndung ist ein sportlicher Typ aus Brabant, nennen wir ihn Fred. Die Staatsanwältin ist eine große, blonde Frau, die hier Daphne heißen soll und mit ihrer Nüchternheit und Klarheit die Begeisterung und das anekdotische Gedächtnis ihres Kollegen von der Steuerfahndung perfekt ergänzt.

Fred erzählt, dass er im April 2014 mit seinen Ermittlungen begonnen habe. Steuerfahndung, Finanzamt und Polizei hatten gerade einen neuen Bericht über die italienische Mafia abgeschlossen – mit der unbefriedigenden Schlussfolgerung, dass man Art und Umfang des Problems nach wie vor kaum kenne. Die Niederlande hatten bis dahin noch nie eigene strafrechtliche Ermittlungen gegen die 'Ndrangheta geführt, sondern immer nur auf Rechtshilfeersuchen aus Italien reagiert. *Cerca Trova*, so der Titel des Berichts: Wer suchet, der findet. Die niederländischen Fahnder, so Fred, bekamen den Auftrag, zwei Ermittlungen durchzuführen, um mehr Einblick zu bekommen. »Die eine betraf das Umfeld der Blumenauktion in Aalsmeer, die andere war unsere Ermittlung.«

In *Cerca Trova* waren zweiundzwanzig Restaurants aufgelistet, deren Besitzer möglicherweise Verbindungen zur Mafia hatten. Fred konzentrierte seine Ermittlungen auf zwei von ihnen in der Provinz Limburg: das Botticelli in Venray und das La Vita in Horst: »Ich wusste von Anfang an, dass da was faul ist, aber man muss es natürlich beweisen können.«

Giovanni Giorgi, geboren im kalabresischen San Luca, war der Inhaber der beiden Lokale, und sowohl er als auch seine Teilhaber hatten eindeutige Verbindungen zu 'Ndranghetisten im Ausland. »Wir merkten rasch, dass wir das nicht ohne Italien und auch nicht ohne Deutschland schaffen würden. Die drei Hauptverdächtigen fuhren sehr oft über die Grenze nach Deutschland, und dann waren uns in den Niederlanden die Hände gebunden. Wir sahen auch, dass einige Verdächtige regelmäßig aus Kalabrien in die Niederlande oder nach Deutschland einreisten. Vermutlich hatten sie jede Menge Bargeld dabei, um neue Restaurants zu gründen. Das konnten wir nie wirklich beweisen, da wir zu diesem Zeitpunkt noch nicht in Erscheinung treten durften.«

Die niederländischen Ermittlungen stießen buchstäblich an Grenzen – an die zu Deutschland, so Daphne. »Wir hatten Telefone verwanzt, durften die in Deutschland mitgeschnittenen Gespräche aber ohne deutsche Erlaubnis nicht verwenden. Dasselbe galt für die Überwachungen: Wir wollten, dass die Deutschen sie jenseits der Grenze fortsetzen.«

In Deutschland waren Freds Team mehrere verdächtige Restaurants aufgefallen, auch in Duisburg. »Bestimmt zehn, fünfzehn Mal haben wir die Duisburger Polizei um Unterstützung gebeten, aber die konnte nichts für uns tun.«

Daphne erklärt, dass die Deutschen die Art Ermittlungen der Niederländer, bei der eine Gruppierung wegen des Verdachts auf ein organisiertes Verbrechen verfolgt werden kann, gar nicht kannten und der Zusammenarbeit deshalb nicht zustimmen konnten. »Wir hatten inzwischen zahlreiche Informationen gesammelt und wollten unseren Verdacht bei einer Person erhärten. Als wir bei Giovanni Giorgi genug Material für den Verdacht auf Geldwäsche zusammen hatten, meldeten wir uns wieder in Deutschland, aber es blieb kompliziert, denn da hieß es nur: ›Mit Geldwäsche können wir hier nicht so viel anfangen.‹ In den Niederlanden reicht bei Geldwäsche der Verdacht, dass es um schmutziges Geld geht. Die deutsche Gesetzgebung ist sehr viel komplizierter. Da muss man genau wissen, aus welchen illegalen Geschäften das Geld stammt, sonst lässt sich die Geldwäsche nicht beweisen. Aber das ist natürlich so gut wie nie möglich.«

Trotzdem sah auch die Duisburger Polizei ein, dass sie die Bitte der Niederländer nicht einfach so abschlagen konnte. »In Duisburg hatte es einen sechsfachen Mord gegeben. Da waren Leute, die viel zu diesem Thema wussten«, erzählt Daphne. Fred erwähnt eine deutsche Kollegin, die einen ziemlich guten Überblick über die verschiedenen in Deutschland aktiven Clans hat. »Sie konnte einen Namen eingeben und sagen: ›Ach so, das ist der und der‹. Sie kannte sie alle.«

Daphne: »Geldwäsche fand man in Deutschland nicht so interessant, Drogen hingegen schon. Darum ging es bei uns eigentlich gar nicht, wir wollten endlich mal an die Finanzen ran. Dann muss man eben versuchen, aufeinander zuzugehen.«

Die Italiener wiederum waren sofort interessiert. »Im Januar 2015 sind wir das erste Mal nach Italien gereist«, erzählt Fred. »Der Polizei von Reggio Calabria haben wir gesagt: ›Wir haben hier ein paar Restaurants mit diesen Teilhabern, ihr kennt die Leute, wir müssen zusammenarbeiten.‹« Nicola Gratteri, der weltberühmte Kämpfer gegen die 'Ndrangheta, übernahm den Fall für die Staatsanwaltschaft Reggio. »Und der meinte: ›Schickt uns einfach einen Bericht mit euren Erkenntnissen, dann braucht ihr kein Rechtshilfeersuchen zu stellen, und wir können selbst Ermittlungen einleiten und anschließend gemeinsam weitermachen‹«, so Fred. »Im Februar habe ich dann an einem Vormittag in den Karnevalsferien einen kurzen Bericht geschrieben, denn er wollte ihn noch am selben Tag haben. Und dann wurde es still. Anfang 2016 hörten wir, dass sie in Italien im August 2015 ihre Ermittlungen aufgenommen hatten.« Für eines unserer Treffen in Italien erstellte Fred einen PowerPoint-Vortrag, mit einem Foto, das eine Waage voller Spaghetti Bolognese zeigte. Das fanden Gratteri und seine Kollegen gar nicht lustig. Doch unterdessen rüttelte der spontane Niederländer erfolgreich an den Mauern, die die miteinander konkurrierenden und an Formalitäten klebenden Italiener zwischen ihren verschiedenen Polizeikräften hochgezogen hatten.

»Als Staatsanwaltschaft und Staatspolizei, die Polizia di Stato, mit ihren Ermittlungen begannen, hatten wir bereits ein Rechtshilfeersuchen verfasst, und zwar mit der Frage: Welches Vermögen besitzt diese Gruppe, können wir da Einblick bekommen? Doch so etwas landet in Reggio dann bei der Guardia di Finanza. Die sollten wir erst am nächsten Tag treffen. Und da habe ich gesagt: ›Warum treffen wir uns nicht einfach alle gemeinsam? Es geht doch um denselben

Fall?‹ Da haben sie ein bisschen rumtelefoniert und ein paar Leute dazugeholt. Wir sind abends zusammen essen gegangen, und von da an haben wir gemeinsam an den Ermittlungen gearbeitet.«

Seit Beginn der niederländischen Ermittlungen dauerte es bestimmt zweieinhalb Jahre, bis im Oktober 2016 bei Eurojust das Joint Investigation Team, die offizielle Ermittlungsgruppe, aus der Taufe gehoben wurde. Daphne: »Italien hatte bereits mit seinen Ermittlungen begonnen, aber Deutschland noch nicht. Die Deutschen wollten einen Überblick über die Drogen bekommen, aber darauf hatten wir uns noch gar nicht konzentriert. Dagegen gab es erhebliche Widerstände bei unseren Chefs. Denn wenn wir uns mit Drogendelikten beschäftigen, müssen Polizei und Kripo auch mitmachen. Das hat gedauert, denn es mussten zusätzliche Kräfte hinzugezogen werden.«

Ich frage, warum es in den Niederlanden so wenig Interesse an Ermittlungen wegen Drogenschmuggels gibt. Daphne: »Um Drogen auszuheben, brauchen wir uns nicht sonderlich anzustrengen, und es bringt auch nicht viel. Wir wissen, dass die Drogen aus Südamerika meist nach Rotterdam oder Antwerpen verschifft werden. Natürlich haben wir gehofft, bei unseren Ermittlungen eine große Partie beschlagnahmen zu können und auch das Unsere dazu beigetragen. Wir wissen, welche Tarnfracht häufig benutzt wird, und diese Hinweise nutzen wir, um die Container für Kontrollen auszusuchen. Wir haben auch ein Rechtshilfeersuchen nach Südamerika geschickt und bei Überwachungen gut zusammengearbeitet, alle Länder haben abgehört. Auf diese Weise konnten wir mal ein Schiff rausziehen, und das war ein Volltreffer, weil es 3500 Kilo Kokain geladen hatte. Aber dieses Schiff konnten wir leider nicht mit unseren Verdächtigen in Verbindung bringen, weil sie das Kokain nicht abgeholt haben.«

Ich muss an die korrupten Rotterdamer Zollbeamten denken, die in letzter Zeit verhaftet worden sind. Die verdienen sich ordentlich was dazu, indem sie den Drogendealern behilflich sind. Ein Knopfdruck genügt, und schon wird eine Fracht nicht kontrolliert. Nur ein einziger Anruf, und die Laufburschen der 'Ndrangheta sind gewarnt, dass Polizei da ist und sie an diesem Tag besser zu Hause bleiben.

Fred erzählt, dass eine kleinere, fünfundneunzig Kilogramm schwere Partie im Rotterdamer Hafen zu ihrer großen Freude dann doch noch mit den Verdächtigen in Verbindung gebracht werden konnte. Außerdem beschlagnahmte sein Team vor allem kleinere Mengen Kokain, die mit Mietwagen auf dem Landweg transportiert wurden. »Jedes Mal um die fünfzehn Kilo. Von einer Partie gibt es ein schönes Video. Nachdem in Amsterdam vermutlich Geld abgeliefert wurde, führt die Route weiter nach Rotterdam. Dort betritt jemand ein Apartment und kommt mit einer großen Supermarkttüte wieder heraus. Er geht zum Mietwagen, der über einen geheimen Stauraum verfügt. Das Ganze funktioniert elektronisch: Man muss auf einen Knopf drücken, anschließend einen Schalter umlegen und dann – piep! – öffnet sich ein Fach, in dem man zehn bis zwanzig Pakete verstauen kann. Man sieht, wie er ins Auto steigt, ein paar Minuten darin herumkramt und anschließend nach Italien fährt. In der Schweiz wurde er dann geschnappt.«

Eine wichtige Quelle für die Ermittlungen in Sachen Drogenschmuggel durch die Pelle-Vottaris an die mit ihnen liierten Clans war der allererste 'Ndrangheta-Überläufer, der in den Niederlanden vernommen wurde: Giuseppe Tirintino. Fred erzählt: »2015 haben wir das La Vita in Horst mit Hilfe mehrerer Teams überwacht. Das Restaurant lief nicht besonders, war aber noch geöffnet. Irgendwann sehen wir einen Mann, der an der geschlossenen Tür rüttelt. Er setzt sich auf die Terrasse, zündet sich eine Zigarette an, greift zum Handy, um einen Anruf zu machen, und wird dabei vom Überwachungsteam fotografiert. In Italien haben wir ein Jahr lang versucht herauszufinden, wer das gewesen sein könnte. Vergeblich. Bis wir ihm dort als Mitarbeiter der Justiz wiederbegegnet sind: Es war Tirintino!«

Giuseppe Tirintino, damals sechsunddreißig, sollte nicht lange nach seinem dokumentierten Pizzeria-Besuch in der Provinz Limburg beschließen, mit der italienischen Justiz zusammenzuarbeiten: Er hatte nämlich nicht viel zu verlieren. Ein paar Partien Koks waren beschlagnahmt worden, und innerhalb des Clans verdächtigte man ihn, die eigenen Leute verraten zu haben. Er hatte 2015 schon gut zehn Jahre in den Niederlanden gelebt, vor allem in Amstelveen, und reiste oft nach Kolumbien, Deutschland und Italien. Fred: »Er organisierte für verschiedene Clans, dass das Koks aus Südamerika nach Europa und schließlich nach Süditalien gelangte. Uns hat er erklärt, dass die Drogen über eine Tarnfirma per Container an einen Ort in den Niederlanden oder in Deutschland gehen, es sei denn, sie werden gleich von bestochenem Personal im Hafen aus den Containern geholt.«

Für den Handel mit Koks gründete die ’Ndranghetisten-Gruppierung in Deutschland eigens eine Firma für den Import und Export von Holz und Kohle. Das Kokain wurde in hohlen Balken versteckt oder mit Hilfe eines chemischen Prozesses in Steinkohle gepresst. Daphne: »Laut Tirintino gibt es in den Niederlanden einen Ort, an dem das Kokain aus der Steinkohle ausgewaschen wird. Wo das genau stattfindet, konnte er uns aber nicht sagen.«

Giuseppe Tirintino war ein Cousin von Gioacchino Bonarrigo, dem ’Ndrangheta-Flüchtigen aus Rosarno, der sowohl 2006 als auch 2017 in Amsterdam verhaftet wurde. Tirintinos Aussage trug zur letzten Verhaftung seines Cousins sowie zur Festnahme vieler anderer bei.

Alle Informationen, die der Mitarbeiter der Justiz den niederländischen Ermittlern gab, wurden dankbar entgegengenommen. Daphne: »Der italienische Beamte schaute beim Verhör mehrmals so, als wollte er sagen, ›Aber das wisst ihr doch längst?‹ Doch für uns war sehr viel Neues dabei.«

Tirintino war eine enge Kontaktperson Giovanni Giorgis und konnte so auch einiges darüber berichten, wie dieser die Investitionen in seine Restaurants lukrativ werden ließ: »Wir waren ganz verblüfft, als er von dem Brand erzählte, der gelegt worden war, um Geld von der Versicherung zu kassieren«, erzählt Daphne. »Für ihn war es das Normalste der Welt, und bei diesem Restaurant hatte er noch alle Details parat.«

Fred: »Wie sich herausstellte, hätten wir eigentlich schon 2010 anfangen müssen, dann wären wir mittendrin gewesen. Einer von ihnen wurde damals in Kolumbien als Geisel genommen, hat Tirintino erzählt, und für seine Freilassung brauchten sie zweihunderttausend Euro Lösegeld. Zu diesem Zweck wurde das Restaurant abgefackelt. Zwei Männer aus Rom wurden geholt. Die sollten den Brand nachts um vier Uhr legen, denn dann braucht die Feuerwehr am längsten. Laut Tirintino haben sie etwas zu früh damit angefangen. Die Personen, die über dem Restaurant wohnten, ihre eigenen Leute, waren bereits im Vorfeld anderswo untergebracht worden, um Opfer zu vermeiden.«

Nach und nach bekam das internationale Ermittlerteam einen immer besseren Überblick über die zusammenarbeitenden 'Ndrangheta-Clans und die zentrale Spinne im Netz, Giovanni Giorgi. »Giorgi besorgte die Geldwäsche für die Clans und gründete Restaurants. Er kannte sich in den Niederlanden und in Deutschland aus, sprach gut Deutsch, besaß viele Kontakte und gute Umgangsformen«, erzählt Fred. »Er selbst hatte nichts mit Drogen zu tun, wusste aber natürlich ganz genau, woher das Geld stammte. Er organisierte Flugtickets und Mietwagen, ließ Leute vom Flughafen abholen und koordinierte Treffen in seinen Restaurants.«

Giorgi, der in den Niederlanden mit einer Freundin zusammenlebte, fuhr alle drei Monate zu seiner Frau und seinen Kindern nach Kalabrien. Als Fred in Reggio wissen wollte, was Giovanni Giorgi alles besaß, lautete die Antwort: ein kleines Haus in Bovalino und einen kleinen Olivenhain. »Wir sind dort vorbeigefahren und haben anstelle des Olivenhains ein Dach entdeckt. Also sind wir ausgestiegen und haben gefilmt. Wie sich herausstellte, stand da eine Riesenvilla! Im Wert von schätzungsweise einer Million. Ein Schwarzbau. Als die Polizei im Dezember mit einem Durchsuchungsbeschluss kam, sah sie, dass sie höchst luxuriös eingerichtet war.« Als er noch »nach ihrem Geschmack« hinzufügt, sehe ich das barocke Mobiliar, den Marmor und die goldenen Kronleuchter direkt vor mir.

In den Niederlanden lebte Giorgi lange mit einer ursprünglich aus Süddeutschland stammenden Frau zusammen, mit der er auch seine Restaurants führte. »Eine Gastronomin, die Niederländisch kann, sich bei der Gemeinde auskennt und Kontakte hat. Ein neues Restaurant in Venray war sogar direkt auf diese Birgit eingetragen, denn Giorgi kam in den Niederlanden nicht mehr durch die gesetzlich vorgeschriebene Unbescholtenheitsprüfung.«

Bei seiner Verhaftung lebte Giorgi inzwischen mit einer anderen Freundin zusammen, die bei ihm in der Küche arbeitete. Mir fällt auf, dass keine der beiden Frauen festgenommen wurde.

Dafür wurden zwei Neffen Giorgis verhaftet, junge Männer um die zwanzig, die in den niederländischen und deutschen Restaurants Pizza backten. »Ihr Onkel musste ihnen erst noch beibringen, dass sie sich hier nicht wie

Mafiosi aufführen durften«, erzählt Fred. »In einem abgehörten Gespräch hat Giorgi seiner Freundin erzählt, dass er seinen Neffen eine Strafpredigt gehalten hat. ›Ihr führt euch gefälligst nicht so wie im Film auf!, habe ich gesagt. Ihr seid hier, um einfach nur zu arbeiten.‹ Er wollte nicht, dass sie mit Sonnenbrillen und teuren Klamotten herumlaufen. Giorgi selbst fuhr in den Niederlanden meist auch bloß einen Fiat Panda.«

»Dafür hat er in Deutschland einen Mercedes in bar bezahlt«, sagt Daphne.

Das Personal und die Köche der Restaurants wurden stets aus Italien eingeflogen. Fred: »Manchmal wurden sie in Freizeitparks nicht weit von Venray untergebracht. Von diesen acht Leuten haben sechs schwarzgearbeitet, nur zwei waren offiziell gemeldet. Abholpizzen wurden bar bezahlt, und im Restaurant wollte Giorgi am liebsten auch keine Kartenzahlungen annehmen. In Deutschland wird zu achtzig Prozent bar bezahlt, das war Giorgi lieber.«

Schließlich verkaufte Giorgi all seine Restaurants in den Niederlanden und eröffnete nur noch welche in Deutschland. Am liebsten nahe der niederländischen Grenze. Auch Eisdielen waren darunter. Daphne: »Ein deutscher Projektentwickler hat ihm die Räumlichkeiten besorgt. Und dann gab es in Duisburg noch einen Notar, der das alles organisiert hat.«

Die deutsche Gesetzgebung sorgt dafür, dass man die Leute wegen Geldwäsche kaum vor Gericht bringen kann. »In den Niederlanden hätten wir diesen Notar mit Sicherheit auch verhaftet«, so Fred.

»Die Restaurants wurden alle zwei Jahre wieder abgestoßen oder auf den Namen einer anderen Person aus dem kriminellen Netzwerk eingetragen. So kann man prima Steuern hinterziehen«, erklärt Fred. »Haben sie ein Restaurant zwei Jahre lang geführt, steigen dann aus und hinterlassen Steuerschulden, verjähren diese nach fünf oder sechs

Jahren. Sie zahlen einfach nirgendwo Steuern. Der Umsatz ist sowieso gefälscht, den versuchen sie zu drücken.«

Was Giorgi in den Niederlanden und Deutschland auch getrieben haben mag: Er wurde an Italien ausgeliefert und dort vor Gericht gestellt. Für die niederländische Staatsanwaltschaft blieben noch vier Verhaftete übrig, zwei Niederländer, die Kontakt zu 'Ndranghetisten hatten und mit Hilfe von zwei weiteren Niederländern unter anderem Ecstasy-Pillen für sie herstellten. Daphne: »Wir sahen, dass unsere Verdächtigen die Niederländer regelmäßig in einem Café in Amsterdam trafen. Als wir sie beschatteten, führten sie uns zu den Ecstasy-Produktionsstätten.« Die Pillen wurden in Amsterdam und Velsen-Noord hergestellt. Die beiden Niederländer, die direkten Kontakt zu den 'Ndranghetisten hatten, waren John S. aus Den Haag und sein Sohn Nick.

»Die haben die Kontakte geknüpft, die Ecstasy-Pillen geliefert und das Geld nach Südamerika überwiesen. Als die kleineren Koks-Partien in Autos versteckt wurden, hatten wir sie bereits auf dem Schirm.«

Ich frage, ob sie noch eine Weile in Untersuchungshaft bleiben werden, denn ich muss wieder an Marc B., den Amsterdamer mit italienischen Wurzeln, denken. Bei ihm hatte man vor einigen Jahren, nach seiner Verhaftung wegen des Verdachts, der 'Ndrangheta Kokain zu liefern, keine Fluchtgefahr angenommen, und er hatte sofort das Weite gesucht. Fred: »Wir werden sie vermutlich länger festhalten.«

Ganz am Schluss stießen noch belgische Fahnder zu der internationalen Operation, da die Verdächtigen auch oft nach Belgien fuhren. »Es gab Typen, die ständig von unserem Limburg in ihr Limburg fuhren, Kriminelle durch und durch«, so Fred.

Als das Datum mehr oder weniger feststand, an dem in den vier Ländern zeitgleich achtzig Personen verhaftet werden sollten, war die Entscheidung über den genauen Zeitpunkt noch die größte Hürde. Fred: »In Italien macht man das gern um vier Uhr morgens, darauf haben die bestanden. Von den Verdächtigen, die in Kalabrien verhaftet werden mussten, war bekannt, dass sie über ein riesiges Waffenarsenal verfügten. Wenn die Polizei da nicht mitten in der Nacht auftaucht, ist das Risiko deutlich größer, beschossen zu werden. In Deutschland dagegen durften die Beamten noch nicht um vier Uhr früh zusammengetrommelt werden, und auch in Belgien war das kompliziert, die legen erst ab fünf los. Mit einem offiziellen Schreiben aus Italien hat es dann doch noch geklappt.«

In dieser Nacht saßen Fred und Daphne bei Eurojust in Den Haag, um den ersten Verhaftungen live beizuwohnen. Was war am spannendsten? Fred: »Wir haben gehofft, dass Giovanni Giorgi zu Hause ist. Er wurde in den Niederlanden, Deutschland und Italien abgehört, wir wussten also relativ genau, wo er sich gerade aufhält. Dann musste man ihn nur noch kurz anpingen, um zu sehen, wo er sich in einem bestimmten Moment befindet. Er war zum Glück zu Hause in Tegelen. Hätten wir noch weitere zwanzig italienische Verdächtige in den Niederlanden gehabt, hätte nicht so viel von dem einen Einsatz abgehangen, aber er war der einzige und ein sehr wichtiger.«

Daphne: »Eurojust hatte eine Webseite mit einer Liste sämtlicher Drahtzieher erstellt. Unsere Polizei hielt uns telefonisch auf dem Laufenden, und gemeinsam haben wir über die nächsten Schritte entschieden. In so einem Moment ist jeder mit seinen eigenen Einsätzen beschäftigt. In Italien fanden die meisten Verhaftungen in Kalabrien statt, und dort sprangen nach einer halben Stunde sehr viele der Lämpchen hinter den Namen auf dem Bildschirm von Rot auf Grün. Wir waren vor allem erleichtert, dass es nicht zu Gewalt kam und nichts Schlimmes passiert ist, dass alle in Sicherheit waren.«

Später am Tag gab es noch eine Hausdurchsuchung in

Suriname und an den beiden darauffolgenden Tagen eine Verhaftung in Madrid, zwei in Luxemburg, eine in der Schweiz und eine in Großbritannien.

Ein hübscher »Beifang« dieser Ermittlungen war der polizeilich gesuchte Antonio Pelle, der schon mal unweit von San Luca in einem Bunker aufgestöbert worden war, es aber immer wieder geschafft hatte zu fliehen: dasselbe Clan-Oberhaupt, das kurz nach dem Blutbad von Duisburg bei einem Telefonat der Brüder des Opfers *»la mamma«* genannt worden war und als Erster über das Drama informiert werden musste. Dieser Mann, der für das Attentat auf die Nirta-Strangios an Weihnachten verantwortlich gemacht wird, bei dem Maria Strangio umkam, war kurz im Gefängnis gewesen, dann aber mit der Diagnose Anorexie ins Krankenhaus von Locri eingewiesen worden und dort entwischt. Seit einigen Jahren kam er regelmäßig in die Niederlande und nach Belgien und finanzierte riesige Drogendeals, denen das internationale Ermittlerteam auf die Schliche kam.

Fred: »Sein Sohn Domenico saß in einem der Restaurants, die wir in Deutschland beobachtet haben. Er hatte Bargeld dabei, um dort eine Eismaschine installieren zu lassen. Danach hat man ihn abgehört und schließlich mitbekommen, dass sein Vater wiederaufgetaucht ist. Im Oktober 2016 schaute man in der Familienwohnung nach, und da schien er sich tatsächlich versteckt zu haben.« In dem Film, den die italienische Polizei von der Verhaftung ins Internet gestellt hat, ist – unterlegt mit Heavy Metal Musik – zu sehen, wie der flüchtige Antonio Pelle aus einem winzigen Hohlraum über einem Kleiderschrank hervorkriecht.

Ich lasse kurz auf mich wirken, was das alles jetzt schon gebracht hat, wo gerade einmal zwei von zweiundzwanzig verdächtigen Restaurants in den Niederlanden von der Liste von *Cerca Trova* auf diese Weise untersucht worden sind: fast neunzig Verhaftungen und jede Menge gemeinsamer

Erkenntnisse über die Arbeitsweise einer europäischen Verbrecherorganisation, die fast ungehindert schalten und walten konnte, wie sie wollte. Nach einer solchen Operation habe ich mich in Kalabrien schon seit zehn Jahren gesehnt. Hoffnungsvoll frage ich, ob man das jetzt fortsetzen wird.

Daphne reißt mich sofort aus meinem Traum: »Es dürfte schwierig sein, unsere Vorgesetzten davon zu überzeugen. Sie sind von dem internationalen Ergebnis weniger beeindruckt. Ich dagegen denke: Wenn man sich als ein Land positioniert, mit dem man gut zusammenarbeiten kann, wirkt sich das auch positiv auf andere Ermittlungen aus. Mehr noch als bei der Steuerfahndung wird vor allem bei der Polizei darauf geschaut, wie viele Verdächtige in den Niederlanden verhaftet werden, wie viel Geld beschlagnahmt wird und welche Haftstrafen die Folge sind – auch wenn das alles noch viel größere Kreise ziehen könnte.

»Betrachtet man das Ganze nur aus der Perspektive der kleinen Niederlande«, so Fred, »ist das Ergebnis tatsächlich recht überschaubar. Es lässt sich auch schlecht in einem Satz zusammenfassen, und Vorgesetzte denken oft nur an ihre eigene Region, an ihre eigene Abteilung. Man hat uns hier für verrückt erklärt, weil die Ermittlungen so lange gedauert haben. Es hätte nicht viel gefehlt, und wir hätten die Sache schon viel früher abgeschlossen. Im September 2016 wollten wir gern losschlagen und neun Verhaftungen vornehmen. Wir wollten hier in den Niederlanden endlich fertig werden, die Sache beenden, Schluss, aus, *finito.*«

Finito. Mit einem Zehntel der Festnahmen, die zwei Jahre später auf internationaler Ebene erreicht wurden, aber für die Niederlande auf den ersten Blick ein beeindruckenderes Ergebnis. »Doch dann kam das Joint Investigation Team doch noch zustande, so dass wir weitergemacht haben.«

Es ist jedoch nicht sehr wahrscheinlich, dass die übrigen zwanzig Restaurants auf der Liste mit den verdächtigen Speiselokalen noch einmal unter die Lupe genommen werden. Ein Teil davon dürfte inzwischen längst in andere Hände übergegangen sein. »Es gibt aber einige, bei denen wir vermutlich sofort loslegen könnten«, sagt Fred.

Er fasst die Bedeutung der Niederlande für die Drogenhändler der 'Ndrangheta noch einmal kurz zusammen: »Bei der 'Ndrangheta zeigt sich immer wieder, dass die Niederlande mit ihrem Hafen und den Orten, an denen das Kokain gelagert und abgeholt wird, vor allem zu logistischen Zwecken genutzt werden. Die Niederlande sind verdammt klein, mal sind die Leute hier, dann sind sie wieder weg. Das bedeutet nicht, dass unser Land unwichtig für sie wäre, ganz im Gegenteil: Die Niederlande sind ein unverzichtbarer Teil ihrer Lieferkette. Im Grund müsste man ganz Europa als *ein* Land betrachten, das sich diese mafiose Gruppierung zunutze macht. Und indem wir das aufgedeckt haben, haben wir meiner Meinung nach durchaus satte Ergebnisse erzielt.«

22.

DIE UNSICHTBAREN

Der Justizpalast von Reggio Calabria wirkt von außen imposant, streng und kühl. Obwohl ich regelmäßig hier bin, kann ich mich einfach nicht an den riesigen Platz gewöhnen, den man überqueren muss, um zu den verschiedenen Eingängen zu gelangen. In der rechteckigen Säulenhalle, in der die Echos laut widerhallen, fühle ich mich fehl am Platz. Kaum habe ich die Kontrolle passiert, ändert sich das. Ich spüre wieder, wie menschlich die Atmosphäre hier ist. Die Mitarbeiter des Sicherheitsdiensts sind hilfsbereit und machen Scherze. Ihre herzliche Art lenkt von den heruntergekommenen, neonbeleuchteten Stockwerken ab. Von den Toiletten, wo kein Licht funktioniert, wo die Wasserhähne einfach nicht aufhören wollen zu tropfen und wo sich Türen nicht abschließen lassen. Von den Fluren, in denen unvorstellbar viele überquellende Aktenordner verstauben.

In diesem Gebäude arbeitet der Staatsanwalt Giuseppe Lombardo. Er ist noch nicht so berühmt wie Nicola Gratteri, aber der Ehrgeiz, mit dem er gegen nationale und internationale ’Ndrangheta-Netzwerke ermittelt, ist sicherlich kein bisschen geringer. Lombardo übernahm den Posten von Gratteri, als dieser 2015 zum Oberstaatsanwalt der kalabresischen Hauptstadt Catanzaro befördert wurde. Inzwischen macht sich Lombardo als stellvertretender Oberstaatsanwalt in Reggio schon seit vier Jahren über die heikelsten Fälle her. Als die Polizei feststellte, dass die

’Ndrangheta bereits zweihundert Kilo Sprengstoff für ihn reserviert hatte, wurde seine Bewachung verstärkt.

Lombardo konzentriert sich vor allem auf die Verbindungen zwischen ’Ndrangheta und Politik und rekonstruiert so die Geschichte der vergangenen Jahrzehnte bis heute. Während seine Kollegen in Palermo untersuchen, welche Absprachen es während der Anschläge auf Falcone und Borsellino zwischen der sizilianischen Mafia und dem Staat gegeben hatte, geht Lombardo der Frage nach, welche Rolle die kalabresische Mafia dabei gespielt hat. Ich war in Reggio bei einer Verhandlung, in der ein Mitarbeiter der Justiz von Lombardo über genau diesen Zeitraum verhört wurde. Ich wunderte mich, wie nahtlos der ehemalige ’Ndranghetist von höflichen Entschuldigungen, wenn er mal husten musste (*»scusi, signor pubblico ministero«*) zu fast schon wehmütigen Schilderungen seiner einstigen freundschaftlichen Kontakte zu Killern der sizilianischen Mafia überging. Er erzählte unter anderem, wie seine sizilianischen Kumpane ihn in einem ihrer luxuriösen Strand-Resorts hochleben ließen, und wie er sich dafür revanchierte, indem er polizeilich Gesuchte ihrer Familie einlud, sich in der komfortablen Berghütte seiner Familie zu verstecken. Scheinbar ungerührt beantwortete der Zeuge anschließend Lombardos Fragen zum Tausch von Kokain gegen Waffen und zur Lieferung Tausender Tonnen von Sprengstoff, die anschließend im öffentlich ausgetragenen Krieg der Cosa Nostra gegen den Staat eingesetzt worden waren.

Dass die ’Ndrangheta heute sehr viel mächtiger ist als die Cosa Nostra, wird häufig mit einer strategisch geschickten Entscheidung der kalabresischen Bosse in den Achtziger- und Neunzigerjahren erklärt: mit dem Entschluss, nicht den Staat anzugreifen, zumindest nicht direkt. In einer Zeit, in der die Cosa Nostra Bombenattentate als Druckmittel verwendete, um beispielsweise erleichterte Haftbedingungen für Mafiosi zu erpressen, profitierten davon auch die 'Ndrangheta-Clans, während sie gleichzeitig unter dem Radar blieben und ihr kriminelles Imperium nach und nach ausbauen konnten. Kronzeugen aus jüngerer Zeit zeichnen jedoch ein anderes, differenzierteres Bild: Ihnen zufolge war es die 'Ndrangheta selbst, die schon in den Siebzigerjahren Absprachen mit Repräsentanten des Staates traf. Bestimmte Clans wurden von der Justiz nicht verfolgt – unter der Bedingung, dass diese keine Verbrechen gegen die Institutionen begingen. Ist das vielleicht der Grund, warum wichtige Clans so lange verschont blieben und Verfahren gegen die höchsten Bosse stets mit einem Freispruch aus Mangel an Beweisen endeten?

Auf solche Fragen konzentrieren sich Lombardos Ermittlungen. Sie beschäftigen sich auch mit der jüngeren Geschichte, um die Verflechtungen der 'Ndrangheta mit der lokalen, nationalen und europäischen Politik aufzudecken. Ihm zufolge machen diese Kontakte einen erheblichen Bestandteil dieser multinationalen Verbrecherorganisation aus. Neben der »militärischen« Führungsebene, die aus den prominentesten Clan-Oberhäuptern besteht, muss es nach seinen Rekonstruktionen noch eine weitere Ebene aus höhergestellten Anführern geben. Sie werden von Mitarbeitern der Justiz nur *gli invisibili*, die Unsichtbaren, genannt, weil ihre Identität vor fast allen 'Ndrangheta-Untergebenen geheim gehalten wird. Laut Lombardo bestimmt diese geheime höchste Führungsebene die wirtschaftliche Strategie der 'Ndrangheta und sucht sich dementsprechend politische Handlanger – nicht nur in Italien von Reggio Calabria bis Rom, sondern auch im europäischen Parlament in Brüssel und Straßburg.

Als ich Lombardo treffe, hat er gerade die ersten Verdächtigen dieser geheimen obersten 'Ndrangheta-Führungsebene angeklagt, in Prozessen mit so schillernden Namen wie »Mammasantissima« und »Gotha«. In einem

Schlussplädoyer zitierte Lombardo den Philosophen Schopenhauer: »Jede Wahrheit durchläuft drei Stufen: Zuerst wird sie lächerlich gemacht. Dann wird sie bekämpft. Und schließlich wird sie als selbstverständlich akzeptiert.«

Mir fällt auf, dass die Vorhalle zu Giuseppe Lombardos Büro ordentlicher aussieht als viele andere Gebäudeteile. Er taucht mit zwei Leibwächtern auf, energisch und gut gelaunt. Kaum bin ich in seinem großen Büro mit Sitzecke, fällt mein Blick auf das Filmplakat an der Wand: *The Untouchables.* Der Hollywood-Klassiker mit Robert de Niro in der Hauptrolle erzählt, wie Mafiaboss Al Capone vor einem Jahrhundert ganz Chicago in seiner korrumpierenden Gewalt hatte. In diesem Film spielt Kevin Costner einen unermüdlichen Fahnder, der bei der Verfolgung Capones gemein hintergangen wird und nicht einmal den eigenen Kollegen trauen kann – den notorischen Gangster am Ende dann aber doch zur Strecke bringt.

Ich vermute, dass Lombardo, der Ende vierzig ist und diese Arbeit bereits seit zwanzig Jahren macht, sein Selbstbewusstsein teilweise auch seinem familiären Hintergrund verdankt. »Mein Vater war in der Zeit der Entführungen Mafia-Ankläger«, erzählt Lombardo. »Und schon er war Sohn eines *Magistrato,* der in den Fünfziger- und Sechzigerjahren Staatsanwalt war – in einer Zeit, in der er in ganz Kalabrien vielleicht drei, vier Kollegen hatte. Die ’Ndrangheta war damals noch eine stark auf ihrem eigenen Territorium verwurzelte Verbrecherorganisation, die sich vor allem auf Ackerbau, Viehzucht und Forstwirtschaft konzentrierte. ’Ndrangheta-Familien nahmen bevorzugt Verbindungen zum Adel, den Landbesitzern der damaligen Zeit, auf. Ende der Sechzigerjahre wurden die Mitglieder immer mehr, und die kalabresische Mafia erlebte einschneidende Veränderungen. Es ist wichtig, sich mit dieser Zeit zu beschäftigen, weil die Geschichte der ’Ndrangheta im Vergleich zu der der Cosa Nostra oft noch im Dunkeln liegt.

Daher könnte man meinen, dass wir es heute mit einer riesigen Verbrecherorganisation zu tun haben, die wie aus dem Nichts kam, aber das stimmt nicht. Die Anzahl der Familien und Clan-Mitglieder der 'Ndrangheta war schon immer sehr groß, deutlich größer als die der Mafias in Sizilien und Kampanien. Die 'Ndrangheta benötigte eine Organisationsstruktur, die eine flexiblere und effizientere Clan-Führung ermöglichte, ja, die Konflikte untereinander, Fehden und Kriege verhindern sollte. Eine Struktur, in der der einzelne Kriminelle, und sei er noch so prominent, immer nur Teil einer noch sehr viel größeren kriminellen Welt ist.«

Diese organisatorische Metamorphose ging mit zwei 'Ndrangheta-Kriegen einher. Lombardo wuchs während dieses Blutvergießens in Reggio Calabria auf, das auf einen heftigen, von der Armee niedergeschlagenen Volksaufstand folgte. »Als Kind sah ich hier Panzer herumfahren«, erzählt er. Das Chaos entstand Anfang der Siebzigerjahre, nachdem die italienische Regierung beschlossen hatte, das Land verwaltungstechnisch nicht mehr in Provinzen, sondern in größere Einheiten, Regionen, zu gliedern. Der Region Kalabrien wurde Catanzaro als Hauptstadt zugewiesen, die damit Verwaltungszentrum und als solches natürlich auch zuständig für die Verteilung öffentlicher Gelder wurde. Weil aber Reggio die bei Weitem größte kalabresische Stadt war, waren die Einwohner empört über die Wahl Catanzaros. Es kam zu einem von der 'Ndrangheta gelenkten Volksaufstand, der ganze zehn Monate dauerte. Dann machten Armeepanzer den Protesten ein Ende, und man schloss einen Kompromiss: Alltägliche Belange sollten im Regionalausschuss in Catanzaro, die eigentliche Politik aber im Regionalrat in Reggio Calabria entschieden werden.

Außerdem besänftigte die Regierung die Gemüter, indem sie besonders viel Geld für den Wiederaufbau der Stadt und der Provinz Reggio Calabria lockermachte. Es wurden Investitionen in die Wirtschaft und in Arbeitsplätze sowie in eine bessere logistische Anbindung versprochen, unter anderem wurde der Hafen von Gioia Tauro angelegt. Ein Teil der Gelder floss in Luftschlösser: in gigantische Fabriken, die nie in Betrieb genommen wurden. Wie so oft in Kalabrien, profitierte die Bevölkerung deutlich weniger als die Clans.

»Die ’Ndrangheta-Familien De Stefano aus Reggio und Piromalli aus Gioia Tauro begriffen schon damals, dass sie sich, wenn sie an all die öffentlichen Gelder kommen wollten, zu einer Organisation entwickeln mussten, die effizienteren Firmengesetzen folgt, keine territorialen Grenzen mehr kennt und sich immer weniger als kriminelle Organisation zu erkennen geben darf. Sie schlugen Regeln für diese neue ’Ndrangheta vor. Mit der Einführung der Santa konnte sich die ’Ndrangheta durch neue Kontakte bis in die wohlhabendsten Regionen Italiens hinein ausbreiten. Schon in den Siebzigerjahren war die ’Ndrangheta die wichtigste und mächtigste Verbrecherorganisation der Lombardei, einer der reichsten Regionen Europas. Über die Börsenmetropole Mailand bekamen ’Ndrangheta-Clans große ökonomische und finanzielle Chancen in wohlhabenden Gegenden im Ausland und ließen sich auch in Südfrankreich, der Schweiz und in Deutschland nieder. Darüber hinaus gab es immer größere Stützpunkte in Australien, den Vereinigten Staaten und Kanada.«

Lombardo erzählt vom internen Machtkampf, der in den Siebzigerjahren zweihundert Opfer forderte. Mehrere De Stefanos, allesamt Brüder, wurden von ’Ndrangheta-Bossen ermordet, die der Ansicht waren, dass sie zu viel Macht an sich rissen. Es kam zu Szenen wie in einer griechischen Tragödie: Paolo, der gemäßigtste der Brüder, wurde aufgefordert, das Zepter seines ermordeten Bruders Giorgio zu übernehmen – während ihm der Kopf seines Mörders auf einem Tablett präsentiert wurde. »Unter der Führung dieses Paolo De Stefano wurde die ’Ndrangheta zwischen 1977 und 1985 das, was sie heute ist. Noch immer besteht die oberste Führung der Verbrecherorganisation aus denselben Familien aus Reggio, Gioia Tauro, San Luca und Rosarno. Letztlich konzentriert sich die Macht der ’Ndrangheta auf höchstens zehn bis fünfzehn Familien, denen Hunderte weitere Familien unterstehen.«

»Paolo De Stefano hatte gute Verbindungen nach Sizilien«, fährt Lombardo fort. »Er begriff, dass diese engen Bande mehr einbringen mussten als bloß lose Deals. Um nach und nach zu wachsen, mussten sie mit der Cosa Nostra, der Camorra und mit der Sacra Corona Unita, der jüngsten Mafia aus Apulien, die aus der ’Ndrangheta hervorging, ins Gespräch kommen. Sie trafen sich in Mailand und mussten lernen, sich an einen Tisch zu setzen, ohne zu sagen, ›Ich bin mächtiger als du‹ oder ›Ich bin reicher als du‹. Sie mussten sich auch in einem ganz anderen Aufzug präsentieren als in dem des klassischen Mafioso. Damals wurde unglaublich viel Geld gewaschen. Mitarbeiter der Justiz erzählen, dass Taschen voller Geld über die Grenzen gebracht wurden, vor allem über die Alpen in die Schweiz. Aber so viel Geld bringt Probleme mit sich, weil es Neid weckt.«

Die Basis in Kalabrien wird eifersüchtig, als Paolo De Stefano, der sein Territorium bis nach Nizza und Cannes ausgeweitet hat, eine Villa an der Côte d’Azur, unweit von Saint-Tropez, kauft. »Die ’Ndrangheta wächst und globalisiert sich, kann ihre kalabresischen Wurzeln allerdings nicht verleugnen. Wenn hier nämlich jemand nach und nach mitbekommt, dass die Gewinne außergewöhnlich groß sind, möchte er sofort wissen, warum das Geld nicht in die Heimat zurückkehrt. In diesem Fall führt das zu Unmut bei De Stefanos rechter Hand in Reggio Calabria, bei Pasquale Condello. Der findet, dass seine Familie mehr verdient hat, und schart andere Unzufriedene um sich. Dadurch beginnt 1985 der nächste Krieg mit siebenhundert Toten, vor allem in Reggio, aber auch außerhalb. 1991 kommt es schließlich zur Versöhnung. Wozu war dieser Krieg gut? Dass man beschließt, bestimmte Fehler nicht zu wiederholen. Der Oberboss hat durchaus etwas zu sagen, aber sein Entschluss muss erst von einem Beratergremium gutgeheißen werden.«

Seitdem herrsche ein Machtgleichgewicht in der Organisation, so Lombardo. »*Grandi capi* demonstrieren ihre Macht nicht mehr persönlich, sondern über ein Organisationssystem, das gemeinschaftlich Beschlüsse fasst. Eine hochmoderne Vision, die auch die Basis zufrieden hält, weil es niemanden mehr an der Spitze des Reichtums und der Verantwortung gibt. Eine Struktur, die die 'Ndrangheta eigentlich immer schon hatte, doch ab und zu gab es besonders dominante Figuren.«

Lombardo holt kurz Luft. »Im Lauf der Jahre hat die 'Ndrangheta durch Kontakte zu anderen Verbrecherorganisationen, Institutionen, Politikern und internationalen Finanznetzwerken enorm an Macht gewonnen, die wir als ihr ›soziales Kapital‹ bezeichnen. Deshalb hat sie inzwischen auch so großes kriminelles Gewicht in Italien und Europa. Vor allem seit sie in den Neunzigerjahren damit begann, den Drogenhandel zu beherrschen, sind es die 'Ndrangheta-Clans, die die Milliarden scheffeln. Sie können damit bestimmte politische Entscheidungen beeinflussen, weil das Geld direkt im Markt investiert werden kann: Geld bedeutet Einfluss.«

Eine kriminelle Organisation wie die 'Ndrangheta durchläuft Lombardo zufolge drei Phasen: Zuerst die, in der sie in Gestalt reicher Einzelpersonen zu einem bevorzugten Bankkunden, einem Kunden des Finanzsystems wird. Dann wollen diese »Einzelpersonen« mehr und investieren direkt in das System, indem sie den Treibstoff, sprich: Geld, liefern, das andere Unternehmer brauchen, und auf diese Weise zum Anteilseigner werden. Zu guter Letzt kommt die Phase, in der sie selbst zur Bank werden, nicht mehr anderer Leute Verhandlungspartner, sondern autonome Entscheider.«

Letzteres geschah Lombardo zufolge bereits in den Neunzigerjahren. »Bei einer Kreditkrise kann man davon profitieren, dass eine hohe Geldnachfrage herrscht, auf diese Weise kann man den Markt, und damit auch die Politik, beeinflussen. Bis vor ein paar Jahren ging man leider davon aus, dass die 'Ndrangheta aus ein paar Familien besteht, die stark in einem bestimmten Territorium verwurzelt sind. Die in einem bestimmten Sektor Geschäfte machten und etwas Geld für Investitionen übrighatten, ohne aber miteinander in Verbindung zu stehen. Doch schon seit den Siebzigerjahren wusste zumindest die Justiz, dass diese Annahme nicht stimmt, und inzwischen konnten wir das auch beweisen.«

Er meint den Prozess »Crimine«. »Dank ihm steht fest, dass die 'Ndrangheta eine Organisation ist, die sich von Kalabrien aus über den ganzen Erdball zieht. Seitdem sind die ausländischen 'Ndrangheta-Clans leichter als Teil eines kooperierenden Ganzen zu identifizieren. Das ist wichtig, weil man jahrelang geglaubt hat, dass es bloß um eine einzige weitere Familie gehen würde, wenn die 'Ndrangheta in anderen Gebieten aktiv wurde. Für unsere Kollegen in den Niederlanden, in Deutschland und in Belgien bestand die Schwierigkeit darin, dass sie verstehen mussten, wen sie da vor sich hatten: Mafiosi oder aber eine Gruppierung von Kriminellen, die nicht zur Mafia gehört. Die Clans müssen sich im Ausland nicht notwendigerweise genauso verhalten wie in Kalabrien, um dennoch Teil der 'Ndrangheta zu sein und dementsprechend bekämpft werden zu können. Wir haben unseren ausländischen Kollegen auch erklärt, dass sie sich nicht unbedingt in Armeeverbänden bewegen. Um eine wichtige Finanzoperation durchzuführen, ist nur eine einzige Person notwendig. Eine Person, die in den Niederlanden mit der 'Ndrangheta verbunden ist, hat jedoch Zugang zu einem potenziellen Netzwerk aus Tausenden von Kriminellen.«

Nach dem »Crimine«-Prozess wollte die Staatsanwaltschaft in Reggio mehr darüber wissen, wer den strategischen Kurs der ’Ndrangheta bestimmte. »Es schien ’Ndrangheta-Anführer zu geben, die so gar nicht in das Bild passten, das wir uns bisher von der Organisationsstruktur gemacht hatten. Diese Struktur besitzt die Form einer Pyramide, die aus bestimmten Hierarchieebenen und Aufgabenbereichen besteht. Es war ziemlich offensichtlich, dass die wichtigsten Entscheidungen auf einer anderen Ebene gefällt wurden. Um bestimmte Strategien zu entwickeln, braucht man entsprechende Kapazitäten. Es geht nicht nur darum, Kapitalströme zu lenken, sondern auch darum, zu wissen, wann der richtige Moment dafür gekommen ist. Und wenn man so schaut, wer diese Männer sind, die gemeinsam die Führungsebene der ’Ndrangheta bilden und einigermaßen kritisch denken können, begreift man sehr schnell, dass sie diese komplizierten Entscheidungen nicht treffen können. Wir hören sie schon seit Langem ab, und daraus kann man durchaus schließen, mit wem man es zu tun hat. Es gibt nur sehr wenige, von denen man sagen könnte: Diese Person ist in der Lage, sagen wir mal, in Zentralafrika zu investieren. Und da bekommt man doch so seine Zweifel: Ist das tatsächlich das Niveau eines kriminellen ’Ndrangheta-Oberhaupts? Wenn der Capocrimine Domenico Oppedisano ist, ein Mann, der in Rosarno mit einer dreirädrigen Ape durch die Gegend fuhr, um auf dem Markt seine Petersilie zu verkaufen – können wir dann tatsächlich davon ausgehen, dass die kriminelle Holding der ’Ndrangheta von seinen strategischen Fähigkeiten geprägt wird?«

Es ist erfrischend zu hören, wie respektlos Lombardo den Finger in die Wunde legt. »Wenn ich zehn Jahre als Staatsanwalt arbeite und bestimmte Typen als Anführer der Organisation gelten, die eine nur sehr eingeschränkte Bildung haben, die vielleicht ein bestimmtes Charisma für diejenigen haben mögen, die sie als Killer, Erpresser oder Wucherer imitieren möchten, aber ansonsten keinerlei besondere Kompetenzen, die irgendwie erklären könnten, warum wir hier über eine kriminelle Organisation mit einem Umsatz von mindestens zig Milliarden im Jahr sprechen ... Nun, dann weiß ich, dass es noch eine übergeordnete Ebene aus Leuten geben muss, die eine kriminelle Strategie entwickeln können und mit Personen aus bestimmten Milieus kommunizieren.«

Seit der Operation »Crimine« weiß man, dass die Führungsebene, die sich jährlich unweit von San Luca traf, die Aufgabe hatte, die Einheit der Organisation und die Einhaltung der Regeln zu wahren, durch die sie sowohl in Italien als auch im Ausland gekennzeichnet ist. Wenn 'Ndranghetisten sich nicht an diese Regeln halten, werden sie zur Ordnung gerufen. »Aber wer entscheidet dann über die großen strategischen Fragen?« Lombardo nimmt ein weißes Blatt Papier und zeichnet eine Pyramide. »Könnte es sein, dass an der Spitze der Pyramide eine weitere Sphäre, eine weitere Führungsebene beginnt?« Er verlängert die Seitenlinien der Pyramide, so dass eine Art Sanduhr entsteht. »Eine Sphäre, die Personen enthält, die ausschließlich Mitglieder der Führungsebene an der Spitze der Pyramide treffen?«

Er zieht einen waagrechten Strich durch die Mitte der Sanduhr. »Von unten kann man bis hierher schauen«, sagt Lombardo und zeigt auf den Punkt, an dem die Pyramidenspitze in eine kleinere, auf dem Kopf stehende Pyramide übergeht. »Der Rest ist abgeschirmt, denn nur die Spitze weiß, was darüber passiert. Dieses Organigramm habe ich mit meinen Kollegen beim »Mammasantissima«-Prozess rekonstruiert. Wir haben mit unseren Ermittlungen begonnen, weil wir zahlreiche abgehörte Gespräche vorliegen hatten – von Leuten, die von einer Führungsebene sprachen, die für alle sichtbar sei, sowie von einer okkulten, unsichtbaren Geheimriege. Letztere traf die Entscheidungen, plante die kriminellen Firmenaktivitäten und gab diese an die großen Capi weiter.«

Die meisten Mitarbeiter der Justiz konnten Lombardo nur sehr vage von dieser Riege berichten. »Diese Führungsebene hat eine im wahrsten Sinne des Wortes flexible Größe – ganz im Gegensatz zur übrigen Struktur der 'Ndrangheta, die relativ starr ist. Der geheimen Führungsebene müssen nicht notwendigerweise zwanzig Leute angehören, es kann auch eine wechselnde Anzahl sein – je nachdem, was gerade besprochen werden muss. Und genau das macht es so schwierig, hinter diese Führungsebene zu kommen. Die einzige Methode besteht darin, Schritt für Schritt Angelegenheiten zu untersuchen, bei denen auf eine ganz bestimmte Person aus dieser Führungsebene verwiesen wird.«

Lombardo musste ein nicht unwichtiges technisches Problem klären, um für diese mächtige Gruppierung eine juristisch wasserdichte Lösung im Rahmen des Antimafia-Paragraphen 416bis zu finden. Ein Gesetz, das es zu Zeiten der Großväter Lombardos und teilweise auch noch während der Karriere seines Vaters gar nicht gab – mit dem seine Arbeit allerdings steht und fällt. »Wir mussten herausfinden, ob die kleine Pyramide, die dort anfängt, wo die große Pyramide aufhört, aus 'Ndrangheta-Mitgliedern oder aus Personen bestand, die wir als Externe betrachten müssen, und die nur in bestimmten Fällen auf der kriminellen Bühne erscheinen. Sie kennen vermutlich den Begriff *concorso esterno*. Jemand, der sich dessen schuldig gemacht hat, ist nicht Teil des kriminellen Gefüges, sondern leistet nur einen Beitrag. Er bekommt eine deutlich niedrigere Strafe als Insider. Früher wurde jeder, der nicht offiziell eingeweiht war, als ein solcher Außenstehender betrachtet. Ein *professionista*, der eine Investition tätigen konnte, wurde als jemand von außen wahrgenommen, den man nur als gelegentlichen Handlanger verurteilen konnte. Doch irgendwas stimmte da nicht, denn Ermittlungen ergaben oft, dass es ein festes Netzwerk an Leuten gab, die von der Basis vielleicht nicht jeden Tag kontaktiert wurden, sondern nur, wenn bestimmte Entscheidungen getroffen werden mussten.«

Die »sichtbare« provinzielle Führungsebene, die Spitze der Pyramide, fungiert laut Lombardo als eine Art Schutzschild für die Mitglieder des geheimen Beratergremiums. »Dadurch bleiben sie in einer ganz bestimmten Sphäre, die scheinbar gar nicht zur 'Ndrangheta gehört, aber in Wahrheit die oberste Führungsebene der Organisation ist.«

Er erklärt, wie das funktioniert: »Eine lange Phase globaler ökonomischer Stabilität in einem bestimmten Sektor hat es der 'Ndrangheta erlaubt, darin zehn Jahre lang gute Geschäfte zu machen. Die Person, die dafür gesorgt hat, ließ sich zehn Jahre nicht blicken. Doch als sich die Umstände änderten, musste die Strategie angepasst werden. Und da kam diese Person dann wieder zum Vorschein.«

Wenn eine kriminelle Strategie geändert werden muss, tauchen bestimmte Figuren also wieder auf. Am häufigsten werden sie hinzugezogen, wenn es darum geht, den politischen Kurs zu bestimmen. Die 'Ndrangheta selbst habe an und für sich keine bestimmten politischen Vorlieben, erklärt Lombardo. Egal, ob es nun eine rechte, eine linke oder eine Politik der Mitte ist – die Organisation setzt gern auf das Siegerpferd. »Und wer entscheidet, auf welches Pferd gesetzt werden soll? Jemand, der die gesamte politische Landschaft kennt und Zugang zu relevanten Informationen hat.«

Für die Clans ist wichtig, dass ein politischer Vertreter ihre wirtschaftlichen Interessen sicherstellen kann. »Das ist von fundamentaler Bedeutung, denn die kriminelle

Organisation muss stets Kontakt zu den Leuten auf ihrem Territorium halten. Ein Teil des Geldes und der Stabilität muss in die Heimat zurückkehren, denn sonst fliegt ihnen der Laden um die Ohren, was wir in der Vergangenheit bereits erlebt haben. Das Kapital kann nicht in Form direkter Investitionen zurückkehren, denn das würde den Ermittlern sofort auffallen, und dann wird es beschlagnahmt. Investiert man Privatgeld in eine Region wie Kalabrien oder Sizilien, unterliegt das bestimmten Kontrollen. Die Verteilung öffentlicher Gelder hingegen folgt bestimmten Verfahren, die sich durch gezielte Investitionen manipulieren lassen. Deshalb ist die 'Ndrangheta auf die Politik angewiesen.«

Kurzum: Die Beeinflussung des Wahlverhaltens ist für die 'Ndrangheta unerlässlich. »Im Grunde herrscht sie über eine Armee aus Wählern. Aber diese Wähler wollen für ihre Stimme belohnt werden, und das nicht nur mit Geld. Denn wenn sie hundert Euro annehmen, haben sie anschließend nichts mehr zu melden. Sie wollen niemandem auf der Tasche liegen, aber einen finanziellen Vorteil. Sie wollen Arbeit, einen Job.«

Unternehmen der 'Ndrangheta können die Treue ihrer Anhängerschaft beispielsweise durch Jobs auf dem Bau garantieren. Obwohl Letztere denken, dass die Aufträge von Leuten stammen, die sie mehr oder weniger kennen, sind am Ende auch sie durch unsichtbare Fäden mit den unsichtbaren Marionettenspielern an der Spitze verbunden. »Die Anführer treten nicht als Mafiosi in Erscheinung. Sie erteilen keine direkten Aufträge, entscheiden im Alltag nicht über konkrete kriminelle Aktivitäten, sie scheinen über allem zu thronen. Deshalb ist es nicht leicht zu beweisen, dass eine Person, die alle zwei, drei Jahre mal auftaucht, Teil der 'Ndrangheta, ihrer Geheimriege, ist. Aber letztlich ist das ein simples und hocheffizientes System, für das es ausreichend Hinweise gibt – auch dank der Kronzeugen.«

Diese Kronzeugen sind Mitarbeiter der Justiz, die in den letzten Jahren in immer höhere Ränge der ’Ndrangheta aufgestiegen sind, aber irgendwann merkten, dass sich dadurch ihre Machtposition seltsamerweise nicht änderte. »Sie glaubten, sie würden irgendwann mehr Macht und mehr Geld bekommen, aber dazu kam es nie. Als einige nach den Gründen dafür fragten, bekamen sie zu hören, dass es oberhalb dessen, was sie sehen könnten, noch etwas gibt, das für sie unerreichbar ist.«

Viele ’Ndranghetisten aus dieser obersten Sphäre haben sich in Freimaurerlogen zusammengeschlossen, so Lombardo. In der Provinz Reggio Calabria mit gerade einmal 500 000 Einwohnern gibt es im Vergleich zu anderen Regionen erstaunlich viele Freimaurerlogen, ungefähr hundertachtzig mit insgesamt neuntausend Mitgliedern. Die Liste mit registrierten Freimaurern ist neulich von der parlamentarischen Antimafia-Kommission konfisziert worden. Wie sich herausstellte, standen Leute darauf, die wegen Mafia-Praktiken verurteilt oder noch in einen Mafia-Prozess verwickelt waren. Die Namen selbst wurden von der Kommission nicht freigegeben.

Lombardo möchte nicht alle Mitglieder der registrierten, legalen Logen über einen Kamm scheren. Wenn Kriminelle über Freimaurerei sprechen, meinen sie ihm zufolge vor allem das, was auf Italienisch Logen der *massoneria deviata* oder *coperta* genannt wird, wortwörtlich die »vom rechten Weg abgekommene« oder »verdeckte« Freimaurerei. Mit anderen Worten solche Freimaurer-Logen, die die Legalität verlassen haben und sich heimlich treffen. »Das sind Treffen, bei denen die Anführer wichtiger Familien mit Handlangern der ’Ndrangheta zusammenkommen und ihre gemeinsamen Interessen so aufeinander abstimmen, dass die Macht der ’Ndrangheta gewahrt bleibt. In diesen Kreisen begegnen sich die beiden Welten und bilden eine perfekte

Symbiose zwischen denjenigen, die Geld investieren, und denjenigen, die den Ausgang von Wahlen bestimmen wollen.«

Das erste Urteil im verkürzten Prozess zum Fall »Gotha« ist gefällt. Die Angeklagten wurden dafür verurteilt, dass sie von 2001 bis 2010 im Auftrag der 'Ndrangheta Wahlen manipuliert haben. Sie haben die politischen Repräsentanten der 'Ndrangheta im Gemeinderat von Reggio, in der Regionalregierung Kalabriens, in der Nationalregierung und im europäischen Parlament bestimmt. Verschiedene Anwälte aus Reggio wurden von Lombardo angeklagt, außerdem Don Pino Strangio, der Priester aus San Luca, der bis zur Anklage das Heiligtum der Madonna vom Berge unter sich hatte. Das Verfahren gegen den Priester läuft noch, Prozesse gegen regionale Anführer, Bürgermeister, einen Journalisten, einen ehemaligen Abgeordneten sowie einen Richter vom Kassationsgericht stehen noch aus. Auch Senator Antonio Caridi muss noch vor dem Richter erscheinen. Caridi hatte den 'Ndrangheta-Boss Giuseppe Pelle, der wohlgemerkt polizeilich gesucht wurde, höchstpersönlich in einem Haus in Kalabrien besucht, woraufhin er von Pelle Wahlhilfe bekam. Die Polizei filmte den Hausbesuch.

In Lombardos Fällen bringen Zeugen Abgeordnete, die aufgrund einer Verurteilung wegen Zusammenarbeit mit der Mafia nach Dubai flohen, mit Geschäftsführern der größten Baufirmen des Landes und Beratern beim Mose-Damm von Venedig in Verbindung. Alle italienischen Skandale scheinen durch ein einziges enges Geflecht aus Bestechungsgeldern und Straffreiheit miteinander verbunden zu sein, das allen Seiten Schutz vor Strafverfolgung bietet. *Tutto torna.* Oder: der Kreis schließt sich.

Vor ein paar Jahren schätzten Experten den Umsatz der 'Ndrangheta noch auf vierzig Milliarden Euro im Jahr, jetzt ist von mindestens fünfzig Milliarden die Rede. Lombardo veranschlagt ihren Umsatz übrigens auf hundertfünfzig Milliarden Euro im Jahr. Eine Erklärung für diesen stets steigenden Umsatz ist der starke Wettbewerbsvorteil, den die 'Ndrangheta in der legalen und illegalen Weltwirtschaft genießt. »Auch die Europäische Union ist wichtig«, sagt Lombardo, »weil sie eine wichtige Quelle für öffentliche Gelder ist. Hat man auf europäischer Ebene Repräsentanten, kann man seine Investitionen entsprechend planen. Das große Geld geht normalerweise dahin, wo bereits Geld ist, und das ist bei Firmen nicht anders. Ist ein Unternehmen stabil, unter Umständen, eben *weil* es von schmutzigem Kapital getragen wird, ist es sehr wahrscheinlich, dass europäische Gelder diese stabile Position noch verstärken.«

Wir müssten genau hinschauen, um zu verhindern, dass das gesamte Wirtschaftssystem bald von diesen Kriminellen beherrscht werde, warnt Lombardo. Ihm zufolge laufen wir Gefahr, dass die 'Ndrangheta in Zusammenarbeit mit der Cosa Nostra, der Camorra und anderen kriminellen Organisationen drauf und dran ist, Dienstleister eines weltweiten Systems zu werden, das auf mafiosen Methoden beruht, aber mit der legalen Realität verwoben ist. Ist es erst mal zu spät, wird sich daran kaum noch etwas ändern können. Dann haben wir ein Demokratieproblem, denn wenn die Wirtschaft von Mafiosi bestimmt wird, werden sie auch unsere politischen Entscheidungen bestimmen.

Ich erinnere mich noch gut an die Ohnmacht, die ich empfand, als sich der Gouverneur von Kalabrien, Giuseppe Scopelliti, für die Wahl zum Europaparlament aufstellen ließ. Bevor er Gouverneur wurde, hatte er zum zweiten Mal die Wahl zum Bürgermeister von Reggio gewonnen – mit siebzig Prozent der Stimmen. Im Mai 2014, während seiner Kampagne für die Europawahl, war er zwar von der Justiz noch nicht ausdrücklich als Handlanger der De Stefanos enttarnt, dafür aber bereits wegen Steuerhinterziehung und Machtmissbrauchs angeklagt worden. Aus Scopellitis

Stadtkasse war der nicht unerhebliche Betrag von hundertsiebzig Millionen Euro verschwunden. Eine Mitarbeiterin des Finanzamts seiner Stadt war in ihrem Auto gestorben, nachdem sie Salzsäure getrunken hatte.

Ohne groß nachzudenken, rief ich eine niederländische Zeitung an und schlug vor, über die umstrittene Kandidatur zu schreiben, aber die Politikredaktion war nicht interessiert. Zum Glück bekam Scopelliti am Ende nicht genügend Stimmen für einen Sitz im Europaparlament. Im Nachhinein liegt es auf der Hand: Man hatte schon längst einen besseren Repräsentanten aus dem Stall der Siegerpferde gefunden.

Nach dem intensiven zweistündigen Gespräch mit Lombardo schnappe ich erst mal frische Luft und konzentriere mich mit all meinen Sinnen auf den *lungomare* von Reggio. Diese Seepromenade ist das Vorzeigestück der Stadt, der man allerdings die schlechte Regierung und den längst vergangenen Ruhm deutlich ansieht. Sie wurde sogar schon als schönster Kilometer Italiens bezeichnet: majestätische Ficus-Bäume und alte Palazzi auf der einen und das in der Mittagssonne silbern funkelnde Meer der Straße von Messina auf der anderen Seite, dahinter die Umrisse des sizilianischen Vulkans Ätna. Am Ende der Seepromenade befindet sich eine kleine Eisdiele mit köstlichen Sorten, die mit einem Lächeln serviert werden. Nachdem ich mir wieder vor Augen geführt habe, dass diese Stadt und die gesamte Region zum Glück so viel mehr sind als nur die kriminellen Familien, die sie seit anderthalb Jahrhunderten unterdrücken, bin ich bereit für die zweistündige Heimfahrt.

Wäre es nicht fast schon dunkel gewesen, hätte ich vielleicht die alte Straße genommen, die am »violetten« Meer der Costa Viola unweit des Fischerdorfs Scilla entlangführt. Dann wäre ich durch den Aspromonte gefahren, auf einer alten Straße, die quer durch das tiefgrüne Gebirgsmassiv verläuft und nicht weit von den Bergamotte-Hainen an der Ionischen Küste wieder herausführt. Doch die schlecht beleuchtete, einspurige Straße, die mich durch zig Dörfer nach Hause bringen würde, ist gerade wenig attraktiv. Ich nehme die längere, aber dafür schnellere Route, die Autobahn parallel zur Tyrrhenischen Küste. An der Ausfahrt nach Palmi winke ich in Gedanken Gaetano Saffioti und seinen Baggern zu. Bei Rosarno denke ich an das strahlende Lachen von Maria Concetta Cacciola. Und zwischen den langen Tunneln versuche ich so viel wie möglich von der Felsküste rund um Tropea zu erhaschen, dem einzigen wirklich touristischen Städtchen Kalabriens.

Ich lege Musik von Rino Gaetano auf. Der jung gestorbene, aber unsterbliche kalabresische Sänger schrieb in den Siebzigerjahren Songs mit großem Herzen und scharfer Ironie. Sie werden nach wie vor aus voller Kehle mitgesungen. »*Fabbricando case*« ist eines meiner Lieblingslieder: »Wer eine Schule baut, leistet einen persönlichen Beitrag zum Unterricht. Wer eine Schule baut, mit Unteraufträgen und Korruption, Umschlägen mit einer Million ...«

23.

STILLE ANTIMAFIA

Kurz vor Weihnachten 2019 fand der größte Einsatz aller Zeiten gegen die ’Ndrangheta statt. Er war mit einem dreizehntausend Seiten dicken Haftbefehl vorbereitet worden. Für die Ankläger der Staatsanwaltschaft der kalabresischen Hauptstadt Catanzaro blieb es bis zum Schluss spannend, denn den abgehörten Telefonaten ihrer Verdächtigen hatten sie entnehmen können, dass es eine undichte Stelle gab. Indem sie einen Tag früher als geplant zweitausendfünfhundert Carabinieri zusammentrommelten, wurde der *blitz* dann doch noch ein Erfolg. Bis auf ein paar Personen, die bei dem Einsatz entkamen, konnten alle geplanten dreihundertdreißig Verhaftungen in Deutschland, in der Schweiz, in Bulgarien und in elf verschiedenen Regionen Italiens stattfinden.

Mehr als vierhundertfünfzig Personen würden sich nun wegen Zusammenarbeit mit dem ’Ndrangheta-Clan Mancuso und mit anderen Clans aus der Gegend um die kalabresische Stadt Vibo Valentia vor Gericht verantworten müssen. Einer der Festgenommenen, der, der am meisten Staub aufwirbelte, war Giancarlo Pittelli, ein ehemaliger Abgeordneter aus Berlusconis Partei Forza Italia. Pittelli war Mitglied des Grande Oriente d’Italia, der ältesten und größten Freimaurervereinigung Italiens. Laut Anklage hatte er ihm als Anwalt des Clan-Anführers Luigi Mancuso Zugang zu staatlichen Institutionen verschafft, die ihm und den Seinen Privilegien garantieren konnten.

Rinascita, »Wiedergeburt«, lautete der fast schon utopisch anmutende Deckname, den die Ankläger den phänomenalen Ermittlungen gegeben hatten. Ein Begriff, der für den Wunsch steht, Menschen zu befreien, ihnen die Möglichkeit zu geben, in einer Region zu leben, die nicht länger von mafiosen Interessen beherrscht, ausgebeutet und erstickt wird. Schnell stellte sich heraus, dass viele Einwohner Vibo Valentias die Verhaftungswelle tatsächlich als Chance für einen Neubeginn nutzen wollten. Am Tag vor Weihnachten standen mehr als tausend Personen vor dem Polizeirevier, um zehn Minuten lang zu applaudieren. Noch nie zuvor hatte es in Kalabrien bei der Verhaftung von ’Ndranghetisten solch zahlreiche Dankesbekundungen gegeben.

Im Januar gab es dann noch eine Bekundung von Unterstützung und Anerkennung für die Justiz. Diesmal füllte sich der Platz vor dem mächtigen Justizpalast von Catanzaro. Hunderte Menschen kamen zusammen, um das zu feiern, was Oberstaatsanwalt Nicola Gratteri mit viel Mut und Hartnäckigkeit geschafft hatte. Vor allem aber ermutigten sich die Menschen auf dem Platz über Megaphone gegenseitig, die Omertà, das ängstliche Schweigen, auch weiterhin zu brechen. Jeder Einzelne sollte auch in Zukunft dafür kämpfen, dass es immer normaler wird, alles, was mit mafiosem Verhalten zu tun hat, öffentlich zu verurteilen.

Dann kam der Februar 2020, und in der Lombardei wurden die ersten Ansteckungen mit Covid-19 gemeldet. In Norditalien verbreitete sich das Corona-Virus rasend schnell. Doch es drang langsam auch bis in den tiefsten Süden vor: Am besten verzichteten wir darauf, uns die Hand zu geben und uns zu umarmen. Treffen wurden immer komplizierter, und einem so herzlichen Volk wie den Italienern, dem körperliche Nähe und Berührung so wichtig ist, fiel es schwer, so viel Abstand zu halten. Anfang März schien es keinen anderen Ausweg mehr zu geben: Italien verkündete als erstes Land in Europa eine landesweite Ausgangssperre.

Nicht mehr aus dem Haus zu dürfen, außer um das Notwendigste einzukaufen, und auch das nur mit Maske und Sondergenehmigungen in der Tasche – das war eine Situation, die wir so noch nicht ansatzweise erlebt hatten. Dennoch verspürte ich in den ersten Wochen des Lockdowns eine mir seltsam vertraute innere Unruhe. Diese Unruhe lag an den höchst unterschiedlichen Auffassungen Italiens und der Niederlande in der Frage, ob dieses Virus nun ein allgemeines Gesundheitsrisiko darstellte oder nicht. Man schien in den Niederlanden einfach nicht begreifen zu wollen, dass die Menschen nicht nur in China und Italien, sondern überall auf der Welt todkrank werden können. Die zwei Wochen, bevor die niederländische Regierung Maßnahmen gegen die Verbreitung des Corona-Virus ergriff, dauerten für mein Gefühl sehr lange. Sie erinnerten mich an die Jahre, die verstreichen mussten, bis das Eindämmen der Drogenkriminalität in unserem Land endlich zur Priorität wurde.

Die niederländischen Behörden hatten sich von den flüchtigen Mördern und Drogenschmugglern der 'Ndrangheta, für die unser Land ein beliebtes Versteck zu sein schien, nicht groß dazu motivieren lassen. Diese Leute blieben schließlich brav unter dem Radar. Zusätzliche Aufmerksamkeit erhielt der Kampf gegen das organisierte Verbrechen erst mehr oder weniger gezwungenermaßen durch völlig außer Kontrolle geratene Gewaltexzesse und ein nicht mehr zu ignorierendes Blutvergießen.

Im Rotterdamer Hafen hat die Polizei in den letzten Jahren so einige korrupte Mitarbeiter enttarnt. In den Containern wurden pro Jahr zehntausende Kilo Koks gefunden, immer öfter Riesenfrachten von mehr als einer Tonne. Die Polizei ging jedoch nach wie vor davon aus, dass diese Rekordfunde nur ein Tropfen auf dem heißen Stein waren.

Der Straßenverkaufswert für Kokain stieg nicht, es gab also genügend Nachschub.

Schon seit mehr als zehn Jahren hörte ich die Warnungen der Italiener, die trägen Niederlande seien ein Riesengeschenk für das organisierte Verbrechen und hätten dadurch einen nicht wiedergutzumachenden Schaden angerichtet. Vermutlich klang das in den Ohren der Niederländer wenig überzeugend, weil es aus einem Land kam, in dem die Mafia erfunden wurde, einem Land, das seine eigenen Angelegenheiten noch bei Weitem nicht geordnet hatte – ganz so als wollte man die Schuld bloß bei anderen suchen. Obwohl unser Land so beliebt ist bei der 'Ndrangheta, die laut Experten den Kokainhandel der westlichen Welt dominiert, wollte auch ich mich nicht von übertriebenem Alarmismus anstecken lassen. Gleichzeitig entdeckte ich immer mehr Symptome für eine kranke Gesellschaft, Probleme, die mir bekannt vorkamen und gegen die die niederländische Öffentlichkeit immun zu sein schien.

In der niederländischen Provinz Gelderland wurde beispielsweise ein Obsthändler erpresst, weil er mit seinen Bananen- und Ananas-Containern aus Südamerika nicht beim Kokainschmuggel mitmachen wollte. Nach wiederholten Drohungen, einen der Mitarbeiter umzubringen, erhielt das Unternehmen den Schutz einer Spezialeinheit der Polizei, die mit Maschinenpistolen im Anschlag am Tor zum Firmengelände stand. War in Gelderland eine Situation wie in Gioia Tauro entstanden, wo ein Betrieb, der nicht mit Drogenschmugglern zusammenarbeitet, nur mit Hilfe schwer bewaffneter Soldaten vor dem Firmentor überleben kann?

Dem 2019 veröffentlichten Untersuchungsbericht *De achterkant van Amsterdam* (etwa: »Die Schattenseiten Amsterdams«) zufolge werden in unserer Hauptstadt ungefähr zwei Kilo reines Koks am Tag konsumiert. Das entspricht vier Kilo gestrecktem Kokain oder zehntausend Lines in einem Gesamtwert von etwa zweihunderttausend Euro. Diese Schätzung beruht auf Abwasseruntersuchungen, und der Konsum bleibt seit Jahren etwa konstant. Die Autoren des Berichts beschreiben Amsterdam als Drehkreuz des europäischen Drogenhandels, wo über die Gastronomie und über Immobilien beträchtliche Mengen an Schwarzgeld gewaschen werden. Die extremen Preissteigerungen der letzten Jahre auf dem Amsterdamer Immobilienmarkt haben sehr wahrscheinlich auch etwas mit Investitionen aus kriminellen Kreisen zu tun. Weil sich die Wege, die das Schwarzgeld zurücklegt, kaum noch nachverfolgen lassen, kann man die Zahlen nur raten. Laut den Ermittlungen ist mehr als ein Drittel der Geldgeber für Hotels und Restaurants bereits vorbestraft, doch Strohmanngeschäfte ermöglichen es den Kriminellen, problemlos durch die Zulassungskontrollen zu kommen.

Seit 2017 – besser spät als nie! – haben die Niederlande eine ungefähr acht Mann starke Polizeieinheit mit der speziellen Aufgabe, gegen die italienische Mafia vorzugehen. Man kann nur hoffen, dass diese Konzentration auf Kriminelle mit italienischen Wurzeln nicht kontraproduktiv ist, denn die 'Ndrangheta arbeitet gern mit kriminellen Gruppierungen zusammen, die nicht in Italien ihre Wurzeln haben. So wie 'Ndrangheta-Familien bei der Geldwäsche strikt darauf achten, ihren Namen nicht mit schmutzigem Geld in Verbindung zu bringen, überlassen sie die auffälligere Drecksarbeit beim Drogenschmuggel gerne anderen. Über unser Land können die kalabresischen Mafiosi sogenannte »Cocktailsendungen« organisieren: eine Mischung aus Gras, Haschisch, Pillen und Kokain. Die kalabresischen Clans bestellen ihre Ecstasy-Pillen bei urholländischen Produktionslabors und verlassen sich bei der Organisation von Kokainlieferungen oft auf niederländische, antillanische, surinamische und kolumbianische Kontakte.

Es ist kein Zufall, dass bei den niederländischen Ermittlungen gegen die 'Ndrangheta in den letzten Jahren immer wieder marokkanische und albanische Namen aufgetaucht sind, denn auch zum Abholen der Fracht im Hafen und zum Weitertransport der Drogen nach Italien setzt die 'Ndrangheta bevorzugt Außenstehende ein. Auf dem europäischen Drogenmarkt sind albanische und marokkanische Gruppierungen in den letzten Jahren immer stärker in Erscheinung getreten. Sie konnten sich bei den italienischen Mafias jede Menge abschauen und bilden mit ihnen internationale kriminelle Netzwerke.

Der Mord an dem Anwalt eines Kronzeugen, eine Gewalttat, die dem Niederländer mit marokkanischen Wurzeln Ridouan Taghi, dem mutmaßlichen Boss der sogenannten Mocro-Mafia, zugeschrieben wird, ließ auch Italien hellhörig werden. Zweifellos dürfte diese kriminelle Gruppierung das ein oder andere von der 'Ndrangheta kopiert haben – allerdings nicht, wie wichtig es ist, auf Gewalt zu verzichten, um unbemerkt zu bleiben. Wenn diese Gruppierung so weitermacht, brauchen wir nicht zu befürchten, dass sie die niederländische Rechtsordnung in hundert Jahren immer noch bedroht. Wer langfristig Erfolg haben will, sollte sich als Verbrecherorganisation lieber mit dem Staat zusammentun als ihn zu bekriegen, so wie es die italienischen Mafias bereits vorgemacht haben. Es ist das bei Weitem Klügste, sich auf gemeinsame Interessen mit der herrschenden Klasse zu konzentrieren und sich zu tarnen, um sich in die Gesellschaft zu integrieren. Sollte es in den Niederlanden wirklich keine anderen kriminellen Netzwerke geben, die das längst verstanden haben?

Wie verletzlich wir sind, merken wir oft erst, wenn wir schmerzhafte, verstörende Bilder gesehen haben. In der Pandemie war es genauso: Die räumliche Distanz zwischen der dramatischen Lage in der Lombardei und Kalabrien war ungefähr genauso groß wie die zwischen der Lombardei und den Niederlanden. In meinem Dorf hatte man in den ersten Wochen noch das Gefühl, der Brandherd befinde sich in einigermaßen sicherer Entfernung. Gleichzeitig wussten wir, dass es wegen des recht hohen Anteils alter Menschen an der Bevölkerung und der zweifelhaften Qualität des kalabresischen Gesundheitswesens vermutlich eine gute Idee war, extrem vorsichtig zu sein.

Während ich mich weder immun wähnte noch panische Angst vor Ansteckung hatte, war ich mir vor allem der traurigen Situation bewusst, die schon längst vor der Pandemie existierte. Nämlich, dass es hier in Süditalien als gewöhnlicher Patient nicht selbstverständlich ist, dieselbe Krankenhausbehandlung erwarten zu können wie andere sie erhalten. In Kalabrien ist es üblich, ja manchmal sogar notwendig, Beziehungen spielen zu lassen, um das zu bekommen, was anderswo ein Grundrecht ist. Ich habe die erniedrigenden Abhängigkeitsbeziehungen, die dieses Gefälligkeitssystem hervorbringt, schon immer aus tiefstem Herzen verabscheut. Gleichzeitig weiß ich, dass ich leicht reden kann: Ich bin im Wohlstand aufgewachsen, konnte mir den gesellschaftlichen Luxus leisten, mich als Individualistin zu verhalten. In Süditalien liegen die Dinge anders. Hier zwingt ein schwacher, zu Korruption und Klientelwirtschaft neigender Staat die Menschen dazu, sich einen Platz in dem einen oder anderen inoffiziellen sozialen Netz zu suchen. Ob es nun um Stellenbewerbungen oder um eine Krankenhausaufnahme geht: Ohne dass die richtige Person ein gutes Wort für einen einlegt, geht gar nichts. Mafiaorganisationen, bestehend aus miteinander vernetzten Opportunisten, die einander diverse Gefälligkeiten erweisen, fahren gut damit.

Volle Intensivstationen blieben den Kalabresen Gott sei Dank erspart. In den ersten drei Monaten der Pandemie starben in der gesamten Region keine hundert Menschen am Corona-Virus. Der größte Ausbruch traf ein Pflegeheim. Ich kannte eine der Verstorbenen. Sie hatte in der Straße am Fuß des Hügels gelebt, in der ich mein erstes Jahr in Kalabrien verbrachte.

In meinem Dorf schien sich auf den ersten Blick kaum etwas verändert zu haben. Hier tickten die Uhren seit jeher langsamer, und der Großteil des Lebens spielte sich für die meisten ohnehin im Haus und drumherum ab. Doch weil seit dem Lockdown fast keine Autos mehr fuhren, geschweige denn Menschen draußen unterwegs waren, war es noch stiller als sonst. Die Straßen waren leer – jetzt, wo auf den Bänken keine alten Männer mehr saßen, keine Jugendlichen mehr nach der Schule auf der Piazza zusammenstanden und Café sowie Pizzeria geschlossen waren. Schlangen vor den Läden bildeten sich nur beim Supermarkt an der Küstenstraße, auf dessen Warenangebot ich wochenlang gut verzichten konnte. Die Leute hamsterten nicht, sondern sammelten stattdessen Lebensmittel und Geld für Nachbarn, die nicht imstande waren, ihre Einkäufe selbst zu erledigen.

Der Lockdown gab einen unerwarteten Einblick in die bedrückenden Lebensbedingungen von Menschen, die unter Polizeischutz stehen. Schon vor der Ausgangssperre mussten sie bei jedem Treffen, bei jedem Schritt vor die Tür abwägen, ob es auch sicher, ja, ob es überhaupt notwendig ist. Und nach dem Lockdown würde es genauso weitergehen.

Ich merkte, wie viel Glück ich hatte, in diesem grünen Teil Italiens festzusitzen und von meinem Balkon aus in die Ferne schauen zu können. Jede Woche kreisten mehr Schwalben über meinem Kopf. Sie flogen über die Dächer und Hügel zum Meer und wieder zurück, vorbei an Oliven- und Zitronenhainen, Seekiefern und Kakteen.

Meine Nachbarn überraschten mich mit Pasta, Tiramisù,

Plätzchen, Torten und warmen *frittelle* frisch aus der Pfanne, die sie mir vor die Tür stellten, mit Salat aus dem eigenen Garten und mit Würsten und Wein aus ihrem Keller: Trostessen.

Totò war der Letzte, der mich berührt hatte – mein fröhlicher Nachbar, der, seit er aus seinem Koma aufgewacht ist, das Evangelium verkündet und auf der Straße Gotteshymnen singt. Ich begegnete ihm vor dem Dorfladen, am ersten, noch ungewohnten Tag der landesweiten Quarantäne. Er gab mir die Hand, und ich schlug lächelnd ein. Totò war eben Totò. »Wer Böses tut, hasst das Licht«, sagte er, während er meine Hand weiterhin festhielt und mir direkt in die Augen schaute. »Guck in die Sonne, Sà, guck in die Sonne!«

Die strengen Straßenkontrollen zu Beginn des Lockdowns bescherten der kalabresischen Polizei so manchen Glückstreffer: Ein paar gesuchte 'Ndranghetisten wurden in ihrem Wagen angehalten. Ein anderer wurde in seinem Versteck entdeckt, als Polizisten auffiel, dass jemand Einkäufe zu einem scheinbar verlassenen Haus brachte, wo hinter einem dunklen Fenster eine Zigarette aufglomm.

Sorgen über eine mögliche Verbreitung des Virus in Gefängnissen verschafften einigen Mafiabossen mit lebenslangen Haftstrafen auch Erleichterungen: Sie wurden zu ihrer eigenen Sicherheit vorübergehend nach Hause gebracht – zum Entsetzen zahlreicher Italiener. Als sich zeigte, dass einige trotz Besuchsverbot sofort Audienzen hielten, kamen sie gleich wieder hinter Gitter. Bei einem Polizeieinsatz versuchte einer der Besucher eines solchen Bosses vergeblich, sich unter dem Bett zu verstecken.

Dank ihrer großen Bargeldvorräte dürften die meisten 'Ndrangheta-Clans die Corona-Krise bestens überstehen. Der eine oder andere hat dennoch versucht, neue illegale Praktiken wie den Vertrieb unwirksamer Handdesinfektionsmittel auf die Beine zu stellen. Aber die meisten Sektoren, in denen die ’Ndrangheta gern mitmischt, sind, wie der Lebensmittelhandel, die Müllbeseitigung und das Gesundheitswesen, so stabil, dass sie in Krisenzeiten keine Verluste machen.

Vorübergehende Rückschläge gab es vor allem im Drogenhandel. Eine Weile konnte beispielsweise kein Fentanyl mehr aus China geliefert werden – ein in bereits winzigen Dosen tödlicher Bestandteil synthetischer Drogen, der seit einigen Jahren eifrig von ’Ndrangheta-Clans nach Kanada importiert wird. Die mussten dann halt noch so lange mit den vorhandenen Vorräten auskommen.

Ein ’Ndranghetist, der nicht wusste, was er mit seinen fünfhundertsiebenunddreißig Kilo Kokain und vierundzwanzig Kilo Gras anstellen sollte, wurde Ende März in Gioia Tauro verhaftet. Er hatte bereits begonnen, einen Teil davon im Orangenhain seiner Familie zu vergraben, als die Polizei alles beschlagnahmte.

Laut Europol-Ermittlungen schien der Lockdown in Europa vor allem für den Vertrieb von Drogen und deren Abgabe an den Endverbraucher hinderlich gewesen zu sein. Als die Kokainlieferungen nach Europa über den Luftweg so gut wie unmöglich wurden, wich man auf die beliebten Häfen in den Niederlanden, Belgien und Spanien aus. Der Straßenverkaufswert für Kokain stieg allerdings in einigen Ländern wegen lokaler Lieferschwierigkeiten. Auch andere harte Drogen wie Heroin wurden mancherorts knapp, doch laut Europol gab es meist irgendeinen Ersatz. Ansonsten passte sich das organisierte Verbrechen den Umständen an, indem es sich neue kreative Methoden einfallen ließ, die Drogen an den Endverbraucher zu bringen, der seinerseits öfter im Darknet bestellte und digital zahlte.

In Italien muss man den meisten gar nicht erst erklären, dass eine Notlage Kriminellen letztlich meist Gewinne und eine noch stärkere Position einbringt. Das wurde vor einigen

Jahren schmerzhaft deutlich, als eine SMS von Salvatore Buzzi abgefangen wurde. Der Kriminelle aus Rom war Teil eines gemeinsamen Netzwerks mit einigen 'Ndrangheta-Clans. Als Neujahrswunsch schrieb er: »Hoffen wir, dass es ein Jahr voller Müll, Flüchtlinge, Immigranten, Evakuierter und unbegleiteter Minderjähriger wird. Dass es stark regnet, damit viel Gras gemäht werden muss, und dass wir hoffentlich auch noch ein paar Schneestürme bekommen. Es lebe der soziale Zusammenhalt.«

Mafiosi profitieren nicht nur von gelegentlichen Krisen, in denen sie sich die Taschen mit den bei Katastrophen fließenden öffentlichen Geldern füllen, sondern vor allem auch von der Finanzkrise, die im italienischen Süden mehr oder weniger ständig existiert. Es ist schließlich kein Zufall, dass die erfolgreichste Mafia Europas aus einer seiner ärmsten Regionen kommt. In Kalabrien liegt die Arbeitslosigkeit bei fünfundzwanzig Prozent, die Jugendarbeitslosigkeit ist doppelt so hoch. Nur ein Drittel all derer, die studiert haben, findet dort innerhalb von drei Jahren eine Stelle. 'Ndranghetisten machen sich die wirtschaftliche Misere zunutze, indem sie die Menschen von schlecht bezahlten Jobs abhängig machen.

In diesem Frühjahr 2020 schrieben die Zeitungen, dass die Mafia die Corona-Krise in Süditalien dazu benutzt, finanziell klammen Unternehmern Geld zu leihen und diese dann nach und nach mit Wucherzinsen dazu zu zwingen, ihnen die Firma zu überschreiben. Ansonsten scheinen Mafiosi auch Familien mit Lebensmittelspenden an sich zu binden. Ein Abhängigkeitsverhältnis, das sich bei den nächsten Wahlen in Stimmen für den von der Mafia bestimmten Kandidaten niederschlagen wird.

Mitte Mai waren die Hilfsgelder für entlassene Arbeitnehmer bei zwei Dritteln aller italienischen Antragsteller noch nicht ausgezahlt. Auch vom Lockdown betroffene Unternehmer mussten monatelang auf Staatshilfen warten. Wer Probleme schneller lösen kann als der Staat, erntet Vertrauen und Beliebtheit. Dank dieses sozialen Konsenses gelingt es 'Ndrangheta-Familien bereits seit anderthalb Jahrhunderten, ihr Imperium auszubauen, vor allem in Kalabrien, aber nicht nur dort, sondern überall, wo ihr Einfluss wächst und sie als offizieller Arbeitgeber, inoffizieller Personalvermittler oder Dienstleister auftreten.

Staatsanwalt Giuseppe Lombardo prophezeite während des Lockdowns, dass die Mafias noch eine Weile stillhalten, die Clans sich die Corona-Krise aber auch im Ausland zunutze machen würden, indem sie Firmen mit ihrem »Finanzdoping« von sich abhängig machen. Durch ihre Schwarzgeldvorräte müssen diese Firmen nicht einmal wirklich Gewinn machen. Und genau das stärkt ihre Wettbewerbsposition im Vergleich zu anderen Firmen, die sehr wohl vom Markt abhängig sind.

Innerhalb der ersten zwei Lockdown-Monate kehrten Zehntausende Italiener aus anderen italienischen Regionen in ihre Heimat Kalabrien zurück, wo sie normalerweise bloß die Ferien verbringen. Es waren vor allem jüngere Menschen, die nicht mehr zur Arbeit konnten oder ihre Ausbildung online fortsetzen mussten. Sie wollten nicht länger in einem Zimmer oder in einer winzigen Wohnung in der Stadt eingesperrt sein, sondern lieber bei ihrer Familie im Süden auf dem Land sein. Außerdem war dort die Luft sauberer. Und obwohl nur kurze Spaziergänge erlaubt waren, konnten sie von ihrem Garten oder von ihrem Balkon aus den Blick aufs Meer oder die Berge genießen, vielleicht sogar beides. Ich war bestimmt nicht die Einzige, die sich wünschte, auch nach dem Sommer noch bleiben zu können – vorausgesetzt, dass es gewollt war und die Möglichkeit bestand, digital zu arbeiten oder zu studieren.

Zum Glück gibt es in Kalabrien immer mehr optimistisch stimmende Initiativen, um Gemeinschaften wirtschaftlich zu stärken und wehrhafter zu machen. Die Menschen wehren sich gegen mafiose Ausbeutung, manchmal sogar mit Erfolg. So auch ungefähr vierzig Kilometer von meinem Haus entfernt, wo vor einigen Jahren ein riesiges Loch ausgehoben worden war. Hier sollte eine der größten Mülldeponien Europas entstehen, doch eine Gruppe von Menschen besetzte das Gelände und legte dort Schrebergärten an. Ihr Protest hatte Erfolg. Das klaffende Loch ist nach wie vor zu sehen, aber die Mülldeponie ist vom Tisch.

In der Ebene von Gioia Tauro arbeiten afrikanische Migranten gemeinsam mit Italienern daran, die moderne Sklaverei in der Landwirtschaft zu bekämpfen. Auch Bürgermeister, Unternehmer, Priester und Hilfsorganisationen glauben, dass es in Kalabrien anders geht und riskieren Kopf und Kragen. Viele haben es schwer, halten aber durch, selbst wenn sie wiederholt bedroht und sabotiert werden. Sie sind davon überzeugt, dass ein stärkeres, mündigeres Kalabrien dem zersetzenden Einfluss der 'Ndrangheta etwas entgegensetzen kann – zumindest auf lokaler Ebene.

Eine ethische Ökonomie ist die einzige Möglichkeit, die Mafias zu stoppen – das höre ich in Kalabrien schon seit Jahren: Unser Feind ist nicht unbedingt »der Mafioso« oder jemand mit einem bestimmten Nachnamen, sondern jeder, der mafioses Verhalten an den Tag legt. Und das tun oft genug auch Nicht-Eingeweihte.

Das ist nur einer der Gründe, warum sich kalabresische Initiativen, die sich für wehrhaftere Gemeinschaften einsetzen, nur ungern das Etikett »Antimafia« anheften. Ein weiterer Grund ist der, dass so ein Etikett die Aggression der Clans auf sich ziehen kann. Noch ausschlaggebender ist allerdings, dass jeder hier weiß, dass »Antimafia« keinerlei Garantie bietet: Es hat sich schon oft genug herausgestellt, dass die Mafiosi sogar noch an sogenannten Antimafia-Organisationen oder -Veranstaltungen mitverdient haben.

Auch ohne es zu betonen, sind alle Maßnahmen, die die natürliche und kulturelle Schönheit einer verwundbaren Region hervorheben, im Kern Maßnahmen gegen mafiosen Verfall. Und es ist diese stille Antimafia, die mich in Kalabrien am meisten beeindruckt.

24.

ZU GUTER LETZT

Nicht weit von meinem Dorf entfernt, unter einem Leuchtturm und neben Bahngleisen, über die nur ein Bummelzug fährt, befindet sich eine große Wiese mit archäologischen Ausgrabungen. Durch die Bahnhofsunterführung gelangt man direkt zu den Überresten eines griechischen Tempels aus dem fünften Jahrhundert vor Christus, als dieser Ort noch Kaulon hieß. Hier unterrichtete ein Archäologe fünfzehn Sommer lang unentgeltlich Studenten aus ganz Italien. Die Gemeinde stellte einen Ort zur Verfügung, an dem die Gruppe zelten konnte, und großzügige Spender aus der Gegend brachten Essen vorbei. Jahr um Jahr gruben die Freiwilligen Häuserruinen aus und fanden Münzen, Knochen und Gefäße. Während der Arbeit sprachen sie scherzhaft über ein spektakuläres Mosaik, das sie zu finden hofften. 2012, am Tag, bevor die Studenten nach Hause zurückkehren wollten, kam tatsächlich das erste weiß glänzende Mosaiksteinchen unter dem Sand zum Vorschein: der Fußboden einer antiken Sauna. Zwei Sommer später war der gesamte Boden restauriert: Wie sich herausstellte, hatte man wohl das größte und figurativste Mosaik sämtlicher altgriechischer Kolonien Italiens entdeckt.

Kurz vor dem Lockdown, als gerade ein geheimes Netzwerk aus fast zweihundert Personen enttarnt worden war, das in Kalabrien Unmengen archäologischer Funde aus der griechischen Antike brachial erbeutet und über britische und deutsche Auktionshäuser verkauft hatte, sprach ich mit dem Archäologen, Francesco Cuteri. »Die haben alles geplündert«, erzählte er mir. Sogar Archäologen hätten diesem Netzwerk ihr Wissen zur Verfügung gestellt – beispielsweise um die Schätze zu datieren und ihren Marktwert zu bestimmen. »Diese Leute haben genau verstanden, dass Archäologie Geld bringt – vorausgesetzt, die Funde werden nicht dort bewahrt, wo sie ausgegraben wurden.«

Was mich beeindruckte, war die Gelassenheit, mit der der Archäologe seine Lehre daraus zog. Im Kampf gegen »Leute, die in vielfacher Hinsicht Gebiete verwüsten« seien Schönheit und Kultur wichtige Waffen. »Wir müssen auch weiterhin Geschichten über schöne Dinge erzählen, die allen gehören und uns zu besseren Menschen machen.«

Ich konnte mich noch lebhaft an die von dem Bodenmosaik erinnern, das er mit seinen Studenten entdeckt hatte. Die einzigartige Ausgrabung war in den letzten Jahren wieder unter Tüchern und Sand verschwunden und wartete auf eine Konstruktion, die das Mosaik vor der Witterung schützen und es der Öffentlichkeit zugänglich machen sollte. Dafür stand bisher noch kein Geld zur Verfügung, aber das größte, bisher entdeckte Mosaik der Magna Graecia hatte es auf jeden Fall verdient, in der touristischen Hochsaison bewundert zu werden. Und da stand ich nun, gemeinsam mit ein paar Leuten jedweden Alters, im Hintergrund das Meeresrauschen, neben etwas, das im vierten Jahrhundert vor Christus eine Sauna gewesen war, und lauschte Francesco Cuteri. Was wir da sahen, war eine ungefähr fünf mal acht Meter große Fläche, versunken in einer vertrockneten Wiese. Wegen der sengenden Augustsonne war die Besichtigung erst gegen Abend möglich, aber auch da konnte man sich den heißen, aufsteigenden Wasserdampf gut vorstellen.

Das Mosaik füllte den Raum wie ein Teppich und folgte mühelos den kleinen Bodenunebenheiten, von denen Cuteris nackte Füße jedes Detail kannten. In diesem Raum, so der Archäologe, gab es noch nie Fenster. Er wurde von Öllampen erhellt, Wände und Gewölbedecke waren dunkelrot. Das Wasser floss über einen Messingschild, der von einer Flamme erhitzt wurde, ein antiker Wasserkessel in Form einer Schildkröte. Bevor man den Raum betreten durfte, musste man sich am Eingang kurz die Füße waschen und schritt dann über eine Blüte aus zwölf Blättern, die die zwölf Götter des Olymp symbolisierten und angaben, dass es sich um einen heiligen Raum handelte. Der restliche Fußboden war mit Tieren verziert.

»Die Elite von Kaulon war durch ihre geografische Lage am Meer, die Handel ermöglichte, reich geworden«, erzählte Cuteri. »Der Saunaboden zeigt Meerestiere – vielleicht aus Dankbarkeit für den Wohlstand, aber mit Sicherheit nicht nur. Wasser war den Griechen heilig, genau wie die anderen Elemente, und die Meerestiere auf dem Mosaik schützten die Menschen in diesem heiligen Raum vor dem Bösen.«

Gleich am Eingang war gut erkennbar ein Drache mit kleinen Schwimmflossen und einem zierlichen, gewellten und gespaltenen Schwanz wie bei einem Skorpion zu sehen. Im alten Griechenland gab es häufig Drachen am Eingang der Häuser und auf Bodenmosaiken, erklärte der Archäologe, und zwar, um einen kostbaren Raum zu bewachen. »Dieser Drache hat eine Art zu lächeln, die zeigt, dass er auch beißen kann.« Doch alles in allem wirkte das Tier freundlich und vertrauenswürdig.

Diesen Drachen umschwammen zwei Delfine mit dem gleichen wachsamen Lächeln. »Delfine sind ein Symbol für Verspieltheit und Fröhlichkeit, für die Harmonie zwischen Mensch und Meer. Sie sind unsere idealen Reisegefährten.«

Zu guter Letzt war ein wunderschönes Seepferdchen zu sehen. »Seepferdchen«, so Cuteri, »finden sich auch in der Nähe von Friedhöfen. Den Griechen zufolge hatten sie den Schlüssel zum Käfig unseres Körpers, in dem unsere Seele gefangen ist. Sie können unsere Seele freilassen, aber nicht nur nach dem Tod, sondern auch schon zu Lebzeiten. Sie unterstützen uns bei der Entscheidung, unseren Träumen zu folgen.«

Hinter dem Leuchtturm färbte sich der Himmel orangerot, und über dem Meer ging der Mond auf. Cuteri griff nach einer Sprühflasche und befeuchtete das gesamte Mosaik mit Wasser, damit wir die Farben und Kontraste besser erkennen konnten. Bei Sonnenuntergang stellte das Wasser keine Gefahr mehr für die empfindlichen Steine dar, die mit der Zeit blasse Rot-, Weiß- und Violett-Töne angenommen hatten. Mit etwas Phantasie reflektierten die Wassertropfen auf den Mosaiksteinen jetzt im warmen Abendlicht ein wenig von dem uralten Kobaltblau, Goldgelb und Scharlachrot.

»Das Mosaik sagt uns, dass wir uns alle einen Raum suchen sollten, zu dem wir dem Bösen niemals Zutritt gewähren«, so Cuteri. »Manchmal haben wir nur noch Augen für unsere Feinde, aber wenn wir uns genauer umschauen, sehen wir die Gefährten, die uns auf unserer Lebensreise beschützen und dazu inspirieren, unsere Umgebung zu erkunden.«

Von meinem Haus aus schaue ich täglich aufs Meer. Delfine schwimmen vor der Küste, Meeresschildkröten legen am Strand ihre Eier, und in der milden Wärme der Bucht brüten Seepferdchen. Die herrliche Natur und zeitlose Schönheit Kalabriens haben mich dazu inspiriert, meine Umgebung auch nach ihren dunklen und weniger schönen Seiten zu erkunden. Doch trotz all dem, was ich gesehen habe, ist meine Liebe zu diesem Flecken Erde nur noch größer geworden. Und dank der mutigen Menschen, die ich auf meiner Suche kennengelernt habe, ist mir klar geworden, was auch die Niederlande, Deutschland und andere europäische Länder zu verlieren und zu gewinnen haben.

NACHWORT ZUR DEUTSCHEN AUSGABE

Nach dem Erscheinen der niederländischen Ausgabe dieses Buchs sorgte die Nachricht für Aufsehen, dass die 'Ndrangheta in Deutschland eine eigene *Camera di controllo*, also eine »Kontrollkammer« oder ein *Crimine* eingerichtet habe. Diese kriminelle Führungsspitze stimmt die Interessen der Clans aufeinander ab, wacht über die Befolgung der Regeln und verhindert bei Konflikten, dass die Sache eskaliert. Kontrollkammern der 'Ndrangheta gibt es auch bereits in Kanada und Australien sowie in den italienischen Regionen Lombardei und Ligurien. Das bedeutet, dass den Clan-Gruppen in diesen Gebieten größere Autonomie zugestanden wird: Sie brauchen sich für die Lösung interner Konflikte nicht mit den Clans in Kalabrien zu beraten.

Deutschland wäre damit außerhalb Italiens das einzige europäische Land mit einer solchen Kontrollkammer. Es war vielleicht zu erwarten gewesen, sicherlich nach dem Fauxpas des Blutbads in Duisburg, dass auch in Deutschland ein 'Ndrangheta-Organ geschaffen werden würde, um in Zukunft rechtzeitig Friedensverhandlungen vor Ort arrangieren zu können. Dennoch hat mich diese Enthüllung von Journalisten der *Frankfurter Allgemeinen Zeitung* und des *Mitteldeutschen Rundfunks* im Frühjahr 2021 beunruhigt. Laut ihren Quellen bei den Ermittlungsbehörden soll die deutsche Kontrollkammer mindestens einmal im Jahr in Duisburg zusammenkommen und aus neun prominenten 'Ndranghetisten bestehen, in der Mehrzahl Eigentümer von Restaurants. Bei acht von ihnen handelt es sich um Abgesandte von *locali* aus dem Westen und Süden Deutschlands, der neunte repräsentiert ein *locale* aus dem thüringischen Erfurt.

Die Investigativjournalisten – Margherita Bettoni, Axel Hemmerling, Ludwig Kendzia und David Klaubert – waren außerdem auf hochinteressante Informationen über die 'Ndrangheta in Thüringen gestoßen. Im Jahr 2001 hatte die Staatsanwaltschaft Gera strafrechtliche Ermittlungen gegen Clans in San Luca durchgeführt. Mindestens acht Personen wurden verdächtigt, in großem Stil unter anderem in Erfurt, Leipzig und Berlin Drogengeld gewaschen zu haben. Gleich sechs verdeckte Ermittler waren an der Aufklärung beteiligt, fünf vom BKA und einer vom Landeskriminalamt Thüringen. Bei der Operation, die den Namen »Fido« trug, wurden in kurzer Zeit vielversprechende Ergebnisse erzielt: Es gab eine reiche Ernte aufschlussreicher Gespräche, die man hatte abhören können, und einer der Infiltranten war sogar dazu eingeladen worden, zusammen mit einigen der Verdächtigen zu einer Hochzeit in Kalabrien zu reisen. Obwohl Operation »Fido« auf mehrere Jahre angelegt war, wurde sie 2002 dann plötzlich gestoppt – warum, ist nicht klar. Dank der Recherchearbeit der Journalisten wurde in Thüringen nun ein parlamentarischer Untersuchungsausschuss eingesetzt, der der Frage nachgehen soll, ob Kontakte zwischen den 'Ndrangheta-Verdächtigen und Vertretern aus Politik, Verwaltung und Justiz etwas damit zu tun hatten. Dass es solche Kontakte gab, war bereits während der Operation »Fido« festgestellt worden.

Die Arbeit des Parlamentsausschusses ist noch nicht abgeschlossen, und ich bin auf das Ergebnis gespannt. »Viele der damals abgehörten Italiener leben heute noch in Thüringen und Sachsen«, so der *Mitteldeutsche Rundfunk.*

Die Geschichte der 'Ndrangheta in Erfurt ist auch von Zora Hauser, Soziologin an der Universität Oxford, in einer ersten vertieften empirischen Studie zum Agieren der 'Ndrangheta in Deutschland untersucht worden. Sie promovierte kürzlich mit einer Dissertation zum Thema *Mafia Expansion to New Territories: The 'Ndrangheta in Germany*. Darin beschäftigt Hauser sich, neben der Situation in Erfurt, auch mit dem Treiben der 'Ndrangheta in Stuttgart und am Bodensee. Sie schreibt im Schlusskapitel ihres Buchs, dass Clans nicht nur »seit den 1980er Jahren versucht haben, Drogenmärkte in verschiedenen deutschen Städten zu kontrollieren«, sondern auch »Erpressungen zu betreiben, wobei sie sowohl der Unter- als auch der Oberwelt Schutz boten«. Im Laufe der Zeit haben manche »ihre Anwesenheit auf den legalen Märkten verstärkt«, dadurch sind sie inzwischen »in den lokalen Gemeinschaften integriert und haben ihre Beziehungen zur lokalen Politik verstärkt«. Hauser zufolge entsteht ein »Teufelskreis«, wenn die »Zivilgesellschaft durch den festen Glauben an die Integrität der Institutionen weniger schnell geneigt ist zu glauben, dass irgendwo Mafia-Gruppierungen aktiv sein können und Institutionen daher weniger schnell nach möglichen Mafia-Aktivitäten suchen werden«.

Obwohl die Clans wissen, dass sie mit Erpressungen und Drohungen bei Leuten aus ihrer Region rascher Effekte erzielen, beschränkt sich die Einschüchterung nicht immer auf Gemeinschaften der kalabresischen Diaspora. Nach »wiederholten expliziten Drohungen« haben auch Opfer ohne Kalabrien-Bezug auf eine Weise reagiert, die Hauser zufolge der von Opfern aus den Diaspora-Gemeinschaften ähnelt. »Es wurden keine Anzeigen erstattet«, und das Opfer »ging später sogar eine geschäftliche Beziehung mit der Familie ein, von der es bedroht worden war«. Insgesamt alarmierende Befunde, die zu weiteren Untersuchungen auffordern.

Dass außerhalb Italiens Deutschland das wichtigste europäische Land für die 'Ndrangheta ist, ist schon seit langer Zeit bekannt. Etwa, wenn es um Geldwäsche geht: Solange es keine gesetzliche Obergrenze für Bargeldtransaktionen gibt, bietet die Bundesrepublik weiterhin sehr attraktive Möglichkeiten zur Wäsche schmutzigen Geldes. Jüngsten Schätzungen der deutschen Behörden zufolge gibt es in Deutschland zwischen achtzehn und zwanzig *locali* sowie ungefähr tausend 'Ndrangheta-Mitglieder.

Nicht umsonst hat Deutschland seine eigene Antimafia-Organisation, den Verein *mafianeindanke*, der 2007 nach dem Blutbad in Duisburg gegründet worden ist. Inzwischen hat der Verein Gruppen in Berlin, Bayern und Nordrhein-Westfalen. Engagierte Ehrenamtliche organisieren Aktivitäten, die auf einer Linie mit denen italienischer Organisationen wie *Libera* und *Addiopizzo* liegen, sowie Vorträge und Bildungsaktivitäten an Schulen. Ziel von *mafianeindanke* ist es, in Deutschland das Bewusstsein über organisiertes Verbrechen zu schärfen, vor allem, aber nicht nur, was die italienische Mafia betrifft. Außerdem fungiert der Verein als Anlaufstelle für Opfer mafioser Erpressungen und Drohungen. »Mit uns können Menschen, denen das passiert, vertraulich reden«, erzählte mir die stellvertretende Vorsitzende Carmen Romano. »Wir können sie, wenn sie zum Beispiel Anzeige erstatten wollen, an die richtigen Personen in den Institutionen vermitteln, von denen wir wissen, dass sie sich der Dilemmas und der Gefahren bewusst sind, die dabei eine Rolle spielen.«

Die jüngsten Untersuchungen der Europäischen Beobachtungsstelle für Drogen und Drogensucht (EMCDDA) zeigen, dass der Kokainmarkt in Europa weiterhin wächst. Kokain wird immer öfter auch direkt in Europa produziert, und die mit der Drogenkriminalität verbundene Korruption nimmt zu.

Dennoch gibt es gewiss nicht nur besorgniserregende, sondern auch vorsichtig hoffnungsvoll stimmende Nachrichten. So startete Interpol 2020 das Programm I-CAN, um über einen Zeitraum von drei Jahren hinweg der internationalen Bekämpfung der 'Ndrangheta Priorität einzuräumen – mit dem Ergebnis, dass eine Reihe lang gesuchter flüchtiger 'Ndrangheta-Mitglieder aufgespürt werden konnte. Unter ihnen war auch Rocco Morabito, den man in Brasilien ausfindig machte. Morabito, der »Kokain-König« aus Mailand, hatte in Uruguay schon fast zwanzig Jahre lang mit dem Pass eines gewissen Francisco Antonio Capeletto Souza als Immobilienhändler gearbeitet und Soja-Plantagen betrieben.

Auch Francesco Pelle wurde gefasst. Er war bereits als Auftraggeber der *strage di Natale* verurteilt, also der bewaffneten Erstürmung der Weihnachtsfeier der Familie von Gianluca Nirta, bei der dessen Frau Maria Strangio tödlich verletzt wurde. Als man ihn verhaftete, lag Pelle gerade in einem Krankenhaus in Lissabon, wo er sich von einer Covid-Infektion erholte.

Während die Corona-Pandemie unser Leben in den zurückliegenden zwei Jahren scheinbar verlangsamt hat, vollzog anderes sich dagegen unerwartet schnell – so wie etwa die Entschlüsselung von Telefongesprächen über das EncroChat-Netzwerk durch eine internationale Zusammenarbeit französischer und niederländischer Ermittler. EncroChat, ein Dienst zur Verschlüsselung von Telefondaten, war bis dahin von zahllosen kriminellen Netzwerken, unter anderem auch der 'Ndrangheta, genutzt worden. In einem Zeitraum von ungefähr einem Jahr konnten 1800 Festnahmen durchgeführt und 1500 neue Ermittlungen aufgenommen werden. Dass viele Nutzer derweil auf den Provider Sky ECC umgestiegen waren, half ihnen auch nicht mehr, denn dieses Netzwerk konnte ebenfalls von belgischen und niederländischen Ermittlungsbehörden gehackt werden –

mit dem Ergebnis Dutzender Verhaftungen und Hunderter neuer Ermittlungen.

EncroChat und Sky ECC wurden beispielsweise auch von den Giorgis aus San Luca benutzt, die den Drogentransport in die Häfen von Antwerpen, Rotterdam und Hamburg organisierten und das Geld dafür unter anderem in die touristische Gastronomie am Bodensee investierten. Im Zuge der Ermittlungen eines Joint Investigation Teams, bei denen die Staatsanwaltschaft von Turin mit der in Konstanz zusammenarbeitete, wurden sie und dreißig weitere Verdächtige im Mai 2021 in Deutschland und Italien festgenommen.

Italienische Verhaftungswellen folgen einander immer noch in raschem Tempo, und erst kürzlich hat die Staatsanwaltschaft festgestellt, dass die 'Ndrangheta mittlerweile auch in Rom einen festen *locale* hat. In der Regierung streitet man sich derweil um Gesetzesreformen, die, anders als ursprünglich beabsichtigt, den Rechtsgang nicht beschleunigen, sondern ihn sogar noch weiter zu verlangsamen drohen.

Seit Januar 2021 finden fast täglich Sitzungen im Megaprozess »Rinascita« statt, dem größten Prozess gegen die 'Ndrangheta in der Geschichte. Verhandelt wird in Lamezia Terme in einem riesigen, speziell für diesen Zweck hergerichteten bunkerartigen Gerichtssaal. Es gilt, keine Zeit zu verlieren, denn fast dreihundert Angeklagte haben sich für das »normale« Strafverfahren (*rito ordinario*) anstatt für das »verkürzte« (*rito abbreviato*) entschieden. Im verkürzten Verfahren, bei dem es nur zu einer eingeschränkten mündlichen Verhandlung kommt und dem Angeklagten ein Drittel seiner Strafe erlassen wird, sind im November 2021 bereits siebzig Urteile in erster Instanz ergangen.

Die massenhafte Entscheidung für das normale Verfahren war wahrscheinlich ein Schachzug, um die Staatsanwaltschaft unter Zeitdruck zu setzen. Die Prozessregeln schreiben nämlich vor, dass die Angeklagten, die sich in Untersuchungshaft befinden, nach zwei oder maximal drei Jahren freigelassen werden müssen, auch wenn es noch kein Urteil gibt. Dann aber besteht das Risiko, dass sie sofort aus dem Blickfeld verschwinden und sich entweder in Schutzbunkern verstecken oder ins Ausland flüchten. Die Staatsanwälte müssen daher die ihnen zur Verfügung stehende Zeit extrem effizient nutzen und bei den Vernehmungen der Dutzenden von Informanten und Hunderten von Zeugen eine strenge Auswahl treffen.

Die Angeklagten, die dem Netzwerk rund um den Mancuso-Clan aus der Provinz Vibo Valentia angehören, haben sich der Staatsanwaltschaft zufolge einer ganzen Reihe von Verbrechen schuldig gemacht, darunter Mord, Erpressung, Wucher, Waffenhandel, Wahlmanipulation, Geldwäsche sowie allerlei Formen von Wirtschaftsbetrug. Unter den Angeklagten befinden sich neben dem Strafverteidiger, Freimaurer und ehemaligen Parlamentsabgeordneten beziehungsweise Senator Giancarlo Pittelli auch andere Anwälte, ein Bürgermeister, mehrere Beigeordnete, ein Mitglied der Regionalregierung sowie ein Polizeikommandant. Pittelli selbst steht seit 2021 außerdem noch im Verdacht, in die Zusammenarbeit mit dem Piromalli-Clan aus Gioia Tauro bei der illegalen Abfallentsorgung verwickelt zu sein.

Bei den Sitzungen von Rinascita blieb wegen der Corona-Pandemie ein Großteil des riesigen Gerichtssaals leer. Die Angeklagten wurden über eine Videoschaltung zum Gefängnis verhört und konnten so dem Prozess folgen – eine Lösung, die viel Zeit und auch Geld spart. Ein zusätzlicher Pluspunkt, soweit es mich betraf, war die Tatsache, dass man als Journalistin diesmal nicht zwischen den Familienangehörigen der Angeklagten sitzen musste, sondern zusammen mit den anderen Journalisten hinten im Gerichtssaal Platz nehmen durfte und damit außer Sicht bleiben konnte.

Im Frühjahr 2022 wurde die ohnehin schon sehr stark bemannte Polizeieskorte Nicola Gratteris, des Hauptanklägers der Staatsanwaltschaft von Catanzaro, der die Operation »Rinascita« leitete und in Italien noch stets das bekannteste Gesicht im Kampf gegen die 'Ndrangheta ist, um drei zusätzliche Fahrzeuge aufgestockt. Eines davon ist mit einer Apparatur ausgestattet, die die Funkfrequenzen stört, mit denen sich Bomben per Fernbedienung zur Explosion bringen lassen. Verdächtige aus den Kreisen der 'Ndrangheta in Südamerika hatten sich nämlich in abgehörten Gesprächen darüber unterhalten, dass sie Gratteri und seine Leibwächter mit einer Bombe unter der Schnellstraße in die Luft sprengen wollten, ein Vorgehen, das dem Mord an Giovanni Falcone, seiner Frau und drei seiner Leibwächter vor dreißig Jahren ähnelt. Die Stelle, die sie dafür ins Auge gefasst hatten, lag an der Strecke, die Gratteri täglich von seinem Haus zu seiner Arbeitsstelle und wieder zurück nimmt – die Küstenstraße, die ich aus dem Fenster meines Arbeitszimmers sehe.

Seitdem mein Buch in meiner Muttersprache erschienen ist, sind die Niederlande leider mit immer schockierenderer Gewalt konfrontiert worden. Der letzte Tiefpunkt war der Mordanschlag auf den populärsten niederländischen Kriminalreporter Peter R. de Vries. Es geschah an einem lauschigen Sommerabend mitten im Zentrum Amsterdams. De Vries hatte gerade seine wöchentliche Live-Sendung im Fernsehen beendet und war auf dem Weg zu seinem Auto, das er in einer Parkgarage abgestellt hatte, als der Schütze ihm aus nächster Nähe in den Kopf schoss. Er war ohne Bewusstsein, als er ins Krankenhaus gebracht wurde, wo er neun Tage später, am 15. Juli 2021, starb. Es hat lange gedauert, bis wir das ganze Ausmaß dieser Tragödie erfassen konnten.

Sollte sich der Verdacht gegen Ridouan Taghi, den mutmaßlichen Kopf der sogenannten Mocro-Mafia, bewahrheiten, hat er von seinem schwer bewachten Gefängnis aus den Auftrag zur Ermordung de Vries' erteilt – vermutlich, weil der Journalist als Vertrauensperson für den Kronzeugen im Marengo-Prozess fungierte, in dem Taghi der Hauptangeklagte ist. Bei diesem Kronzeugen handelt sich um einen jungen Mann, dessen Bruder und Anwalt bereits ermordet worden waren, nachdem er sich entschlossen hatte, mit der Justiz zu kooperieren.

Da es mehr Drohungen gegeben hat, arbeiten die Staatsanwälte in fast vierzig Strafverfahren in der Anonymität. Doch nicht nur Staatsanwälte, Richter, Ermittler und Strafverteidiger fühlen sich bedroht. Selbst unser Ministerpräsident Mark Rutte, der in der Bevölkerung große Sympathien genießt, weil er schon seit zwölf Jahren mit dem Fahrrad zur Arbeit fährt, wurde inzwischen zeitweise unter Personenschutz gestellt: Es hatte Hinweise gegeben, dass die Mocro-Mafia ihn ins Visier genommen hat.

Das Bewusstsein für den zersetzenden Einfluss der Drogenkriminalität auf die Gesellschaft ist seither gewachsen, und der Staat erkennt endlich die Dringlichkeit, sie effizienter als bisher bekämpfen zu müssen. In der Koalitionsvereinbarung von Anfang 2022 steht sogar, dass die Regierung bei der Bekämpfung des organisierten Verbrechens »Lehren« aus »dem Kampf gegen die Mafia in Italien« ziehen werde. Die ersten Arbeitsbesuche unserer Volksvertreter in Kalabrien sind eine Tatsache, und in Talkshows wird plötzlich in höchsten Tönen über das inspirierende Beispiel italienischer Mafiajäger gesprochen. Peinlich ist es jedoch, wenn wir uns klarmachen, wie oft wir dieselben Italiener in den zurückliegenden zehn Jahren haben warnen hören: Wartet nicht, bis ihr Blut auf den Straßen seht, um aktiv zu werden, denn auch wenn kriminelle Organisationen nicht gewalttätig sind, unterminieren sie doch euer Zusammenleben.

Ich bin gespannt, zu welchen Veränderungen sich die Behörden in den Niederlanden bewegen lassen und sich dann nicht nur strukturell um die Bekämpfung der gewalttätigsten, sondern beispielsweise auch um die der mehr im Hintergrund operierenden italienischen Mafia oder auch der Geldflüsse anderer Akteure bemühen werden, die Schaden auf internationaler Ebene verursachen. Dass es in den Niederlanden in diesem Wald an Briefkastenfirmen und Strohmännern nahezu unmöglich ist, unerwünschtem Vermögen auf die Spur zu kommen, hat sich aktuell erneut bei den gescheiterten Versuchen gezeigt, das Kapital russischer Oligarchen aufzuspüren – Geldströme, die lange Zeit herzlich willkommen waren, doch dann plötzlich wegen des furchtbaren Kriegs in der Ukraine ausgetrocknet werden mussten.

Giovanni Falcone hat wieder und wieder betont, dass das A und O der internationalen Bekämpfung der Mafias darin besteht, ihre Kapitalflüsse nachzuverfolgen. Sollte das dreißig Jahre nach seinem Tod endlich in Europa Gehör finden? Was er ebenfalls sagte, war: »Wenn wir die Mafia effizient bekämpfen wollen, sollten wir sie uns nicht als ein Monster, eine Krake oder ein Krebsgeschwür vorstellen, sondern erkennen, dass sie uns ähnelt.« Indem wir den internationalen Wegen von ’Ndranghetisten und vergleichbaren Kriminellen folgen, stoßen wir sowohl auf unsere nationalen blinden Flecke als auch auf unsere allgemeinen menschlichen Schwächen. Wer weiß, wozu wir imstande wären, wenn wir es wagten, all dem ins Auge zu blicken.

Sanne de Boer, im Juli 2022

ZUM AKTUELLEN STAND DER EINZELNEN GERICHTSVERFAHREN

Einige der in diesem Buch geschilderten Prozesse sind noch nicht vollständig abgeschlossen. Für alle darin genannten Personen gilt die Unschuldsvermutung, bis das Gegenteil bewiesen ist. Der Stand der für die Niederlande und Deutschland relevanten Fälle – soweit er in den vorangegangenen Kapiteln noch nicht genauer beschrieben wurde – ist bei Drucklegung dieses Buches wie folgt:

Vincenzo und Rocco Crupi, die im September 2015 in Italien festgenommen und 2018 vom Gericht in Latina im Prozess »Krupy« in erster Instanz wegen Drogenhandels verurteilt wurden, sind 2019 in einem Berufungsverfahren in Rom von diesem Vorwurf freigesprochen worden.

Im Juni 2020 wurde das Urteil im Verfahren »Acero« vom Berufungsgericht in Reggio Calabria jedoch bestätigt. Der Richter befand sowohl Vincenzo Crupi als auch Giuseppe Crupi der Mitgliedschaft in der 'Ndrangheta für schuldig. Die Haftstrafe für Vincenzo Crupi – in erster Instanz zwanzig Jahre – wurde allerdings auf acht Jahre verkürzt, und Giuseppe Crupi, der in erster Instanz zu fünfzehn Jahren verurteilt worden war, musste nur noch acht Jahre und sechs Monate verbüßen. Massimo Dalla Valle wurde vom Berufungsgericht zu acht Jahren Haft verurteilt – in erster Instanz hatte er sechzehn Jahre für seine Zusammenarbeit mit der 'Ndrangheta bekommen. Rocco Crupi, der 2017 vom Gericht in Reggio Calabria in erster Instanz wegen Mitgliedschaft bei der 'Ndrangheta zu einer vierzehnjährigen Gefängnisstrafe verurteilt worden war, wurde vom Berufungsgericht freigesprochen. Im September 2021 entschied der Kassationsgerichtshof, dass die Anklage gegen Vincenzo und Giuseppe Crupi und Massimo Dalla Valle erneut vor dem Berufungsgericht verhandelt werden müsse.

Vincenzo Macrì wurde 2019 von einem kalabresischen Gericht in Locri in erster Instanz zu zwanzig Jahren Gefängnis wegen seiner Mitgliedschaft in der 'Ndrangheta verurteilt. 2021 reduzierte das Berufungsgericht die Strafe auf fünfzehn Jahre. Das Verfahren landete vor dem Kassationsgerichtshof und muss noch verhandelt werden.

Das Strafverfahren gegen Marc B., der 2014 in Amsterdam wegen des Verdachts festgenommen wurde, Kokain an die 'Ndrangheta geliefert zu haben, und daraufhin aus der Untersuchungshaft entlassen wurde, ist noch in der Schwebe. Er wurde im März 2021 in der Dominikanischen Republik erneut verhaftet und an Italien ausgeliefert.

Giovanni Giorgi, der bei der Operation »Pollino« im Dezember 2018 in den Niederlanden verhaftet und in Italien wegen Geldwäsche und Mitgliedschaft in der 'Ndrangheta angeklagt wurde, ist im Februar 2022 in erster Instanz zu vierzehn Jahren und acht Monaten Haft verurteilt. Er hat Berufung eingelegt. Fünfzig weitere Angeklagte im Strafverfahren »Pollino« (oder auch »European 'Ndrangheta Connection«) wurden in Italien zu Gefängnisstrafen zwischen zwei und dreißig Jahren verurteilt. Vierzehn Verdächtige, die im Rahmen der Operation »Pollino« in Deutschland festgenommen wurden, stehen derzeit in Düsseldorf vor Gericht. In diesem Verfahren in Deutschland ist noch kein Urteil ergangen.

Mario Lavorato, der im Januar 2018 in Deutschland verhaftet und im italienischen Strafverfahren »Stige« in erster Instanz zu zehn Jahren und acht Monaten verurteilt worden war, erhielt im Berufungsverfahren acht Jahre und acht Monate Haft. Der Prozess hat bislang zur Verurteilung von einhundertzwölf der einhundertsiebzig Angeklagten geführt.

LITERATURNACHWEIS

Die Rekonstruktionen der Verbrechen in diesem Buch beruhen auf Informationen aus den dazugehörigen Anklageschriften. Artikel in italienischen Zeitungen und Gespräche mit Staatsanwälten haben mir dabei geholfen, mich in den Tausenden von Seiten an Gerichtsdokumenten zurechtzufinden. Für dieses Buch habe ich mich unter anderem mit den Prozessen »Crimine«, »Fehida«, »All Inside«, »Onta«, »Mauser«, »Acero-Krupy« und »Pollino« alias »European 'Ndrangheta Connection« beschäftigt.

Weitere Bücher, Artikel und Dokumentarfilme, die ich als Quelle genutzt habe:

Badolati, Arcangelo. *Santisti e 'ndrine: Narcos, massoni deviati e killer a contratto.* Luigi Pellegrini Editore, 2018

Baldessarro, Giuseppe. *Questione di rispetto: L'impresa di Gaetano Saffioti contro la 'ndrangheta.* Rubbettino, 2017

Bettoni, Margherita / Axel Hemmerling / Ludwig Kendzia. »Die geheimen Abhörprotokolle der ›Erfurter Gruppe‹«. *Mitteldeutscher Rundfunk,* 21. Februar 2021

Bettoni, Margherita / Axel Hemmerling / Ludwig Kendzia. »Polizei schleuste Quelle in italienische Mafiagruppe von Erfurt«. *Mitteldeutscher Rundfunk,* 21. Februar 2021

Bettoni, Margherita / Axel Hemmerling / Ludwig Kendzia. »Die geheime Mafia-Kommission in Deutschland«. *Mitteldeutscher Rundfunk*, 22. Februar 2021

Bettoni, Margherita / Axel Hemmerling / Ludwig Kendzia. »Thüringer Mafia-Untersuchungsausschuss: Staatsanwaltschaft weist Einflussnahme zurück«. *Mitteldeutscher Rundfunk*, 5. Oktober 2021

Bettoni, Margherita / Axel Hemmerling / Ludwig Kendzia. »Mafia in Thüringen: Der Gastwirt und der Richter«. *Mitteldeutscher Rundfunk*, 29. April 2022

Bettoni, Margherita / Axel Hemmerling / Ludwig Kendzia. »LKA hatte Quelle in Mafia-Umfeld«. *Mitteldeutscher Rundfunk*, 22. Mai 2022

Camarca, Claudio (Hrsg.). *Dizionario enciclopedico delle mafie in Italia*. Castelvecchi, 2013

Canepari, Claudio / Gabriele Gravagna (Regie). *Ilaria Alpi: L'ultimo viaggio*. Dokumentarfilm, Rai, 2015

Cataldi, Federico (Regie). *Peppino Impastato: Omicidio di mafia*. Dokumentarfilm, Rai, 2008

Ciconte, Enzo. *Storia criminale: La resistibile ascesa di mafia, 'ndrangheta e camorra dall'Ottocento ai giorni nostri*. Rubbettino, 2008

Ciconte, Enzo. *'Ndrangheta. Edizione aggiornata*. Rubbettino, 2011

Ciconte, Enzo. *Riti criminali: I codici di affiliazione alla 'ndrangheta*. Rubbettino, 2015

Ciconte, Enzo. *Dall'omertà ai social: Come cambia la comunicazione della mafia*. Edizioni Santa Caterina, 2017

Dickie, John. *Omertà: Die ganze Geschichte der Mafia. Camorra, Cosa Nostra und Ndrangheta*. Fischer, 2015

European Monitoring Centre for Drugs and Drug Addiction / Europol. *EU Drug Markets: Impact of Covid-19*. Publications Office of the European Union, 2020

European Monitoring Centre for Drugs and Drug Addiction and Europol. *EU Drug Market: Cocaine – In-depth analysis*. Publications Office of the European Union, 2022

Gratteri, Nicola / Antonio Nicaso. *Bloedbroeders*. Lebowski, 2009

Gratteri, Nicola / Marta Maddalon / Antonio Nicaso / John B. Trumper. *Male lingue: Vecchi e nuovi codici delle mafie*. Luigi Pellegrini Editore, 2014

Gratteri, Nicola / Antonio Nicaso. *Dire e non dire: I dieci comandamenti della 'ndrangheta nelle parole degli affiliati.* Mondadori, 2012

Gratteri, Nicola / Antonio Nicaso. *Fiumi d'oro: Come la 'ndrangheta investe i soldi della cocaina nell'economia legale.* Mondadori, 2017

Hauser, Zora L. *Mafia Expansion to New Territories: The 'Ndrangheta in Germany.* Doctoral Dissertation, University of Oxford, 2022

Iantosca, Angela. *Onora la madre: storie di 'ndrangheta al femminile.* Rubbettino, 2013

Ingrascì, Ombretta. *Confessioni di un padre: Il pentito Emilio Di Giovine racconta la 'ndrangheta alla figlia.* Melampo, 2013

Jong, Stan de / Koen Voskuil. *Maffiaparadijs: een onthutsend beeld van de Italiaanse maffia in Nederland.* Boekerij, 2017

Klaubert, David. »Ein eigenes Mafia-Aufsichtsgremium für Deutschland«. *Frankfurter Allgemeine Zeitung,* 22. Februar 2021

Korps Landelijke Politiediensten. *De 'Ndrangheta in Nederland: Aard, criminele activiteiten en werkwijze op Nederlandse bodem.* KLPD / Dienst Nationale Recherche, 2011

Landman, Cecile. *»Van gangsterliefje tot politieagent.«* *Nieuwe Revu,* 8. September 2010

Maurizi, Stefania. *»Armi chimiche siriane a Gioia Tauro: I cablo di WikiLeaks spiegano perché.«* *l'Espresso,* 16. Januar 2014

Project Cerca Trova, Antonius Spapens. *Cerca Trova: Een analyse van de Italiaanse maffia in Nederland.* Ministerie van Veiligheid en Justitie, 2017

Reski, Petra. *Mafia: Von Paten, Pizzerien und falschen Priestern.* Droemer, 2008

Reski, Petra. *Von Kamen nach Corleone. Die Mafia in Deutschland.* Hoffmann & Campe, 2010

Sales, Isaia / Simona Melorio. *Le mafie nell'economia globale: Fra la legge dello Stato e le leggi di mercato.* Guida editori, 2017

Sauviller, Raf / Salvatore di Rosa. *Maffia.* Manteau, 2016

Sergi, Anna / Anita Lavorgna. *'Ndrangheta: The Glocal Dimensions of the Most Powerful Italian Mafia.* Palgrave Macmillan, 2016

Sergi, Anna / Alice Rizzuti. *C.R.I.M.E. Countering Regional Italian Mafia Expansion.* University of Essex, 2021

Sergi, Anna / Alice Rizzuti. Antimafia cross-border: conceptual and procedural asymmetries in the fight against Italian mafias. Policing, 2022

Tops, Pieter / Jan Tromp. *De achterkant van Amsterdam: Een verkenning van drugsgerelateerde criminaliteit.* Gemeente Amsterdam, 2019

Trimarchi, Giuseppe. *Calabria Ribelle: Storie di ordinaria resistenza.* Città del Sole, 2012

Für alle, die noch mehr sehen und hören möchten:

In Reggio Calabria rief der Jugendrichter Roberto Di Bella ein spezielles Umerziehungsprogramm für straffällig gewordene Kinder aus 'Ndrangheta-Familien ins Leben. Sophia Luvarà drehte darüber den interessanten Dokumentarfilm *Sons of Honour* (2020).

Der Spielfilm *A Chiara* (2022) des Regisseurs Jonas Carpignano schildert ebenfalls das Aufwachsen von Jugendlichen in einer 'Ndrangheta-Familie und ist für mich der anrührendste Film, den ich bisher zum Thema 'Ndrangheta gesehen habe.

Der Dokumentarfilm *But Now Is Perfect* (Carin Goeijers, 2018) gibt einen Überblick über die turbulenten letzten Jahre der Geflüchteten-Aufnahme in Riace und das traurige Schicksal von Becky Moses.

Wer nach Kalabrien kommt und neugierig auf das Bodenmosaik ist, das Francesco Cuteri mit seinen Studenten entdeckt hat, sollte wissen, dass es vom Museo Archeologico der Gemeinde Monasterace verwaltet wird. Im Museum wird auch noch ein sehr viel kleineres Mosaik von einem Drachen gezeigt, aber der Besuch der Überreste der antiken Sauna mit Cuteri als Führer ist deutlich beeindruckender. Hoffentlich wird das Bodenmosaik für die Bewohner und Besucher Kalabriens in Zukunft zu jeder Jahreszeit auf angemessene Weise zu besichtigen sein.

DANK

Zunächst einmal möchte ich den Mitarbeiterinnen und Mitarbeitern des Aufbau Verlags – allen voran meiner Lektorin Nora Samhouri, die in fließendem Niederländisch mit mir kommunizierte – für ihr Vertrauen und ihren Enthusiasmus danken, mit denen sie die deutsche Ausgabe meines Buchs begleitet haben. Ungemein froh und dankbar bin ich auch für die enorme Kreativität, Professionalität und das Engagement, die Gerd Busse und Christiane Burkhardt bei der Übersetzung des Textes an den Tag gelegt haben.

Danken möchte ich auch gern denjenigen, die ich interviewen durfte und die längere und kürzere Passagen dieses Buches bevölkern: Gaetano Saffioti, Alessandra Cerreti, Lirio Abbate, Nicola Gratteri, Luigi Bonaventura und seiner Familie, Enzo Ciconte, Tonino Saraco, Antonio De Bernardo, Petra Reski, Giuseppe Lombardo und Francesco Cuteri.

Viele weitere Expertinnen und Experten, mit denen ich gesprochen habe, haben mich inspiriert und mir wertvolle Informationen gegeben. Roberto Di Palma, Giovanni Bombardieri, Vincenzo Capomolla, Federico Perrone Capano, Hester van Bruggen, Giap Parini, Isaia Sales, Simona Melorio, Anna Sergi, Zora Hauser, Marta Maddalon, Laura Aprati, Antonio Nicaso und Arcangelo Badolati möchte ich an dieser Stelle gerne nennen und ihnen dafür danken.

Bewunderung und Dank zolle ich ebenfalls allen kalabresischen Journalisten, die über die ’Ndrangheta schreiben und mir täglich neue Erkenntnisse zu diesem Thema schenken.

Bedanken möchte ich mich auch bei Janneke Louman von meinem niederländischen Verlag Nieuw Amsterdam. Als Verlegerin hat sie mich mit einem Engagement und einer Sorgfalt begleitet, wie man sie sich als Autorin nur wünschen kann.

Dank schulde ich ebenfalls Melle van Loenen, Louise Koopman und allen, die sich beim Verlag Nieuw Amsterdam für dieses Buch eingesetzt haben.

Außerdem danke ich meiner Familie und meinen lieben Freundinnen und Freunden. Ich habe in Kalabrien Freundschaften geschlossen, die mir das Gefühl geben, auch dort eine Familie zu haben. Für ihre Anregungen, ihre Hilfsbereitschaft und Verbundenheit bin ich Patrizia, Sonia, Alba, Angela, Ilaria, Sergio, Maria Isabelle, Sandra und Erika enorm dankbar. *Grazie per il vostro prezioso incoraggiamento.*